江苏高校优势学科建设工程三期项目（马克思主义理论）
江苏省高校示范马克思主义学院成果

构建和谐社会理论与实践研究

GOUJIAN HEXIE SHEHUI LILUN YU SHIJIAN YANJIU

高祖林自选集

GAO ZULIN ZIXUANJI

高祖林 著

苏州大学出版社
Soochow University Press

图书在版编目(CIP)数据

构建和谐社会理论与实践研究：高祖林自选集 / 高祖林著. —苏州：苏州大学出版社，2021.3
ISBN 978-7-5672-3500-7

Ⅰ.①构⋯ Ⅱ.①高⋯ Ⅲ.①社会主义建设－中国－文集 Ⅳ.①D61-53

中国版本图书馆 CIP 数据核字(2021)第 049621 号

书　　名：	构建和谐社会理论与实践研究
	——高祖林自选集
著　　者：	高祖林
责任编辑：	李寿春
助理编辑：	曹晓晴
装帧设计：	吴　钰　刘　俊
出版发行：	苏州大学出版社（Soochow University Press）
社　　址：	苏州市十梓街 1 号　邮编：215006
网　　址：	www.sudapress.com
邮　　箱：	sdcbs@suda.edu.cn
印　　装：	苏州市深广印刷有限公司
邮购热线：	0512 - 67480030　销售热线：0512 - 67481020
网店地址：	https://szdxcbs.tmall.com/（天猫旗舰店）
开　　本：	700 mm×1 000 mm　1/16　印张：14.5　字数：245 千
版　　次：	2021 年 3 月第 1 版
印　　次：	2021 年 3 月第 1 次印刷
书　　号：	ISBN 978-7-5672-3500-7
定　　价：	60.00 元

凡购本社图书发现印装错误，请与本社联系调换。服务热线：0512 - 67481020

目 录

第一部分 党的理论创新研究

理论创新的光辉典范 /003
——党的十六大报告学习札记
辩证地认识与发展相联系的几个关系 /015
关于树立和落实科学发展观的几点认识 /018
我国当前社会利益差别和贫富差距的三重反思 /029
更加注重社会公平 积极促进社会和谐 /038
——党的十六大以来处理收入分配问题政策取向的几点思考
论党的理论创新成果的贯彻机制 /049

第二部分 领导干部素养研究

试论干部体制改革中的观念变革 /059
领导干部的素质和能力 /066
论德才兼备、以德为先 /074
领导干部应做践行核心价值体系的表率 /079
领导干部要带头厉行法治 /083

第三部分 意识形态工作研究

构建和谐社会 /087
——巩固党执政基础的必然要求
意识形态工作要为构建和谐社会鼓与呼 /095
切实增强中国特色社会主义制度自信 /098

第四部分　反腐倡廉建设研究

系统理论视域中的反腐倡廉建设　　　　　　　　　　　／107
防范脱离群众危险的思考　　　　　　　　　　　　　　／117
提高高校反腐倡廉制度的执行力　　　　　　　　　　　／121
群众路线的意义、问题与时代主题　　　　　　　　　　／124
新时代净化党内政治生态的问题导向与实现路径　　　　／131

第五部分　社会主义道德研究

当前价值观念的嬗变及其导向问题　　　　　　　　　　／149
关于诚信问题的几点思考　　　　　　　　　　　　　　／159
市场经济，道德精神不可或缺　　　　　　　　　　　　／166
大学精神探微　　　　　　　　　　　　　　　　　　　／173
　　——兼谈苏州大学精神
坚持以人为本　发展网络文化　　　　　　　　　　　　／183

第六部分　社会治理创新研究

建设校地相互作用大学的实践探索　　　　　　　　　　／187
虚拟养老　居家养老服务的新探索　　　　　　　　　　／196
政府主导下的官民共治　　　　　　　　　　　　　　　／199
　　——我国社会管理模式的转型方向
论社会管理的终极目标　　　　　　　　　　　　　　　／207
政策网络视域下社会化养老服务体系建设研究　　　　　／217
　　——以苏州市虚拟养老院为例

第一部分
党的理论创新研究

理论创新的光辉典范

——党的十六大报告学习札记

江泽民同志在党的十六大报告中强调:"创新是一个民族进步的灵魂,是一个国家兴旺发达的不竭动力,也是一个政党永葆生机的源泉。"创新是十六大报告的一个新亮点,同时,创新精神也融会贯通在整个十六大报告之中。十六大报告全面贯彻解放思想、实事求是、与时俱进的思想路线,认真总结并汲取十三年实践和理论探索的经验,对改革开放和现代化建设中出现的一系列新情况、新问题做出了理论回答。它是我们党理论创新的光辉典范。

一、科学判断党的历史方位

十六大报告指出:"我们党历经革命、建设和改革,已经从领导人民为夺取全国政权而奋斗的党,成为领导人民掌握全国政权并长期执政的党;已经从受到外部封锁和实行计划经济条件下领导国家建设的党,成为对外开放和发展社会主义市场经济条件下领导国家建设的党。"

党的历史方位是党的十六大提出的一个重要的新概念。十六大报告对我们党所处的历史方位的表述具有两方面的深刻内涵。第一,分析我们党所处的历史方位的变化并确定目前所处的历史方位。我们党所处的历史方位有两次大的转折。第一次转折是民主革命的胜利和中华人民共和国的建立,标志着我们党从领导人民为夺取全国政权而奋斗的党,成为领导人民掌握全国政权的党。第二次转折是从党的十一届三中全会开始的。我们党从"左"的错误路线中解放出来,走上了以经济建设为中心的改革开放之路,开始了中国特色社会主义道路的探索。经过二十多年的努力,改革开放不断深化,社会主义市场经济体制初步建立,我们党已成为对外开放和发展社会主义市场经济条件下领导国家建设并长期执政的党,这也就是我们党目前所处的历史方位。第二,为什么要科学判断党的历史方位?归根结底是为了从中国和世界的历史、现状和未来着眼,准确地把握时代特点和党的任务,科学地制定并正确执行党的路线方针政策,认真研究和解决中国社会进步和加强党的建设问题,使我们的事业从胜利走向胜利。一句话,科学判断党所处的历史方位是准确地把握党的任务和科学地制定党的路线方针政策的前提条件和基本依据。过去,我们党的工作出现的失误,如"坚持以阶级斗争为纲"等,与我们党对所处历史方位没有清醒地把握,甚至判断错误有着直接的关系。而"三个代表"重要思想,就是在科学判断党的历史方位的基础上提出来的。

二、党的思想路线:解放思想、实事求是、与时俱进

在党的思想路线这面旗帜上,毛泽东同志写上"实事求是"四个大字,将马克思主义的普遍真理同中国革命的具体实践相结合,领导中国人民取得了民主革命的胜利,夺取了全国政权。1978年,针对十年内乱刚刚结束,我们党和国家较长时间受"左"倾思潮干扰,"两个凡是"严重束缚人们思想的特定情况,邓小平同志举起"解放思想"的旗帜,以思想解放为先导,开始了中国特色社会主义道路的伟大探索,实现了历史性的巨大变革。十六大报告强调,全党必须始终保持与时俱进的精神状态,赋予了党的思想路线新的内涵,又一次丰富和发展了党的思想路线。

关于与时俱进的内涵,十六大报告是这样阐述的:"与时俱进,就是党的全部理论和工作要体现时代性,把握规律性,富于创造性。"

体现时代性,就是要求党的全部理论和工作必须紧紧跟上时代前进的步伐,顺应历史发展的潮流,紧紧把握发展的机遇,决不能在不断变化的时代面前麻木不仁。对此,中华民族历史上曾有过惨痛的教训。清朝自康熙,经雍正至乾隆的130余年,形成了中华民族历史上又一个辉煌盛世。其经济取得有史以来的最高成就,农业、手工业、贸易、城市发展都达到世界先进水平。但就是这样一个大国、强国,从乾隆末年到鸦片战争,时间仅过了几十年,面对英帝国主义的坚船利炮却不堪一击,一下子沦为任西方列强宰割的羔羊。这令人不可思议的变故究竟是如何发生的呢?正是在康乾时期,在地球的另一端,尤其是在英国,第一次工业革命萌发并推动生产力的迅猛发

展,思想启蒙运动和资产阶级革命兴起并最终改变了整个旧的世界。世界正在剧变,而清朝康、雍、乾三代君主却妄自尊大,拒绝开放,特别是采取限制工商业,蔑视科学技术,闭关锁国,禁锢思想的做法,严重地制约了社会的进步。中国由一个扬扬自得的天朝大国急剧地坠入落后挨打的境地,一蹶不振也就成了历史之必然。马克思这样评说:"一个人口几乎占人类三分之一的幅员广大的帝国,不顾时势,仍然安于现状,由于被强力排斥于世界联系的体系之外而孤立无依,因此竭力以天朝尽善尽美的幻想来欺骗自己,这样一个帝国终于要在这样一场殊死的决斗中死去。"[1] 历史是一面镜子,前车之辙,后车之鉴。如今,面对经济全球化、第三次新技术革命和信息化浪潮的迅猛发展,我们又怎能有丝毫的麻痹和松懈呢?

把握规律性,就是要求党的全部理论和工作要不断探索并掌握世界和中国社会发展的规律,并以此指导中国社会主义现代化建设的伟大实践。规律是一种客观存在,不以人的意志为转移,而认识总有其局限性。因此,"实践—认识—再实践—再认识"是一个永无止境的过程。回顾党的十一届三中全会以来的历史进程,我们国家改革开放的每一步进展都是跟我们党不断探索并掌握经济和社会发展的规律紧密联系在一起的。改革开放以来的三次思想解放运动,实际上就是我们党不断在实践中探索规律和调整认识的突出例证。

富于创造性,就是要求党的全部理论和工作不断创新,努力开拓马克思主义理论发展的新境界。实践没有止境,创新也没有止境。不断创新,首要的是理论创新,要根据世界的变化,我国改革开放和现代化建设的进程,人民群众伟大实践的发展,以实践检验一切。自觉地把思想认识从那些不合时宜的观念、做法和体制的束缚中解放出来,从对马克思主义的错误和教条式的理解中解放出来,从主观主义和形而上学的桎梏中解放出来。以理论创新为先导,推动其他各方面的创新。

三、发展,党执政兴国的第一要务

从邓小平提出"发展才是硬道理",到十六大报告确定"必须把发展作为党执政兴国的第一要务",既是我们党对发展认识的进一步深化,更显示

---

[1] 马克思,恩格斯. 马克思恩格斯全集:第12卷[M]. 北京:人民出版社,1962:587.

了我们党对加快推进社会主义现代化建设，使社会主义中国尽快富强起来，实现中华民族伟大复兴的坚定不移的决心和信心。

讲发展，首要的是发展经济，邓小平同志说："抓住时机，发展自己，关键是发展经济。"[1] 经济是基础，经济是发展中的决定性因素。"从根本上说，手头东西多了，我们在处理各种矛盾和问题时就立于主动地位。"[2] 20世纪80年代末90年代初，国际上东欧剧变，苏联解体，世界社会主义遭受严重挫折，国内发生严重政治风波，我国社会主义事业面临空前的困难和压力，但我们抵御住了风险。靠的就是过去十多年我们实行了改革开放，各方面都取得了有说服力的成果。"如果没有改革开放的成果，'六·四'这个关我们闯不过，闯不过就乱，乱就打内战。"[3] 就党的十三届四中全会以来的十三年来说，如果没有经济建设所取得的巨大成就，综合国力的大幅度跃升，香港、澳门的回归不可能这样顺利，也难于立于主动地位去办成一些大事，如启动西部大开发，展开三峡工程等大项目建设，解决国内每年几千万人的就业问题，推进社会保障体系等方面的改革，增加国防、教育、科技事业的投入，最终完成多边贸易谈判、加入世界贸易组织，等等。

讲发展，又必须是社会的全面、协调发展。一方面是增强可持续发展能力，推动整个社会走上生产发展、生活富裕、生态良好的文明发展道路。另一方面是物质、政治、精神三个文明的协调发展。

四、最广泛最充分地调动一切积极因素，努力形成全体人民各尽所能、各得其所而又和谐相处的局面

中国共产党领导了中国的新民主主义革命并取得了胜利。中国共产党夺取政权成为执政党之后，完成了对个体农业、手工业和资本主义工商业的社会主义改造，剥削阶级作为整体已经被消灭。党的中心工作应当及时转移到经济建设上来，党也必须站在执政和治国的立场上来确定处理社会成员之间关系的方针政策。但在20世纪50年代末到"文化大革命"的若干年间，由于"左"的错误，坚持以阶级斗争为纲，人与人之间的关系极不正常，经济

---

[1] 邓小平. 邓小平文选：第3卷 [M]. 北京：人民出版社，1993：375.
[2] 邓小平. 邓小平文选：第3卷 [M]. 北京：人民出版社，1993：377.
[3] 邓小平. 邓小平文选：第3卷 [M]. 北京：人民出版社，1993：371.

和社会发展都受到了严重影响。经过拨乱反正，我们回到了以经济建设为中心的正确轨道。那么，党就必须对处理社会成员之间关系的方针政策做出相应的调整。就是要坚持稳定压倒一切，最广泛最充分地调动一切积极因素，努力化解各种社会矛盾，使社会成员之间的关系变得融洽，从而促进社会和谐。十六大报告十分明确地阐述了这种思想。

党的十一届三中全会以来的二十多年里，我们实行改革开放，发展社会主义市场经济，鼓励一部分人和一部分地区先富起来。在剧烈的社会变革中出现了新的社会阶层，非劳动收入和私有财产增加也较为迅速。对此，十六大报告指出："在社会变革中出现的民营科技企业的创业人员和技术人员、受聘于外资企业的管理技术人员、个体户、私营企业主、中介组织的从业人员、自由职业人员等社会阶层，都是中国特色社会主义事业的建设者。"对于各种社会劳动及其收入和非劳动收入所涉及的财产问题，十六大报告阐明了我们党的政策，要尊重和保护一切有益于人民和社会的劳动，保护一切合法的劳动收入和合法的非劳动收入，不能简单地把有没有财产、有多少财产当作判断人们政治上先进和落后的标准。

五、全面建设小康社会的奋斗目标

邓小平为我们国家设计了基本实现社会主义现代化"三步走"的战略目标。经过全国人民的共同努力，我们胜利实现了第一、第二步目标，人民生活总体上达到了小康水平。这是了不起的历史成就，是中华民族发展史上一个新的里程碑。十六大在高度评价这一历史成就的同时，对现有小康水平也做了实事求是的分析，指出："现在达到的小康还是低水平的、不全面的、发展很不平衡的小康。"

十六大报告指出了全面建设小康社会的奋斗目标。要在21世纪头二十年，集中力量，全面建设惠及十几亿人口的更高水平的小康社会，并确定了全面建设小康社会四项具体目标。具体分析这四项目标，它们具有以下几个重要的特征：一是把经济发展作为首要目标和核心指标，高度重视经济的基础性作用。要求在优化结构和提高效益的基础上，国内生产总值到2020年力争比2000年翻两番，综合国力和国际竞争力明显增强。二是高度重视社会的协调发展。小康社会并不是单纯的经济发展，而应该是经济、政治、文化全面协调发展，物质文明、政治文明、精神文明建设同步推进的社会。强调要发展社会主义民主和法制，推进社会主义政治文明建设，要发展社会主义文化，搞好社会主义精神文明建设，要改善生态环境，提高资源利用效率，促进人与自然的和谐，不断增强可持续发展能力。三是高度重视人民的幸福和实惠。全面建设小康社会要"惠及十几亿人口"，要把经济建设的成果落实到提高全国人民的生活水平和质量上，转化为人民群众看得见、摸得着的实惠，满足人民群众不断增长的物质文化需求，要不断增加居民收入，加强公共服务设施建设、健全社会保障体系，比较充分保障社会就业，使人民过上更加富足的生活。四是高度重视促进人的全面发展。马克思主义经典作家把人的全面发展作为共产主义社会的本质特征。十六大报告在确定全面建设小康社会目标时不仅再次强调了促进人的全面发展，而且强调要明显提高全民族的思想道德素质、科学文化素质和健康素质，完善现代国民教育体系、科技和文化创新体系、全民健身和医疗卫生体系，让人民享有接受良好教育的机会，这些都是从根本上促进人的全面发展的系统措施，实际上就是把人的全面发展作为小康社会的根本价值趋向，具有特殊的重要意义。

六、跨越式发展的必然选择：新型工业化道路

十六大报告提出新型工业化道路的概念，是党的工业化理论的新发展，也为我国工业化进程指明了一条正确的道路。

随着第三次科学技术革命的迅猛发展，发达国家已经进入了信息化社会，而我国目前还处在工业化进程之中，距离实现现代化还有很长的一段路要走。那么，我们是否可以跳过工业化进程，直接进入信息化社会？或者按部就班沿着发达国家的老路走，先花几百年时间搞工业化，再在工业化基础上实现信息化。显然这两条路都不是正确的选择。首先，工业化进程是不能跳过的，我国是世界上最大的发展中国家，人口众多，尤其是农业人口庞大，科技水平比较落后，要从一个落后的农业国变成一个发达国家，一蹴而就是不现实的。同时，我们也必须看到，在信息时代，只要我们抓住机遇，利用得当，在工业化进程中推进信息化，以信息化带动工业化，以工业化促进信息化，发挥后发优势，实现生产力的跨越式发展，加快工业化进程是有可能办到的。

走新型工业化道路，首先要处理好工业化和信息化的关系。信息化是加快实现工业化和现代化的必然选择。因此，要优先发展信息产业，广泛应用信息技术，积极发展高新技术产业。要高度重视信息技术在传统产业、管理、生产和经营过程中的应用，用高新技术和先进适用技术改造传统产业，推动产业增长的方式由粗放型向集约型转变。其次要高度重视基础产业和制造业目前在国民经济中所起的支撑作用，不能因为要重视发展高新技术产业、资金技术密集型产业而忽视传统产业、劳动密集型产业。同时，走新型工业化道路，关键必须发挥科学技术作为第一生产力的重要作用。

走新型工业化道路，还要加快发展服务业。服务业的发展可以为工业化提供更广阔的市场，也为工业现代化提供各种服务条件，两者的相互需要和相互促进是国民经济现代化的内在要求，也是我们这样一个人口众多的大国走向现代化的必然选择。

七、坚持和完善公有制为主体、多种所有制经济共同发展的基本经济制度

在对生产资料所有制的认识上，中华人民共和国建立以后曾出现过严重的认识误区。其集中体现为两点：一是把所有制标准立于生产力标准之上，以所有制的性质、程度来判别事物的好坏优劣；二是把社会主义同资本主义的对立集中到所有制的对立上，僵化看待公有制的形式。党的十一届三中全会以后，我们对所有制的改革进行了艰难的探索。伴随着实践的不断发展，认识逐渐深化，理论不断完善。一直到党的十五大，终于实现了关于所有制问题上的一系列重大理论突破，指明了所有制改革的基本方向。正是在十五大理论创新的基础上，十六大又提出了"两个毫不动摇，一个统一"的思想，这是我们党对基本经济制度认识的又一次深化。

为什么要毫不动摇地巩固和发展公有制经济？这是由社会主义制度的本质决定的。公有制经济是社会主义经济制度的基础，对发挥社会主义制度的优越性，增强我国的经济实力、国防实力和民族凝聚力具有关键性作用，也是实现人民共同富裕的保障。如果公有制经济得不到巩固和发展，失去主体地位，社会主义就会丧失自身的经济基础。另外，公有制在本质上与社会化大生产联系最密切，公有制发展得好，可以为社会生产力的解放和发展打开

更加广阔的空间。为什么要毫不动摇地鼓励、支持和引导非公有制经济的发展？因为我国目前还处于社会主义初级阶段，生产力水平整体比较落后，事实证明面对参差不齐的生产力水平，如果实行单一的公有制，既不符合现阶段的国情，也违背经济发展规律。因此，只有把两者统一于社会主义现代化进程之中，才能加快推进社会主义现代化建设的进程，增强我国的整体实力和国际竞争力。

八、完善按劳分配为主体、多种分配方式并存的分配制度

个人收入分配制度是社会经济制度的一个重要组成部分，也是社会主义市场经济的一个重要支柱。科学合理的分配制度，能极大地调动人们的积极性、创造性，推动社会、经济的发展。经济体制改革说到底是经济利益的再分配。在市场经济条件下如何进行分配，是一个需要不断探索的重要问题。党的十一届三中全会以后，邓小平同志所倡导的我国的经济体制改革，最早就是从清算"四人帮"在分配问题上的谬论，纠正实际工作中一些"左"的做法，打破平均主义，落实按劳分配开始的。"允许一部分人先富起来，允许一部分地区先富起来，最后实现共同富裕。"邓小平同志这一著名论断，激发了亿万人的创造热情，使中华民族迸发出巨大的能量。随着改革开放的不断深入，特别是随着社会主义市场经济体制的不断完善，所有制结构的不断调整，我国的经济组织结构已呈现国有企业、集体企业、外资企业、私营企业等多种所有制并存的局面，个人收入也由原来比较单一的工资收入而呈现多样化来源。因此，十五大报告提出："坚持按劳分配为主体、多种分配方式并存的制度。把按劳分配和按生产要素分配结合起来，坚持效率优先、兼顾公平……允许和鼓励资本、技术等生产要素参与收益分配。"在十五大的基础上，十六大又进一步明确"确立劳动、资本、技术和管理等生产要素按贡献参与分配的原则"，突出"按贡献"参与分配，我们党的分配理论又有了新的发展。

效率与公平是一对矛盾，对立统一，相互依存。效率和公平也是设计分配制度和制定分配政策的一个难点。单一注重效率，不能兼顾公平，就可能造成收入分配差距过大，甚至出现两极分化。一味寻求公平，甚至搞平均主义，就会导致经济活力不足，劳动者奋斗意识不强，社会也就死水一潭。

"效率优先、兼顾公平"是我国改革开放以来党和政府制定分配制度和政策时所遵循的基本原则，十六大报告在继续强调这一原则的同时，首次提出"初次分配注重效率，再分配注重公平"，对分配原则做了更具体、更具有可操作性的表述。按照这一思路，我们在初次分配领域，要注重发挥市场的作用，提高效率，使资源配置更合理，让一切劳动、知识、技术、管理和资本的活力竞相迸发，让一切创造社会财富的源泉充分涌流。在再分配领域，则要注重公平，强化政府的调控职能，建立健全社会保障体系，以调动更多社会成员的积极性，保证社会的稳定和协调发展。

党的十六大报告明确提出要"扩大中等收入者比重"，这在党的正式文件中是第一次出现。有关专家认为，理想的现代化的社会阶层结构应该是两头小中间大的橄榄型等级结构。所谓两头小，是指拥有较多组织资源、经济资源和文化资源，处于最高和较高社会等级的阶层规模较小，而拥有各种资源最少甚至没有资源，处于较低和最低社会等级的阶层规模也很小。所谓中间大，是指就其所拥有的各种资源而言，社会的绝大多数成员处于社会的中间等级位置，是社会的中间层。如果一个社会的中间层规模小，而占人口比例很小的上层占据了绝大部分的社会资源，占人口多数的下层则处于贫困状态，出现严重的两极分化，社会就不会稳定，甚至可能发生社会动荡。相反，社会中间层规模大的社会，社会资源的配置比较合理，社会分配差距较小，大多数社会成员有稳定的工作和收入，生活比较安定。这样的社会中间层成为社会的主体，他们对社会的主导价值观有较强的认同，他们与国家稳定和发展的利益一致，是社会变迁中缓和社会矛盾的稳定力量。这样的社会最稳定，是可持续发展的社会。由此可见，"扩大中等收入者比重"有利于推动经济的持续发展，有利于社会的长治久安，也有利于全面建设小康社会奋斗目标的实现。

九、发展社会主义民主政治，建设社会主义政治文明，推进政治体制改革

我们以前提建设两个文明，是将政治文明包含在精神文明建设的内涵中来认识的。十六大报告正式确立社会主义政治文明的科学概念，将政治文明与物质文明、精神文明并列，并将发展社会主义民主政治，建设社会主义政

治文明作为全面建设小康社会的重要目标，显然是将政治文明建设提到更加突出的位置，以引起全党全国人民的高度重视，从而推动社会主义民主政治建设和政治体制改革。

十六大报告指出："发展社会主义民主政治，最根本的是要把坚持党的领导、人民当家作主和依法治国有机统一起来。"党的领导、人民当家作主、依法治国都是社会主义民主政治建设中必须坚持的重要原则，三者都不可或缺。同时，三者之间又是一种辩证统一的关系，只有实现三者的有机统一，社会主义民主政治建设才能走上正确轨道。其中，人民当家作主是社会主义民主政治的本质要求，也是社会主义民主政治建设的核心内容和最终目标，党的领导和依法治国都必须围绕着和服务于人民当家作主。党的领导是人民当家作主和依法治国的根本保证。因此，在社会主义民主政治建设中必须充分发挥和体现党的领导核心作用。同时，党的领导的职责是领导和支持人民当家作主，动员和组织人民群众依法管理国家和社会事务，管理经济和文化事业，维护和实现人民群众的根本利益，而不是代替人民群众当家作主。宪法和法律是党的主张和人民意志的集中体现，依法治国既反映人民当家作主的本质要求，也是有效地实现党的领导的基本途径。因此，任何组织和个人都不允许有超越宪法和法律的特权。

十六大报告确定了我国政治体制改革的一系列重要原则，提出："要坚持从我国国情出发，总结自己的实践经验，同时借鉴人类政治文明的有益成果，绝不照搬西方政治制度的模式。"其中，"借鉴人类政治文明的有益成果"，当然是指社会主义社会以前的其他社会所创造的全部政治文明的有益成果，其中也包含了资本主义社会。资本主义社会对于封建社会而言是一种巨大的进步，在其数百年的发展中创造了大量的成果，推动了社会的文明和进步。这些成果既有物质和精神文明方面的，也有政治文明方面的。如资本主义创造了共和制的国家形式；建立了以宪法为根本法的法律制度；建立了强有力的权力制衡和监督机制；建立了新闻制度，形成了强有力的舆论监督机制；提出了人权思想，形成了人权保障机制；等等。所有这些，不仅比封建社会大大前进了一步，也对人类政治文明建设做出了巨大贡献，在相当长的历史时期内仍有其积极意义。社会主义制度的诞生，是对资本主义制度的一种否定，但这种否定不是全盘否定，社会主义社会必须继承和吸收其他社会，包括资本主义社会所创造的全部文明成果。当然，这种继承和吸收不是盲目的照搬照抄，而是一种批判的吸收，是择善而从之。

十、加强和改进党的建设

党的十三届四中全会以来，以江泽民为核心的党的第三代中央领导集体高度重视党的建设，围绕建设一个什么样的党、怎样建设党这一党建的基本问题进行了不懈的探索，取得了丰硕的成果。特别是"三个代表"重要思想的提出，为新时期党的建设指引了正确的方向。全党同志通过认真学习和领会"三个代表"重要思想，不断实践"三个代表"重要思想，党的思想、组织、作风建设全面推进，党的执政水平和执政能力进一步提高，党的执政地位得到了有力的巩固。

十六大报告中首次明确把"加强党的执政能力建设，提高党的领导水平和执政水平"作为党的建设的重要任务。我们党已经是一个掌握全国政权并长期执政的党，面对对外开放和发展社会主义市场经济的新的历史条件，进一步解决好提高党的领导水平和执政能力、提高拒腐防变和抵御风险能力这两大历史性课题，使党始终成为中国特色社会主义事业的领导核心，对于全面建设小康社会，开创中国特色社会主义事业新局面，关系十分重大。因此，十六大报告要求，各级党委和领导干部要不辱使命、不负重托，适应新形势新任务的要求，不断提高五个方面的能力：一是不断提高科学判断形势的能力；二是不断提高驾驭市场经济的能力；三是不断提高应对复杂局面的能力；四是不断提高依法执政的能力；五是不断提高总揽全局的能力。

在改革开放和社会主义市场经济条件下，党的建设也遇到许多新情况、新问题。十六大报告以"三个代表"重要思想为指导，根据历史条件的巨大变化，致力于增强党的阶级基础、扩大党的群众基础和提高党的社会影响力，并对此做出了科学的回答。在党的性质问题上，十六大报告及经十六大修改后通过的党章正式确认："中国共产党是中国工人阶级的先锋队，同时是中国人民和中华民族的先锋队。"在基层党建工作方面，报告提出了"加强非公有制企业党的建设""加大在社会团体和社会中介组织中建立党组织的工作力度"等新的具体措施。在发展党员方面，报告提出，在继续"重点做好在工人、农民、知识分子、军人和干部中发展党员的工作，壮大党的队伍最基本的组成部分和骨干力量"的同时，"要把承认党的纲领和章程、自觉为党的路线和纲领而奋斗、经过长期考验、符合党员条件的其他社会阶层的先进分子吸收到党内来，增强党在全社会的影响力和凝聚力"。

我们党明确提出要发展社会主义民主政治，那么，党内民主首先必须成为人民民主的示范。作为一个执政党，党内民主做不好，人民民主就谈不上。十六大报告强调："党内民主是党的生命，对人民民主具有重要的示范和带动作用。"提出了党内民主建设的基本思路："要以保障党员民主权利为基础，以完善党的代表大会制度和党的委员会制度为重点，从改革体制机制入手，建立健全充分反映党员和党组织意愿的党内民主制度。"报告还阐述了建设党内民主的具体措施，包括扩大在市、县进行党的代表大会常任制的试点；完善党委内部的议事和决策机制，进一步发挥党的委员会全体会议的作用；改革和完善党内选举制度；建立和健全党内情况通报制度、情况反映制度和重大决策征求意见制度；等等。

［本文刊登于《苏州大学学报（哲学社会科学版）》，2003年7月第3期］

辩证地认识与发展相联系的几个关系

党的十六届三中全会提出的科学发展观,是基于对我国经济社会发展现状的准确判断,对全面建设小康社会阶段各发展要素的辩证认识,对当代人类社会发展规律和社会主义现代化建设规律的正确把握,充分体现了辩证唯物主义和历史唯物主义的科学精神。树立和落实科学发展观,必须注意处理好与发展相关联的各要素之间的关系。

早在20世纪50年代,毛泽东同志就提出要协调处理好社会主义建设中的一系列重大关系,并发表了著名的《论十大关系》。今天,随着改革开放的深入和现代化建设的推进,我们面对的利益群体更多,利益关系更复杂,能否协调处理好各种关系,对于推进发展就显得更加重要。科学发展观的一个显著特点就是把发展作为一个系统加以考虑,强调用统筹兼顾的方法来协调处理现代化建设中的一系列重大关系。

首先是辩证地认识与处理好经济、社会和人的发展之间的关系。在人类社会这个系统中,经济、社会和人的发展是互为条件和相互作用的。马克思主义认为,生产力的发展是人类社会发展的最终决定力量,经济是人类生存和发展的基础。没有经济实力,什么事也办不成,社会进步和人的发展都只能是一句空话。正如胡锦涛同志所指出的那样:"集中力量发展经济,使我国形成发达的生产力,这是中国特色社会主义事业兴旺发达的物质基础,是我们在日益激烈的国际竞争中掌握主动的物质基础,也是国家繁荣富强、人民安居乐业和长治久安的物质基础。"当然,经济活动只是人类活动的一部分,经济活动必须依靠人来进行,发展经济的根本目的是促进人类的幸福和发展。如果经济发展的成果不能落实到社会进步及人民的幸福和发展上,经济发展不仅失去了本质的意义,也丧失了持久的动力。可以设想,如果教育、科技、卫生、文化等社会事业发展长期滞后,人的素质不能有效提高,经济的持久发展何以得到支持?如果社会发展中不断出现严重的矛盾和问题,社会不能稳定,又怎能聚精会神搞建设,一心一意谋发展?因此,经济、社会和人的发展是一个整体，任何一个方面都不能疏忽和偏废，我们既不能为经济而经济，也不能因强调社会和人的发展而忽视经济发展。

其次是辩证地认识与处理好发展同资源利用和生态环境保护的关系。发展同资源利用和生态环境保护是一种相互作用、相互依存的关系。发展必然要消耗资源，发展也必须要有良好的生态环境支撑。我们必须看到，资源供给总是有限度的，很多资源是不可再生的，过度消耗导致的结果就是饮鸩止渴。生态环境是人类生存发展的重要组成部分，对生态环境的过度破坏最终导致的不仅是发展的不可持续，甚至可能是人类的自我毁灭。人口众多，资源相对不足，环境承载能力弱，这是我们国家的基本国情。随着经济快速增长和人口不断增加，水、土地、矿产等资源不足的矛盾已越来越突出，生态环境的形势已十分严峻。因此，科学发展观要求我们统筹人与自然和谐发展，增强可持续发展能力是十分必要的。同时，我们也必须明确，我国的现代化起步较晚，走的是后发追赶型道路，工业化进程远远落后于发达国家，发展的进程一刻也不能停滞。在发展与资源利用和生态环境保护的关系上，发展处于主导的地位。离开了人类的生产活动，自然资源和生态环境的存在价值就无法显现；离开了发展谈资源利用和生态环境保护也毫无意义。因此，我们对发展同资源利用、生态环境保护的关系的认识和处理应该是坚持两点论，而不是一点论。一方面，我们决不能用杀鸡取卵的掠夺方式来发展经济，不能走一些国家先发展后治理的老路，必须从现在开始就高度重视资源、环境问题；另一方面，我们在用当代的发展理念来审视我国的资源、环境问题时也不能脱离国情，我们目前还难以做到以发达国家的要求来取舍生产项目，不能因为资源和环境的制约而在发展上无所作为，而应努力做到生产发展和文明发展的统一。所以，中央提出的坚持经济社会发展与环境保护、生态建设相统一，走生产发展、生活富裕、生态良好的文明发展道路是完全正确和非常全面的。

再次是辩证地认识与处理好宏观调控和市场调节的关系。随着社会主义市场经济的不断发展和体制的逐步完善，从理论工作者到实际工作者都已基本形成一个共识：调控经济必须要有两只手，即市场调节这只看不见的手和政府宏观调控这只看得见的手，两者相辅相成，缺一不可。而尚待不断探索的主要问题是怎样使两者都能找到准确的定位，实现市场调节与宏观调控的内在统一和谐。2004年以来，中央根据经济运行的新情况和经济发展中出现的新问题,出台了一系列宏观调控的政策措施。这对于保证整个国民经济持续快速健康发展,避免出现大的问题和损失是十分必要和非常及时的。同时,在加强宏观调控的时候,我们要特别注意处理好宏观调控和市场调节的关系,谨防把宏观调控和市场调节对立起来,忽视和弱化市场配置资源的基础性作用。经过二十多年的改革开放,特别是党的十四大确定社会主义市场经济体制改革目标以来的市场化进程,我国社会主义市场经济体制基本框架已经建立,市场化程度已大大提高,经济发展的活力也大大增强。但我们也应该清醒地看到,迄今为止,我国从传统农业社会向现代工业社会、从计划经济体制向社会主义市场经济体制的转变尚在进行之中,还远没有完成,影响市场活力的种种因素还大量存在。诸如政府适应市场经济的职能转变并没有完全到位,行政力量干预企业经营活动使其主体独立性不够,行政性垄断大量存在,社会信用基础薄弱、市场秩序比较混乱等问题,其中不少源自体制性障碍。因此,在我们加强宏观调控的时候,千万不能减轻深化体制改革、推进市场化进程的力度,千万不能忘记加快市场化进程、更大程度地发挥市场对资源配置的基础性作用,增强经济的活力和效率。

(本文刊登于《光明日报》,2004年11月4日第3版)

关于树立和落实科学发展观的几点认识

党的十六届三中全会提出了完整的科学发展观,就是"坚持以人为本,树立全面、协调、可持续的发展观,促进经济社会和人的全面发展","按照统筹城乡发展、统筹区域发展、统筹经济社会发展、统筹人与自然和谐发展、统筹国内发展和对外开放的要求",推进改革和发展。进一步明确了新世纪新阶段我国要发展、为什么发展和怎样发展的重大问题。这是新的中央领导集体最重大的决策,是对毛泽东、邓小平、江泽民关于发展的重要思想的进一步丰富和发展。它对全面建设小康社会和实现现代化的全过程都有长久的指导意义和作用。科学发展观的全面落实,必将推进并实现我国经济社会更快更好的发展。

一

鸦片战争以后,中国逐渐成为半殖民地半封建社会,一个曾经几度辉煌的泱泱大国积贫积弱,沦为西方列强肆意宰割的羔羊。这种状况也激励了许多志士仁人去探索救国救民的真理,力图振兴中华民族。封建士大夫中的有识之士、资产阶级的革命者林则徐、魏源、谭嗣同、孙中山……都曾为此付出了艰苦的努力,多少人甚至为此流血牺牲。戊戌变法、洋务运动、辛亥革命等,都是这种努力的种种尝试。这些努力虽然都没有给中国找到一条真正的出路,但努力本身是难能可贵的。中华人民共和国的建立,为我们开辟了一条到达理想境界的通途,但这是一条前人没有走过的路,难免要经历坎坷和曲折。中华人民共和国建立之初,我们党就开始探索社会主义建设规律。毛泽东为此进行了不懈的努力,取得了一定的成果,也遇到了很大的挫折,中国的发展走了一段弯路。1978年召开的党的十一届三中全会是中国发展历程中的一次大转折,党和国家的工作重心开始转移到现代化建设上来。按照改革开放总设计师邓小平现代化建设"三步走"的战略构想,坚持"发展才是硬道理",坚持改革开放,坚定不移地发展生产力,中国从此走上了一条正确的发展道路,多少代人的强国梦逐渐成为现实。以江泽民同志为核心的党的第三代中央领导集体进一步丰富和发展了社会主义现代化建设的理论和实践,经过十三年的艰辛努力,我国的综合国力大幅度跃升,社会主义现代化建设进入了新的发展阶段。正是在这样的背景下,以胡锦涛同志为核心的党的第四代中央领导集体提出了科学发展观,强调坚持以人为本,强调实现经济和社会全面、协调、可持续发展,这是我们党对发展规律认识的进一步深化。

对近代以来中国发展历程的简要回顾可以给我们两点启示:第一,中国的发展来之不易,找到一条符合中国国情的正确的发展道路不容易,历经多少代人的努力,我们才走上了中国特色社会主义道路,才进入今天这样一个历史上最好的时期,我们一定要倍加珍惜并继续开拓进取。第二,对发展规律的认识是随着实践的发展而不断深化的,我们党指导发展的理论和方针政策必须随着实际情况的变化而不断调整、丰富和发展,实践没有止境,创新没有止境,科学发展观是开拓马克思主义理论发展新境界的又一重大成果。

二

(一) 全面、协调、可持续发展是一种进步的时代潮流

自 18 世纪工业革命在西方兴起开始,人类便走上了一条快速发展的道路。经过几次科技革命的推动,人类的生产效率几十倍上百倍地提高,物质财富迅速增加,但这种以物质消费为根本导向的发展模式,对应的是大量开发、大量生产、大量消费、大量排污的生产和生活方式,最终导致了全球性的生态危机。最早引发人类大反思的是一系列充满死亡气息的公害事件,这些动辄令人类大面积患病死亡的环境事件,终于使人类看到了一味掠夺自然导致环境破坏必然招致的报复。从 20 世纪 60 年代开始,先是民间人士和机构经过深入研究发出预言:在未来一个世纪中,人口和经济需求的增长,将导致土地资源耗竭、生态破坏和环境污染。除非人类自觉限制人口增长和工业发展,否则,这一悲剧将无法避免。继而联合国成立环境署和世界环境与发展委员会,经过多年研究,世界环境与发展委员会于 1987 年提交《我们共同的未来》报告,正式提出了可持续发展模式。这一创新发展模式深刻检

讨了"唯经济发展"理论的弊端，强调从当代和后代两个维度谋划发展，并注意生态环境的保护与改善，明确提出要变革人类沿袭已久的生产方式和生活方式，并调整现行的国际经济关系。到 20 世纪 90 年代，美国、英国等发达国家与中国、巴西等后发国家都提出了自己的 21 世纪行动纲领，强调经济、社会与环境等方面的协调共进。目前，全面、协调、可持续发展已不是单个国家的行为，而是一种全球性的时代趋势。

(二) 全面、协调、可持续发展是中国未来发展道路的唯一选择

邓小平说："我们真正干起来是一九八○年。"[1] 经过二十多年的发展，到 20 世纪末，我们顺利实现了"三步走"战略目标的第一、第二步目标，经济翻了两番，到 2003 年，我国的 GDP 突破 11 万亿元人民币，人均 GDP 超过了 1 000 美元，标志着我国从低收入国家进入中低收入国家行列。按照既定部署，到 2020 年，我国的人均 GDP 将达到 3 000 美元。这是整个现代化进程中一个非常关键的阶段，也是经济社会结构发生深刻变化的重要阶段。在这一阶段，有许多关系必须处理好，有许多问题必须解决好，不然，或者是经济可能难以发展起来，或者是起来了可能会掉下来。比如，资源消耗，可以设想一下，如果按原有的高投入、高消耗的增长方式走下去，2000 年我国能耗折合已达 15 亿吨标准煤，如果经济翻两番，能耗也要翻两番，这可能和现实吗？又如，经济翻两番后增加的大量物质财富流向哪里？是向少数人口袋集中，还是主要由大部分的中低收入者分享？如果是前者，贫富差距就会继续拉大，社会不稳定因素就会增加。再如，在这一阶段，工业化、城市化的进程将继续加快，大量的农民要进城，农民进城是享受发展成果得到幸福，还是失去赖以生活的土地后陷入贫困和痛苦？温家宝说："许多国家的发展进程表明，在这一阶段，有可能出现两种发展结果：一种是搞得好，经济社会继续向前发展，顺利实现工业化、现代化；另一种是搞得不好，往往出现贫富悬殊、失业人口增多、城乡和地区差距拉大、社会矛盾加剧、生态环境恶化等问题，导致经济社会发展长期徘徊不前，甚至出现社会动荡和倒退。"[2] 这绝不是危言耸听，后一种情况在拉美和亚洲一些国家都曾出现过，这些国家在 20 世纪六七十年代都有过世界上最快的经济增长速度，但

---

[1] 邓小平. 邓小平文选：第 3 卷 [M]. 北京：人民出版社，1993：376.
[2] 温家宝. 提高认识　统一思想　牢固树立和认真落实科学发展观 [N]. 人民日报，2004 - 03 - 01.

很多关系没处理好，结果城乡差别急剧扩大，占人口大多数的农民利益受到损害，普遍处于贫困状态，而少数人大发横财，从而引发许多社会问题，以致出现社会动荡。中国不能走上这条道路，现在就必须未雨绸缪。

（三）多年来发展过程中积累的矛盾和问题要求及时调整发展的思路

二十多年来，我国的经济快速发展，社会发生了深刻的变化，在看到这些巨大成就的同时，我们必须清醒地看到，在经济发展和社会变革中，也积累了不少新的矛盾和问题。这些矛盾和问题是继续发展中的隐患，如果不能及时地处理和解决，就会危及整个现代化建设事业。

1. 贫富差距拉大

国际上通常用基尼系数来测定一个社会的差异程度。一般认为，基尼系数小于 0.2 为高度平均，大于 0.6 为高度不平均，国际上通常将 0.4 作为警戒线。据国家统计局的抽样调查分析，改革开放以来我国居民收入的基尼系数呈逐年增高的趋势，收入差距扩大的速度令人担忧。1978 年，我国的基尼系数在 0.2 左右，至 1999 年，全国的基尼系数已达 0.397。在 2004 年全国人民代表大会上，有关经济学家认为，我国的基尼系数至 2002 年已达 0.4，超过国际警戒线。[1]

贫富差距中最突出的是城乡差距。中国是个农业大国，13 亿人口中有 9 亿是农民。20 世纪 70 年代末开始的农村改革曾带来了中国农村经济的飞速发展。但从 20 世纪 80 年代中期开始，城市居民与农民之间的收入差距逐渐拉大。国家统计局的报告称，若按可支配收入计算，1999 年城乡差距为 3∶1，若只考虑货币收入，差距扩大为 4∶1，若考虑城市居民的各种福利性补贴，差距将进一步拉大到（5~6）∶1。[2] 若干年来，成千上万的农民放弃了曾经被视为生命的土地，远离了日夜厮守的村落和熟悉的农事，蜂拥进城市，出现了每年春节前后都让各级政府伤透脑筋的民工潮，这就是城乡差距最直接的现实反映。

地区差距问题同样比较严重。沿海发达地区和中西部较落后地区的差距很大，就江苏省而言，苏南和苏北的差距就很大，而且这种差距呈现不断扩大的趋势。

---

[1] 邓聿文. 科学发展观热涌"两会"［N］. 学习时报，2004-03-25.
[2] 国家统计局. 从基尼系数看贫富差距［J］. 中国国情国力，2001（1）：29-30.

需要特别强调的是，贫富差距扩大的问题，绝不仅仅是单纯的经济问题，更是社会稳定和政治问题。二十多年来，中国社会发生了剧烈的变化，经济发展的不平衡导致了社会阶层的分化。不同社会阶层之间不仅是收入和经济状况的严重差异，更需要引起警觉的是由此造成的思想、情绪的对立，引发了一些新的社会矛盾和社会问题，如果不加以调节，就有可能产生更大的碰撞和冲突，就会影响社会的安宁和稳定。

2. 资源消耗过度

长期以来，中央一再提出要努力将经济增长方式由粗放式向集约式转变，走出一条科技含量高、经济效益好、资源消耗低、环境污染少、人力资源优势得到充分发挥的新型工业化路子。但效果并不显著，我国的经济增长仍是一种高投入、高消耗、高排放、不协调、难循环、低效率的增长。国家发展和改革委员会提供的数据显示，五十多年来，我国的 GDP 增长了大约 10 倍，矿产资源消耗却增长了 40 倍。尽管我们 2003 年创造了 11.67 万亿元的国内生产总值，增长率达到 9.1%，但投入的能源和主要原材料，增幅都超过了经济增长速度。国家统计局《2003 年国民经济和社会发展统计公报》显示，2003 年全年能源消耗总量 16.78 亿吨标准煤，比上年增长 10.1%。其中，原油消费量 2.52 亿吨，增长 12%；原煤 15.79 亿吨，增长 13.6%。主要原材料消耗中，钢材 2.71 亿吨，增长 28.6%；氧化铝 1168 万吨，增长 15.7%；水泥 8.36 亿吨，增长 15.3%。[1] 目前，我国已成为煤炭、钢铁的世界第一消费大国，石油、电力的世界第二消费大国。我国本来是个资源紧缺的国家，无序、无度的消耗又加速透支着宝贵的资源。

我国的人口增长、经济发展同生态环境、自然资源的矛盾从未像今天这样突出。我国人口已达 13 亿多，进入 21 世纪，人口三大高峰，即人口总量高峰、劳动力就业人口总量高峰、老龄人口总量高峰的压力相继来临。人人都要吃饭，吃饭就要粮食。从 1998 年至 2002 年，我国粮食消费年递增 0.89%，年均增加 460 万吨。从 2000 年起，我国粮食当年的产量已不能满足当年需要，产需缺口从 2000 年的 1487 万吨扩大到 2002 年的 3109 万吨。[2] 与粮食相关的是国土资源，我国国土面积的 65% 是山地或丘陵，33% 是干旱或荒漠化地区，55% 的国土面积不适宜人类生活和生产。由于各种原因，我

---

[1] 科技教育稳步发展　资源环境形势严峻 [N]. 科学时报，2004-03-01.

[2] 邓聿文. 科学发展观热涌"两会"[N]. 学习时报，2004-03-25.

国人均耕地逐年减少，2003年全国耕地面积净减少了3 806.1万亩，人均耕地降为1.43亩，拥有量不到世界平均水平的40%。我国的水资源人均拥有量仅为世界平均水平的1/4，循环利用率比发达国家低50%以上。我国600多个城市中有400多个缺水，110个严重缺水。[1] 现在，我国许多大宗消费的战略性资源对国际市场的依赖程度已经很高，2003年我国消耗的铁矿石和氧化铝约50%、铜约60%、原油约34%都要依靠进口。过多地依赖进口，不仅涉及购买能力，还可能涉及国家安全问题。

3. 环境问题突出

乱砍滥伐造成植被破坏和水土流失，污水、废气超标排放造成蓝天、江河被污染。我国的总体水质状况一直在下降。国家统计局报告2003年我国七大水系干流地表水水质有52.5%的断面满足国家地表三类水质标准要求，比上年下降0.4个百分点；38.1%的断面为四类、五类水质，比上年上升11.3个百分点；超过五类水质标准断面的比例为9.3%，比上年下降11个百分点。[2] 我国受沙尘暴袭击越来越严重，沙漠面积在扩张，近海赤潮次数在增多，酸雨面积在扩大，黄河断流已从下游、中游走向上游。

4. 社会事业发展滞后

主要表现在两个方面：一是经济发展和科技、教育、文化、卫生等社会事业发展存在"一条腿长、一条腿短"的问题；二是社会就业、社会保障机制尚未完善，社会公正、社会秩序、社会管理、社会和谐等方面存在着诸多问题。

新的中央领导集体提出科学发展观，就是要辩证地认识和处理与发展相联系的各方面的重大关系，在发展思路和具体政策方面做出必要的调整，努力解决前进道路上面临的这些矛盾和问题，不仅要做到快速发展，而且要做到更好地发展，促进经济社会和人的全面发展。

三

科学发展观的主要内涵，温家宝同志在省部级主要领导干部专题研讨班上已做了全面阐述，就是要做到"七个坚持"：(1) 坚持以经济建设为中心。

---

[1] 马晓岚. 以科学的发展观看待GDP [N]. 科学时报，2004-03-10.
[2] 科技教育稳步发展　资源环境形势严峻 [N]. 科学时报，2004-03-01.

就是要坚持以经济建设为中心不动摇，抓住机遇加快经济发展，保持经济较快平稳地发展。(2) 坚持经济社会协调发展。就是要在大力推进经济发展的同时，更加注重加快科技、教育、文化、卫生、体育等社会事业的发展，促进物质文明、政治文明、精神文明协调发展。(3) 坚持城乡协调发展。就是要通过合理调整国民收入分配结构和政策，加大对农业的支持和保护力度，推进城镇化建设，充分发挥城市对农村的带动作用，推进劳动就业制度、户籍管理制度、土地征用补偿制度、农村义务教育制度等方面的改革，逐步改变城乡二元经济结构，加快农村发展。(4) 坚持区域协调发展。就是要继续发挥各个地区的优势和积极性，坚持西部大开发，振兴东北地区等老工业基地，促进中部地区崛起，鼓励东部地区加快发展，逐步扭转地区差距扩大的趋势，促进地区协调发展。(5) 坚持可持续发展。就是要统筹人与自然和谐发展，处理好经济建设、人口增长与资源利用、生态环境保护的关系，推动整个社会走上生产发展、生活富裕、生态良好的文明发展道路，增强可持续发展的能力。(6) 坚持改革开放。就是要锐意推进改革，通过深化改革来解决经济社会生活中存在的深层次矛盾。就是要继续扩大开放，在更大范围、更广领域和更高层次上参与国际经济技术合作与竞争，提高对外开放水平。(7) 坚持以人为本。就是要把人民的利益作为一切工作的出发点和落脚点，不断满足人们的多方面需求和实现人的全面发展。[1]

综合以上七个方面的内容，可以充分地看到科学发展观三个方面的重要特征：一是特别注重发展的人文特征。发展的目的是不断提高人民群众的物质文化生活水平和健康水平，是不断满足人们的多方面需要和实现人的全面发展。要满足人的需要和实现人的发展，经济发展是不可或缺的，但经济只有作为人的需要和人的发展的基础和条件，经济发展的成果只有落实到人身上才能体现其本质的意义。二是特别强调发展的整体协调。要求把握好现代化建设规律，辩证地认识和处理各方面的重大关系，包括处理好经济发展与社会发展的关系，处理好城乡发展、地区发展的关系，处理好不同利益群体的关系，处理好经济增长同资源、环境的关系，处理好改革发展稳定的关系，处理好物质文明建设同政治文明建设、精神文明建设的关系，处理好国内发展与对外开放的关系，做到各方面的良性互动，防止和纠正"一条腿长、一条腿短"的畸形发展。三是特别关注发展的持久连续性。从当代和后

---

[1] 温家宝. 提高认识 统一思想 牢固树立和认真落实科学发展观 [N]. 人民日报，2004-03-01.

代两个维度来谋划发展，既考虑当前发展的需要，又考虑未来发展的需要，要站在中华民族生存与长远发展的制高点，高度重视资源和生态环境问题，防止和纠正那种不顾及子孙后代的杀鸡取卵的掠夺式发展方式。

四

发展观是关于发展的本质、目的、内涵和要求的总体看法和根本观点。这种总体看法和根本观点关键要在实际工作中得到切实落实，才能转化为实际成效。

（一）落实科学发展，首要的是落实以人为本的各项要求

以人为本是我们党的执政理念和要求。胡锦涛同志在2003年"七一"讲话中指出："对于马克思主义执政党来说，坚持立党为公、执政为民，实现好、维护好、发展好最广大人民的根本利益，充分发挥全体人民的积极性来发展先进生产力和先进文化，始终是最紧要的。"[1]科学发展观将以人为本作为其本质和核心，既体现了我们党的根本立场，也回答了为什么发展的问题。科学发展观明确地告诉我们，世界一切事物中，人是第一位的，人的需要和人的全面发展是筹划和推进发展工作的出发点和落脚点。

坚持以人为本，包含了四个方面的深刻内涵和具体要求：一是满足人的需要，就是在经济发展的基础上，不断提高人民群众的物质文化生活水平和健康水平，满足人们的多方面需要。二是尊重和保障人权，包括公民的政治、经济、文化权利。新的宪法修正案加入了"国家尊重和保障人权""国家保护私有财产"等条款就是对以人为本的具体落实。三是依靠和发挥人的力量和作用。人力资源是第一资源，发展只有通过人才能实现。只有充分用好人才，充分调动人的积极性，充分发挥人的聪明才智，现代化建设才能不断推进。四是促进人的全面发展。马克思所设想的未来社会是"以每个人的全面而自由的发展为基本原则的社会形式"，是以"每个人的自由发展是一切人的自由发展的条件"为目标的。这就要努力提高人们的思想道德素质、科学文化素质和健康素质，努力创造人们平等发展、各尽所能、各得其所的社会环境和氛围。

---

[1] 胡锦涛. 在"三个代表"重要思想理论研讨会上的讲话 [M]. 北京：人民出版社，2003：16-17.

在我们国家,确立以人为本原则、强化以人为本意识具有十分重要的现实意义。由于中国封建社会的历史很长,在封建统治者眼里,"民可使由之,不可使知之",人民只是被统治和奴役的对象,谈不上有任何的地位和权利,更不可能有什么民主、自由和发展。也由于中华人民共和国成立以后相当长一段时间受"左"的影响,我们对马克思主义基本观点的理解出现偏差,特别是"文化大革命"对人性、人道主义的批判所产生的消极影响,使我们国家的人本意识一直非常弱化、淡化,对人的关爱,对人的需要、人的发展的重视,对人的地位和权利的尊重与维护都远远不够。在现实生活中,一些政府部门在征地、拆迁中侵害农民、居民利益,在企业重组改制和破产中侵害职工合法权益,一些企业长期拖欠农民工工资,一些不法商人恶意造假、坑蒙拐骗,甚至制售假酒、假药、劣质奶粉和有毒食品,严重危害人民群众生命和健康等现象屡见不鲜。我们必须用法律手段来处理和规范,也需要通过强化以人为本的意识进行教育和引导。

需要指出的是,全面落实以人为本的各项要求是一项长期和十分艰巨的任务,必须要有两方面的思想准备。一方面,我国目前还处于社会主义初级阶段,生产力发展水平还不高,物质财富积累的基础不够雄厚,生产关系和上层建筑的各个方面还不完善,满足人们的多方面需要和实现人的全面发展还不可能完全做到。以人为本的各项要求只有在推进发展的进程中才能逐步实现,不能操之过急。另一方面,以人为本作为我们的执政理念和要求,应当从现在的具体事情做起,贯彻到经济社会发展的各个方面,贯穿到我们的各项工作中去。必须看到,在实际工作和实际生活中要做的、可做的事情很多,绝不能强调目前条件的不完全具备而无所作为。

(二)落实科学发展观,最重要的还是要发展经济

发展的实质,是经济社会的全面进步。中央提出树立和落实科学发展观,是为了防止和纠正简单地把发展等同于经济发展或 GDP 的增长,是为了认真解决过去的快速发展中已积累起来的一些矛盾和问题,以求得更好的发展。同时,为了使资源和环境与发展更协调,使地区之间、城乡之间的发展更协调,中央政府会对投入和转移支付做一些必要的调整,以适当控制一下发展速度。这些都是正常的,但这绝不是说经济发展不重要,甚至认为发展是"软道理",要彻底摒弃 GDP,要改变以经济建设为中心的指导思想,

这样的看法显然是片面的、错误的，是从一个极端走向另一个极端。

马克思主义认为，生产力的发展，是人类社会发展的最终决定力量。实践也从正反两方面的经验和教训反复告诉我们，经济发展虽然不是发展的全部内涵，却是发展的根本基础。没有经济的发展，没有相应的物质基础，全面、协调、可持续发展就难以做到。没有经济实力，什么事也办不成，促进人的全面发展，统筹兼顾都只能是一句空话。正如胡锦涛同志曾经指出的那样："集中力量发展经济，使我国形成发达的生产力，这是中国特色社会主义事业兴旺发达的物质基础，是我们在日益激烈的国际竞争中掌握主动的物质基础，也是国家繁荣富强、人民安居乐业和长治久安的物质基础。"[1] 改革开放二十多年来，我国的经济有了很大的发展，经济实力明显增强，但总的说来，我国还处于社会主义初级阶段，生产力发展水平还很落后，物质财富还很不丰富，跟一些发达国家比较还有很大的距离。所以，温家宝同志在省部级主要领导干部专题研讨班上的讲话中，把"坚持以经济建设为中心"列为科学发展观的首条内涵，强调"我们党执政兴国的第一要务是发展，首先是要发展经济。只有不断解放和发展生产力，才能为社会全面进步和人的全面发展提供物质基础。因此，以经济建设为中心任何时候都不能动摇、不能放松"[2]。

（三）落实科学发展观的难点在于能否真正做到统筹兼顾

科学发展观的一个显著特点就是把发展作为一个系统，要求用系统思考的方式把握并处理好各个发展要素之间的关系，做到把握全局，搞好统筹兼顾。

统筹兼顾就是要系统地思考发展问题，系统地处理发展问题，一定要有宏观的开阔视野，既不能顾此失彼，有任何的偏废，也不能不分轻重缓急，眉毛胡子一把抓。解决发展中的问题要寻求"根本解"，而不是"表象解"。这对领导中国发展的各级党委、政府和领导干部的领导水平和执政能力又是一次严峻的考验。在过去相当长一段时间里，我们一些领导干部已经比较熟悉抓经济发展和追求 GDP 数字。GDP 数字拿得出，看得见，能突显政绩，追求 GDP 就变成一种利益驱动。而现在强调统筹兼顾，要协调好各方面关

---

[1] 赵长茂. 全面理解和把握科学发展观 [N]. 文汇报，2004 - 03 - 08.
[2] 温家宝. 提高认识 统一思想 牢固树立和认真落实科学发展观 [N]. 人民日报，2004 - 03 - 01.

系，努力做到经济社会协调发展，城乡协调发展，区域协调发展，人与自然协调发展，显然比单纯追求经济发展或 GDP 数字要难得多。这就要求各级党委、政府和领导干部必须按照十六大提出的要求加强执政能力建设，不断提高科学判断形势的能力，不断提高驾驭市场经济的能力，不断提高应对复杂局面的能力，不断提高依法执政的能力，不断提高总揽全局的能力，全面提高领导水平和执政水平。

统筹兼顾中还有个问题必须予以特别关注，就是统筹目标问题。中央提出的统筹城乡发展、区域发展不是统筹发展水平的均衡化和发展战略的无差别化。城市和农村、东部沿海经济发达地区和中西部相对落后地区的发展基础不一样，地理环境、交通条件、人群素质、人口密度等条件的种种差异决定了不可能均衡发展，如果硬性统筹将影响效率，甚至造成浪费和损失，这在过去已有惨痛的教训。因此，统筹城乡发展、区域发展的本质含义是协调好各方面利益关系，调动一切积极因素，发挥各自的优势发展自己，逐步扭转差距扩大的趋势，实现共同发展和共同富裕。重点是统筹人们的福利，通过宏观政策的支持和转移支付使不同区域、城乡居民都享受发展的成果，生活水平得到有效的、合理的提高，实现社会的基本公平。

[本文刊登于《苏州大学学报（哲学社会科学版）》，2004 年 11 月第 6 期]

我国当前社会利益差别和贫富差距的三重反思

中国构建和谐社会的实践不断提出深层次问题,从而叩响哲学大门。如何以哲学视域反思、解答利益差别和贫富差距问题,就成为其中的核心环节。改革开放二十多年,我国社会结构已发生了剧烈的变化,突出表现之一就是打破了在计划经济条件和城乡二元基础上建立的"同质性社会",利益差别和贫富差距逐渐拉大,不同利益群体迅速分化,由此也引发了社会成员之间的新矛盾和新冲突。利益关系是否和谐是构建和谐社会的关键。新问题需要哲学创新地思考。为此,哲学反思应当强调三重视角或者三个维度:其一,实践哲学的维度,即和谐社会建设必须与社会主义初级阶段发展实践相适应,既反对超越实践边界的空想,也反对消极适应国情的态度,因而是分阶段、有条件的;其二,历史发展与过程思维的维度,以全面发展、科学发展来解决利益关系和谐问题;其三,以和谐为宗旨的历史辩证法的维度,要科学辨识和把握新世纪、新阶段社会矛盾的新特点,致力于在维护现阶段社会公平和正义的基础上保证经济和社会发展的活力和效率,以创新方式解答世纪难题。

一、认识与处理利益差别和贫富差距问题的实践哲学视域

如何认识和解决利益差别、贫富差距问题?哲学反思需要澄清的第一个前提是:我们究竟应当从民主法治、公平正义等抽象观念或者抽象原则出发,超越现阶段国情去照搬西方人本主义观念模式,还是要从社会主义初级阶段发展实践和历史语境出发,分阶段、有条件地构建?这是两种具有本质差异,甚至截然对立的哲学视域。前者是历史唯心主义空想,最终必然导致普遍贫穷和社会崩溃;而后者则是实事求是的历史唯物主义维度,只有遵循这一维度才能导向真正的社会和谐。正如恩格斯当年在《反杜林论》中所指

出的:"原则不是研究的出发点,而是它的最终结果;这些原则不是被应用于自然界和人类历史,而是从它们中抽象出来的;不是自然界和人类去适应原则,而是原则只有在符合自然界和历史的情况下才是正确的。这是对事物的唯一唯物主义的观点。"[1] 江泽民同志在党的十五大报告中也强调:"我们解决种种矛盾,澄清种种疑惑,认识为什么必须实行现在这样的路线和政策而不能实行别样的路线和政策,关键还在于对所处社会主义初级阶段的基本国情要有统一认识和准确把握。"[2]

从历史语境出发,科学审视现阶段利益差别和贫富差距产生的客观原因,我认为主要有以下五个因素。

其一,初级阶段社会分配选择的必然结果。毫无疑问,和谐社会建设是一个漫长的历史过程,其最高理想是共产主义。然而,正如目前的中国特色社会主义建设是有历史、分阶段的一样,不同阶段的社会主义和谐社会建设也是有条件、分阶段的。不能超越阶段和国情,这是历史唯物主义的一个基本观点。我们党自1982年提出社会主义初级阶段理论以来,尽管取得了举世瞩目的成就,社会面貌一新,但我们必须清醒地认识到,中国仍然处在并将长期处在社会主义初级阶段的基本国情没有变。在初级阶段,生产力相对落后,社会物质财富相对贫乏,人口多、分布地域广,地区之间、城乡之间因历史原因和现实条件差异存在明显差别,劳动者自身素质的差异还很大,因此缺乏完全消除利益差别和贫富差距的基本条件。共同富裕的努力,要有一个循序渐进的历史过程,离开了现实条件,急于求成只能是欲速则不达。20世纪50年代曾试图彻底消灭三大差别,一步跨入共产主义,分配上搞平均主义,曾让全国人民吃尽苦头,这样的历史教训我们不应该忘记。正如邓小平所说:"我们坚持走社会主义道路,根本目标是实现共同富裕,然而平均发展是不可能的。过去搞平均主义,吃'大锅饭',实际上是共同落后,共同贫穷,我们就是吃了这个亏。"[3] 我们今天认识利益差别和贫富差距问题,必须从中国这个最大的实际出发,一个不容回避的基本事实是:利益差别和贫富差距在现阶段必然客观存在而且将长期存在。

合理范围内的利益差别和贫富差距是在社会主义初级阶段打破普遍贫困

---

[1] 马克思,恩格斯. 马克思恩格斯选集:第3卷[M]. 2版. 北京:人民出版社,1995:374.
[2] 中国共产党第十五次全国代表大会文件汇编[M]. 北京:人民出版社,1997:15.
[3] 邓小平. 邓小平文选:第3卷[M]. 北京:人民出版社,1993:155.

的"同质性社会"、推动解放和发展生产力的重要杠杆。推进生产力发展,重要的是要调动人的积极性,激发社会的创造活力。怎样做到这一点?马克思说:"人们奋斗所争取的一切,都同他们的利益有关。"利益推动着人们的劳动和创造活动,这是被历史实践反复证明的真理。我国的改革就是从打破平均主义的分配格局、发挥市场在资源配置中的基础性作用起步的。早在1978年3月,邓小平就提出:"我们一定要坚持按劳分配的社会主义原则。按劳分配就是按劳动的数量和质量进行分配。""对干得好的、干得差的,经过考核给予不同的报酬。"[1]随后,他在1978年12月召开的中央工作会议上又提出:"在经济政策上,我认为要允许一部分地区、一部分企业、一部分工人农民,由于辛勤努力成绩大而收入先多一些,生活先好起来。一部分人生活先好起来,就必然产生极大的示范力量,影响左邻右舍,带动其他地区、其他单位的人们向他们学习。这样,就会使整个国民经济不断地波浪式地向前发展,使全国各族人民都能比较快地富裕起来。"[2]二十多年来,随着改革不断深化,利益关系不断调整,经济和社会发展呈现出前所未有的活力,整个国民经济不断地波浪式地向前发展成为现实。只要把改革前后两种截然不同的情况做一个简单对比,就可以得出一个基本结论:改革开放总设计师邓小平从调节人们的利益关系入手,激发全社会创造活力的做法是完全正确的。

其二,市场经济的必然产物。二十多年来,撬动中国改革的一个重要杠杆就是以市场为导向的利益引导机制。市场经济在起基础性配置社会资源的作用的同时,必然推动人们不断通过技术进步和管理革新来创造超额利润,进而产生利益差别和贫富差距。市场经济最重要的驱动器,即所谓"看不见的手",就是利益引导机制,没有利益就不可能有竞争,也不可能有资本的合理流动和社会资源的合理配置,也就难以提高效率,激发创造的活力,推动经济和社会更快更好地发展。我们实行按劳分配为主体、多种分配方式并存的分配制度,确立劳动、资本、技术和管理等生产要素参与分配的原则,也是根据个体经济、私营经济、外资经济等非公有制经济的存在和公有制经济实现形式多样化的客观实际,为保证生产要素的投入者获取相对应的收益索取权,以提高资源配置效率的必要制度。那么,利益差别也就是分配制度

---

[1] 邓小平. 邓小平文选:第2卷[M]. 2版. 北京:人民出版社,1994:101-102.
[2] 邓小平. 邓小平文选:第2卷[M]. 2版. 北京:人民出版社,1994:152.

设计本来所蕴有的含义，由此而来的贫富差距也就不足为怪了。当然，在初级阶段，私营企业和某些外资企业存在着各种"超经济强制"现象，故意压低劳动报酬，人为扩大贫富差距。

其三，转型社会中市场经济体制不完善的结果。无论是20世纪80年代的双轨价格模式，90年代各种资源获取方式的不平等、交易行为的不规范，还是当前存在的各种垄断资源的介入，不正常的产权变革中许多公有资产的私有化，都让一批人有机可乘，钻了政策的空子，"一夜暴富"的闹剧不断上演，这不仅拉大了利益差别和贫富差距，而且造成公众对相对富裕群体致富合法性的极大怀疑。

其四，转型社会中公共权力监督机制不完善，"权力寻租"大量参与市场利益分配，从而导致一些公务部门和公务人员获取暴利。"以权谋私"现象的大量出现主要基于转型社会对公共权力定位和监督的缺失，甚至基于某些"给政策"的改革导向，公共部门及公务人员利用手中的权力参与市场资源的配置，私人非常规获利而致富。

其五，经济全球化的后果。富国通过直接投资、不平等贸易和其他各种手段从发展中国家获取大量的经济利益，推波助澜，使全球"两极分化"，这也通过各种渠道转变为国内差异。

可见，从社会主义初级阶段的发展实践出发，应当明确以下几个观点。

首先，历史性原则。目前存在的利益差别与贫富差距是在初级阶段这一特定历史时期和社会主义市场经济条件下，从普遍贫穷的"同质性社会"向"差异性社会"转型的必然要求，因而是有历史根据和客观原因的；在一定范围内具有推动历史发展的必然合理性。但是，超限范围的两极分化则不断推动"差异性社会"向充满冲突、矛盾甚至对抗的"异质性社会"转化，不仅严重背离中国特色社会主义历史目标，更导致社会整体失和与动荡。因此，民主法治、公平正义必然是历史的、相对的、有条件的。我们不能超越历史阶段而抽象地谈论问题的解决方案。起点、过程、机会和公共资源的平等，只能是一个随着历史发展而不断演化的长期发展结果。反之，利益差别和贫富差距，究其原因，除了制度内缺陷以外，都是由制度缺失本身造成的。以"改变世界"为己任的实践哲学，既要反对超越实践边界的空想，更要打破单纯消极适应国情的态度。解决这一扩大化趋势应当立足于社会主义初级阶段的历史基础，着眼于进一步完善社会主义市场经济体制，进一步改革和完善政治体制，进一步科学划分公共领域与私人领域、公权与私权的界限。

其次，适度性原则。基尼系数是国际上衡量一个社会的贫富差异程度的基本尺度，通常将 0.4 作为警戒线。如果差距悬殊，贫困人口增加，而且长期得不到解决，就有可能引发不同社会阶层的对立，激化社会矛盾，从而出现社会危机和动荡。根据库兹涅茨原理，人均 GDP 从 1 000 美元向 3 000 美元迈进时，社会成员之间利益差异将逐渐达到最大值，出现危险期。近期学术界一直讨论的拉美化现象就是一个典型案例。

再次，合理调控原则。作为实践的唯物主义，马克思主义的主旨不是"解释世界"，而是"改变世界"。以适度调控来防范"社会利益异质化"，这是政府管理社会应有的职能，更是社会主义本质的要求。我国是社会主义国家，邓小平一再强调，社会主义的本质就是要消灭剥削，消除两极分化，最终实现共同富裕。承认差距是为了最终消除差距。

最后，不断完善原则。对于那些因制度和体制缺陷而导致的利益差别和贫富差距扩大的问题，只有在发展实践中不断加以解决。我国仍处在由计划经济向市场经济、由过去较多地人治向法治国家的转型过程之中，不能对制度、法规、政策和管理的完善提出过于苛刻的要求。但是，因制度和政策原因导致的贫富差距拉大，有人钻制度和政策不完善的空子而暴富，少数人用非法和非道德手段暴富是社会最大的不公，最容易引起人民群众的激愤，如果长期得不到解决就会进一步激化矛盾。因此，完善制度、堵塞漏洞、坚决打击非法和非道德致富乃是政府的当务之急。

二、历史发展：审视贫富差距问题的过程视域

哲学反思的第二个问题是：对目前存在的利益差别和贫富差距，究竟采取静态的结构化视野，将其看作是孤立事件的始终如一的集合体，还是从历史发展的视域，将其视为仅仅与一定历史阶段相联系的过程集合体？显然，这是空间化的非历史观与历史发展观两种对立的思维方式。前者着眼于社会利益结构静态分析，从而以抽象原则适用于这一静态结构；而后者强调历史地发生与历史地变化的原则，将利益差别和贫富差距看作是一个具有变化性的历史过程，在每一个过程的不同阶段和不同语境中采用不同的政策，从而

达到其全程治理的目的。

强调历史发展的过程视域本质上是一种实践哲学的辩证视域。

首先，它强调在过程的不同阶段应当有不同的实践策略。历史发展的轨迹绝不是一条直线，而是跌宕起伏、充满变化的。在改革开放之初，在着力打破计划经济普遍贫穷的"同质性社会"时，我们应当着眼于合理差异，让一部分地区、一部分人先富起来，产生利益差别和贫富差距的同时就形成示范效应，从而推动全社会树立发展意识、大力解放和发展生产力。"效率优先、兼顾公平"是正确的策略口号。对于改革开放以来我国的财富分配情况，应该肯定其基本面总体上处于良性的状态。在经济快速发展，社会不断进步，物质财富增加过程中，人民群众的生活水平总体上有了较大幅度的提高，所出现的贫富分化是在全体人民生活水平普遍提高的基础上产生的，一部分人先富起来不是以大多数人的生活下降为代价。同时，我国政府历来高度重视扶贫解困和社会保障体系建设，在扶贫方面花了相当大的力气，投入了大量的财力，二十多年中脱贫人口达两亿多，成绩令世界瞩目，经过艰苦努力，社会保障体系从基本空白到逐步完善，也在帮困中发挥了重要作用。在改革进程中，经过利益关系的调整，社会阶层不断分化，社会成员的流动趋势总体向上，中等收入阶层正在逐渐壮大，社会阶层结构模型呈良性发展态势。我国目前的富裕阶层的主体是靠合法经营和勤劳致富的，一些掌握高科技的知识分子依靠自己的创造发明创办企业迅速致富，一些私营企业家抓住机遇发展生产致富，一些社会成员利用国家的各种市场机会获利致富，依法所得，有利于经济和社会发展，应该得到充分肯定和尊重。但是，进入新世纪、新阶段，当我们的"差异性社会"出现了种种迹象，表明其在进一步转向充满冲突的"异质性社会"时，那么，强调公平正义、扶弱帮困，提倡发展应当成为建立在"公平基础上的效率"，防范社会分配严重不公就成为社会发展的极其重要的原则。究其原因，是因为贫富差距持续拉大、分配不公问题突显。

国际公认的基尼系数的警戒线是 0.4，我国收入分配的基尼系数从改革开放前的 0.15~0.2 到现在已达 0.45 以上，正在迅速接近 0.5，说明贫富差距拉大的速度很快。差异性社会与异质性社会的最主要区别，就是是否形成了从物质地位、关系、收入到文化心理都界限分明、相互冲突的社会群体。应特别强调的是，贫富差距持续扩大已造成了不同社会阶层之间情绪的对立，由此也引发了许多新的社会矛盾和新的社会问题，使当前社会各种矛盾呈多发性态势。

此外，非法、非公正、非平等手段致富问题较为严重。少数人非法暴富；少数官员"权力寻租"，贪污受贿，以权谋财；少数人从事非法和非道德经营活动，通过走私贩毒、制假贩假、坑蒙拐骗、虚开增值税发票、集资诈骗、偷税漏税、操纵股市等手段捞取不义之财而致富；一些个体、私营企业主利用资本优势对工人超限度剥削，千方百计榨取不当利益；制度缺陷造成的利益差别和贫富差距问题依然存在；计划经济条件下特有的城乡分割依然难以根除，城市又衍生新的城市居民和农民工之间的二元结构；公共资源特别是教育资源配置不当；垄断经营现象依然严重；等等。因此，在这一阶段，历史地提出构建和谐社会，以强调公平正义来推动社会全面发展与和谐发展，是适时而正确的。

其次，过程视域强调以科学发展和全面发展来解答世纪难题。脱离发展的非历史观不可能以抽象原则解决历史问题。历史发展中出现和突显的问题只能在历史进一步发展或更完善、全面、科学发展中才能解决。坚持发展是解决问题的根本路径、用发展方式来解决世纪难题，应当成为我们不可动摇的基本原则。

最后，过程视域强调民主法治、公平正义等和谐社会建设的动态性和渐进性，反对急于求成。利益差别和贫富差距与任何历史形式的存在一样，在它合理发挥历史作用没有完结之前是不会自动消亡的；反之，公平正义等社会规则在它赖以存在的基础没有建立之前是不会产生的。我国社会主义初级阶段依然要存在相当长时期，因此，公平正义内容及其实现程度在每一个阶段上都具有历史性、相对性和暂时性。我们只能根据历史的要求提出可以解决的任务，而不能超越这一历史阶段。我们应当积极地根据历史的发展和变化不断推进公平正义，缩小差别，最终消除差别，进入马克思所设想的"自由人联合体"状态。

三、合理调控利益差别和贫富差距的和谐辩证思维

哲学反思的第三个维度是：应当坚持历史辩证法，将合理调控利益差别和贫富差距作为重点。一般地说，马克思主义历史辩证法本质上是批判的和

革命的,它在对事物肯定的理解中包含了否定性的理解,即必然灭亡的理解。"肯定—否定"双重理解范式不仅强调一定边界条件下的利益差别和贫富差距现实存在的合理性和根据性,认为它是历史通向更高阶段的必然路径,而且更指认了它的必然消解性和暂时性,以及合理调控的必然性根据。特殊地看,新世纪、新阶段的社会矛盾具有新特点,需要历史辩证法研究特殊条件下的特殊矛盾,并成为其创新的特殊思维方法。

当前我国利益差别和贫富差距反映的社会矛盾新特点究竟是什么呢?如果说,在"同质性社会",社会缺乏利益的差异性,矛盾关系表现为高度同一性,而人们为摆脱普遍贫穷强调差异,矛盾特点则主要表现为"求异性";在"异质性社会",充满阶级、阶层冲突和对抗,矛盾关系中的对立性表现为对抗性。正像长期的阶级社会那样,利益群体之间缺乏利益的共同性,人们希望弥合冲突,矛盾特点表现为"求同性";那么,在"差异性社会",矛盾的对立性表现为差异性,而矛盾的同一性表现为差异各方间的关联和依赖。在这一矛盾中,人们既不愿意无限扩大利益差异而走向冲突和对抗,也不愿意再次落入"平均主义大锅饭"的窠臼,那么,唯一的选择只能是"社会和谐",即"君子和而不同",将利益差别和贫富差距限定于合理范围内。中国特色社会主义推动全体人民发展和致富,需要整合全体人民的共同利益,因而表现为本质的一致性和共同性,人民从根本上说依然是一个利益共同体,但在致富先后、贫富程度上,利益分配格局上又存在着相当的差异,需要沟通、理解和协调。因此,在历史辩证法的具体思维方式上,如果说早期改革强调"求异思维",回应充满对抗的异质性社会渴望"求同思维",那么,在新世纪、新阶段,根据社会矛盾新特点,我们需要的正是"和谐思维"。

和谐思维作为一种创新形态的辩证思维,内在地包含着三个质点,从而对合理调控利益差别和贫富差距具有时代性指导意义。

其一,和谐思维不同于在异质性社会存在的"斗争哲学",着眼于利益差异间的和谐张力。利益差别和贫富差距是一种客观存在,不管其是合理的还是不合理的,都会引发社会矛盾,我们都不能熟视无睹,必须予以必要的调控。问题在于怎样调控,"劫富济贫""抑富济贫"的方法最简单,解决表象的公平问题可能会立竿见影,但必然会伤及活力和效率,伤及基本经济制度,伤及发展,显然是不可取的。笔者认为,正确的选项是"增富济贫""促富济贫",辅之以适度的"抽富济贫"措施,以济贫减贫为重点,努力扩大中等收入者比重,推动全社会富裕程度的提高,最终实现全体人民的共同富裕。

其二,和谐思维不同于同质性社会主导的"求同哲学",承认差异、利用差异的杠杆推动发展,同时又加大规范分配秩序、调节不合理分配行为的力度。对于非法、非道德获利行为和权力腐败活动,国家从来没有停止过打击,但由于制度上还存在缺陷和漏洞,以及一些地方官员出于错误动机而放松打击,此类问题一直未能从根本上得到解决,有些问题甚至有愈演愈烈之势,如欺诈行为肆虐、假冒伪劣产品充斥市场即为例证。按照经济学上"劣币驱逐良币"的逻辑,只要劣币和良币等值,只要现存的事实不能使手持劣币者受到有力的惩罚,人们就不会奉公守法。如果资本过度获利不能得到有效抑制,劳动者的正当权益不能得到合理维护,不仅劳动者的积极性、主动性和创造性会受到损害,而且劳资矛盾必然会激化,甚至酿成群体性事件,影响社会稳定。如果垄断经营问题长期得不到解决,社会心态就难以平衡,改革也难以得到大多数人的认同和支持。因此,应该尽快推进必要的改革,完善法律法规和制度,加强打击力度和监管措施,以求此类问题能得到切实有效的解决。

其三,和谐思维强调发展的共同体主义,加大促富济贫的力度。我国的富裕群体正在不断壮大,财富积累也在不断增加,这应当成为带动全体成员致富的基础。让一部分人先富起来,让更多的人富裕起来,最终让全体人民共同富裕,这符合富裕发展的规律。尊重劳动、尊重知识、尊重人才、尊重创造,鼓励人们干事业,支持人们干成事业,放手让一切劳动、知识、技术、管理和资本的活力竞相迸发,让一切创造社会财富的源泉充分涌流,这是为充分调动全社会一切积极因素,使我国经济社会发展充满创造活力而确定的一项重要方针。因此,只要是诚实劳动和合法经营,对富裕群体创造财富的活力和他们的财产都要依法保护,当然也要加强对富裕群体的引导和教育,帮助他们树立正确的财富观,促使他们更多地承担社会责任。另外,必须运用税收杠杆调节富裕群体的收入,解决两极分化问题。

对于贫困地区和贫困人口,应当动员全社会力量扶贫帮困,建立健全社会保障制度,在就业、收入、教育、健康等各种不同类型的机会上,给予更充分、更公正的待遇,只有这样,才能真正建立一个和谐的发展共同体社会。

(本文刊登于《江海学刊》,2005年12月第6期)

更加注重社会公平　积极促进社会和谐

——党的十六大以来处理收入分配问题
政策取向的几点思考

理顺分配关系，直接关系到广大群众的切身利益，关系到社会主义制度优越性和人民群众积极性的发挥。改革开放以来，我国的收入分配理论多次取得重大突破，分配制度也多次出现重大变革，从而不断地调整了各种经济主体之间的利益关系，有效地推动了经济和社会的平稳较快发展。党的十六大以来，面对社会生活中出现的新情况和新问题，特别是收入分配差距持续拉大、各种主体利益矛盾日益突出的问题，新的中央领导集体高度重视，以追求效率和公平的协调统一并促进社会和谐稳定为基本目标，在理论上和实践中不断探索，我国的收入分配理论和政策又有了新的重大突破。

一、我国收入分配理论和制度创新的历程

研究党的十六大以来调整收入分配关系的情况，有必要回顾改革开放以来我国收入分配理论和分配制度改革创新的基本历程。

1978年以前，与当时高度集中的计划经济相匹配的是高度平均主义的分配制度。据估计，当时的基尼系数大概在 0.15~0.2 之间。这种平均主义的分配制度和分配结果极大地制约了广大人民群众积极性和创造性的发挥，损害了经济活动的效率，经济和社会发展长期停滞不前也就成为必然。党和政府敏锐地看到了这一问题并断然出台改革政策以改变这一状况。我国的改革最早是从打破平均主义的分配格局起步的。1978年3月，邓小平提出："我们一定要坚持按劳分配的社会主义原则。按劳分配就是按劳动的数量和质量

进行分配。""对干得好的、干得差的,经过考核给予不同的报酬。"[1] 随后,他在1978年12月召开的中央工作会议上又提出:"在经济政策上,我认为要允许一部分地区、一部分企业、一部分工人农民,由于辛勤努力成绩大而收入先多一些,生活先好起来。一部分人生活先好起来,就必然产生极大的示范力量,影响左邻右舍,带动其他地区、其他单位的人们向他们学习。这样,就会使整个国民经济不断地波浪式地向前发展,使全国各族人民都能比较快地富裕起来。"[2] 由此开始,分配理论不断创新,分配制度改革不断深化。党的十二届三中全会确定我国的经济是有计划的商品经济,与以公有制为主体的多种所有制并存相适应,全会提出了以按劳分配为主体的多种分配方式并存的思想。为与党的十四大确立的社会主义市场经济体制改革目标相适应,党的十五大提出按劳分配与按生产要素分配相结合的分配原则,分配理论中的分配标的物从个人消费品扩大到了生产条件。

改革开放以后的二十多年里,随着经济体制、基本经济制度、分配制度等方面改革的不断深化,我国的经济和社会发展呈现出前所未有的活力,国民经济不断地波浪式地向前发展,经济总量翻了两番,人均GDP达到1 000美元,综合国力明显增强,人们生活水平有了大幅度的提高。这当然是全面改革的综合效应,但收入分配理论的突破和分配制度的改革也功不可没。由此可以得出一个基本结论:改革开放总设计师邓小平从调节人们的利益关系入手,激发全社会创造活力的做法是完全正确的。

随着改革的不断深化,社会结构和利益关系不断调整,在经济和社会发展中也出现了一些突出的矛盾和问题。其中之一是收入分配差距的扩大问题。从居民收入差距来看,国际公认的基尼系数警戒线是0.4,我国目前的基尼系数已达0.45左右。全国城市居民收入最低的20%人口只拥有全部收入的2.75%,仅为收入最高的20%人口所拥有收入的4.6%。联合国开发计划署认为,中国目前的基尼系数为0.45,占总人口20%的最贫困人口占收入或消费的份额只有4.7%,而占总人口20%的最富裕人口占收入或消费的份额高达50%。[3] 中国社会的贫富差距已经突破了合理的限度。

---

[1] 邓小平. 邓小平文选:第2卷 [M]. 2版. 北京:人民出版社,1994:101-102.
[2] 邓小平. 邓小平文选:第2卷 [M]. 2版. 北京:人民出版社,1994:152.
[3] 武锋. 简析贫富差距的原因及其对策 [EB/OL]. (2005-12-21) [2006-02-17]. http://www.china.com.cn/chinese/jingji/1067856.htm.

尤其需要注意的是，贫富差距持续扩大已造成了不同社会阶层之间情绪的对立，由此也引发了许多新的社会矛盾和新的社会问题，使当前社会各种矛盾呈现出多发性及群体性等态势。从近年来信访大量出现、刑事犯罪恶性案件增多等社会现象就可见一斑。

一个国家，尤其是中国这样一个大国，在经济和社会发展中出现这样或那样的矛盾和问题是非常正常的，在旧的矛盾解决过程中出现新的矛盾和问题也是事物发展本身的规律，关键在于如何及时正确地去认识和应对。这也是摆在党的十六大以后新的中央领导集体面前的一个新的重要议题。

二、我国处理收入分配问题的基本原则和政策

党的十六大以来，我们党对收入差距扩大问题的认识不断深化，《中共中央关于制定国民经济和社会发展第十一个五年规划的建议》的出台，中共中央政治局召开会议研究改革收入分配制度和规范收入秩序问题，表明我党高度重视并认真处理好这一问题的指导思想已非常明确，处理问题的基本原则和具体政策轮廓已十分清晰。

（一）从战略和全局的高度认识并应对收入分配差距持续拉大的现实

坦诚地面对存在的矛盾和问题，居安思危、未雨绸缪是一个党成熟的表现。党的十六大报告说："现在达到的小康还是低水平的、不全面的、发展很不平衡的小康"[1]，要防止收入悬殊。党的十六届三中全会提出要"整顿和规范分配秩序，加大收入分配调节力度，重视解决部分社会成员收入差距过分扩大问题"[2]。党的十六届四中全会提出要"正确处理按劳分配为主体和实行多种分配方式的关系，鼓励一部分地区、一部分人先富起来，注重社会公平，合理调整国民收入分配格局，切实采取有力措施解决地区之间和部分社会成员收入差距过大的问题，逐步实现全体人民共同富裕"[3]。党的十

---

[1] 中央保持共产党员先进性教育活动领导小组办公室．保持共产党员先进性教育读本［M］．2版．北京：党建读物出版社，2005：207．

[2] 中央保持共产党员先进性教育活动领导小组办公室．保持共产党员先进性教育读本［M］．2版．北京：党建读物出版社，2005：45－46．

[3] 中央保持共产党员先进性教育活动领导小组办公室．保持共产党员先进性教育读本［M］．2版．北京：党建读物出版社，2005：62．

六届五中全会在分析"十一五"时期所面临的国内外环境时指出:"必须清醒地认识到,我国正处于并将长期处于社会主义初级阶段,生产力还不发达,城乡区域发展不平衡;……就业压力依然较大,收入分配中的矛盾较多;影响发展的体制机制问题亟待解决,处理好社会利益关系的难度加大。"[1] 2006年5月26日召开的中共中央政治局会议强调:"改革收入分配制度,规范收入分配秩序,构建科学合理、公平公正的社会收入分配体系,关系到最广大人民的根本利益,关系到广大干部群众积极性、主动性、创造性的充分发挥,关系到全面建设小康社会、开创中国特色社会主义事业的全局,必须高度重视并切实抓好。"[2] 中央领导同志强调,在改革发展进程中,社会成员之间存在一定的收入差距是难以避免的,但应在合理范围内。如果社会成员收入差距悬殊而又长期得不到解决,就不仅会挫伤人们的积极性,而且会影响社会安定团结。

新的中央领导集体要求全党从战略和全局的高度认识并处理好收入分配问题。首先,要从我国经济社会进入关键发展阶段,为保证未来经济社会平稳较快发展而顺利实现全面建设小康社会目标的全局去认识。2003年,我国人均GDP突破1 000美元,中央领导一再提醒我们,从1 000美元到3 000美元的发展阶段,既有巨大的发展潜力,又有各种风险;既是"黄金发展期",也是"矛盾突显期"。许多国家的发展进程表明,在这一阶段,有可能出现两种发展结果:一种是搞得好,经济社会继续向前发展,顺利实现工业化、现代化;另一种是搞得不好,往往出现贫富悬殊、失业人口增加、城乡和地区差距拉大、社会矛盾加剧、生态环境恶化等问题,导致经济社会发展长期徘徊不前,甚至出现社会动荡和倒退。其次,要从坚持立党为公、执政为民,提高党的执政能力、巩固党的执政地位的高度去认识。胡锦涛强调:"马克思主义政党的理论路线和方针政策以及全部工作,只有顺民意、谋民利、得民心,才能得到人民群众的支持和拥护,才能永远立于不败之地。"[3] 由此可见,妥善处理各方面的利益关系,认真解决好地区之间和部分社会成员的收入分配差距问题,特别是解决好下岗职工、农村贫困人口和城市贫困

---

[1] 中共中央关于制定国民经济和社会发展第十一个五年规划的建议[M]. 北京:人民出版社,2005:3.
[2] 唐述权. 中央研究改革收入分配制度和规范收入分配秩序问题[N]. 人民日报,2006-05-27.
[3] 胡锦涛. 在"三个代表"重要思想理论研讨会上的讲话[M]. 北京:人民出版社,2003:16-17.

居民等困难群众遇到的实际问题,直接关系到党的执政基础,关系到执政党的人心向背。再次,要从社会主义本质的高度去认识。在社会主义初级阶段,我们鼓励一部分人、一部分地区先富起来,以带动其他人一起富起来,使整个国民经济不断地波浪式地向前发展,最终目的还是共同富裕。在社会主义初级阶段,我们应该坦诚地承认差距,允许差距,不能操之过急去消除差距,但作为马克思主义政党也不能忘记自己的目标和使命,应该从现在做起,从能够办成的事情做起,在更高程度上调控好利益差别和贫富差距,在发展中为缩小差距而奋斗,只有这样,才能真正体现社会主义制度的优越性。

(二)将处理收入分配问题纳入科学发展和构建和谐社会两大目标之中

党的十六大以后,我们党提出了科学发展观和构建社会主义和谐社会的重大战略思想,为收入分配问题的处理指明了根本目标和方向。科学发展观要求坚持以人为本,就是要把人民的利益作为一切工作的出发点和落脚点,不断满足人民群众的物质和文化需要,尊重和保障人的权利,充分发挥人的作用,促进人的全面发展。收入分配问题,既直接关系到人民群众的切身利益,也关系到人们积极性、创造性的发挥,只有坚持以人为本,合理调节好收入分配,实现好、维护好、发展好最广大人民的根本利益,才能使最广大人民真正成为经济社会发展的主体和动力。科学发展观以"全面、协调、可持续发展"为基本要求,强调统筹兼顾,以"五个统筹"为重要内容。既是对二十多年改革开放和现代化建设经验的全面总结和充分肯定,也是为了解决现实经济社会发展中所存在的一些突出矛盾和问题,其中就有发展不平衡和收入分配差距扩大的问题。因此,只有高度重视合理调节收入分配问题,统筹兼顾各方面的利益关系,经济社会发展才有可能转入全面、协调、可持续发展的正确轨道。公平正义是和谐社会的重要特征之一,它强调的是社会各方面的利益关系得到妥善协调,人民内部矛盾和其他社会矛盾得到正确处理,社会公平和正义得到切实维护。这是对整个经济和社会发展的目标要求,也是指导我们制定各项方针政策的重要原则。

(三)更加注重社会公平,努力做到效率和公平的协调统一

效率和公平的关系是分配理论和分配制度所要解决的一个基本问题。二者之间既有矛盾的一面，也有统一的一面。处理不好就会出现矛盾，处理妥当则可以相互促进。保证经济社会活动的效率，就是要做大社会财富这块"蛋糕"，效率越高，"蛋糕"越大，公平的实现基础就越扎实和稳固。注重社会公平，因为公平是效率实现的保证，有了公平，社会成员才有做出更大贡献的积极性和创造性，效率才会越高。没有公平的效率，效率不能持久，没有效率的公平，公平也不能恒远，这就是效率与公平的辩证关系。

在改革开放之前，我们实行的是平均主义的分配制度，其结果是似乎公平有了，但效率严重受损。人们的积极性、创造性受到严重束缚，生产力发展受到严重影响，人民在共同贫穷中生活，其所谓的公平是一种低水平、低层次的公平。改革开放以后，根据经济社会生活的实际情况，分配制度和政策设计的重点是打破平均主义而注重效率，即效率优先，兼顾公平。经过几次分配理论的突破，与社会主义市场经济体制相适应的分配制度正在逐步完善，经济社会生活的活力正日益被激发出来。当前，面对收入分配领域存在的突出矛盾，新的中央领导集体明确提出了逐步解决收入差距过大的原则和政策。此次收入分配政策的调整有两个显著特点：一是坚持了改革开放以来分配制度改革的基本方向，继续坚持和完善按劳分配为主体、多种分配方式并存的分配制度，坚持各种生产要素按贡献参与分配；二是在处理效率和公平二者关系上更加注重社会公平。至党的十六届三中全会，中央文献都强调"坚持效率优先，兼顾公平"，十六届四中全会提出了"社会公平"概念，十六届五中全会进一步强调："注重社会公平，特别要关注就业机会和分配过程的公平，加大调节收入分配的力度，强化对分配结果的监管。"[1] 最近召开的中共中央政治局会议再次强调，在经济发展的基础上，更加注重社会公平，合理调节国民收入分配格局，加大收入分配调节力度，使全体人民都能享受到改革开放和社会主义现代化建设的成果。显然，中央已把公平放到了更加突出的位置。

（四）采取一系列重大措施，切实贯彻落实更加注重社会公平的指导方针

解决收入分配差距拉大问题的重点和难点在农村。从 20 世纪 50 年代开

---

[1] 中共中央关于制定国民经济和社会发展第十一个五年规划的建议 [M]. 北京：人民出版社，2005：3.

始,为了建立比较完善的工业体系,国家长期实行城乡二元发展战略,导致城乡差距持续扩大,农村发展严重滞后。因此,这几年,中央把解决"三农"问题作为全党工作的重中之重,落实"多予、少取、放活"的方针,取消农业税,增加财政转移支付,加大对农业的支持和保护力度;实行工业反哺农业、城市支持农村的方针;统筹推进城乡改革,消除体制性障碍;加快农村工业化、城镇化建设,推动农村劳动力向非农产业和城镇转移;等等。在多重环节上采取重大措施,减轻农业负担,增加农民收入,推进农村发展。党的十六届五中全会又做出了建设生产发展、生活宽裕、乡风文明、村容整洁、管理民主的社会主义新农村的重大战略部署。虽然新农村建设刚刚起步,但它所体现的社会公平的意义是不言而喻的。

地区之间分配差距主要是由地区发展不平衡造成的,缓解分配差距扩大的趋势,关键在于加快中西部地区的发展。为此,中央明确提出了促进区域协调发展的总体战略:坚持推进西部大开发,振兴东北地区等老工业基地,促进中部地区崛起,鼓励东部地区加快发展,形成东中西互动、优势互补、相互促进、共同发展的新格局。

解决收入差距问题,最主要的还是要在调节收入分配上做文章。这几年,国家明显加大了调节收入分配的力度,强化了对收入分配结果的监管。一是以抽肥补瘦为指向调整税收政策,加大税收征管力度,通过税收进行调节。二是财政转移支付向相对落后地区、国民经济薄弱环节和弱势群体倾斜,通过二次分配进行调节。三是增加财政的社会保障投入,逐步完善职工基本养老和基本医疗、失业、工伤、生育等保险制度,建立健全社会保障体系,通过制度保障进行调节。四是规定并逐步提高最低生活保障和最低工资标准,对低收入群众的住房、医疗和子女就学等困难问题进行国家救助,通过行政手段进行调节。五是加强社会福利事业建设,倡导和支持社会慈善、社会捐赠、群众互助等社会扶助活动,建立社会救助体系,通过三次分配进行调节。调节的基本指向是提高低收入者收入水平,扩大中等收入者比重,有效调节过高收入,取缔非法收入,努力缓解地区之间和部分社会成员收入分配差距扩大的趋势。重点在于保障困难群众的基本生活。

三、理解和把握收入分配理论和政策的几个问题

对党的十六大以来的收入分配理论和政策,我们在理解和把握上必须注

意以下几个问题。

（一）正确理解党的十六大以来收入分配理论和政策的意义

党的十六大以来，以更加注重社会公平、积极促进社会和谐为核心内涵的收入分配理论和政策导向既是理论创新，又与邓小平理论和"三个代表"重要思想一脉相承，是马克思主义指导新的实践的产物。

邓小平倡导了鼓励一部分地区、一部分人先富起来的大政策，但其根本目的还是实现共同富裕，以体现社会主义的本质。我们从《邓小平年谱》中可以看到，邓小平晚年，对社会不公、共同富裕问题有更多的关注。1990年，邓小平指出："我们是允许存在差别的。像过去那样搞平均主义，也发展不了经济。但是，经济发展到一定程度，必须搞共同富裕。我们要的是共同富裕，这样社会就稳定了。""中国情况是非常特殊的，即使百分之五十一的人先富裕起来了，还有百分之四十九，也就是六亿多人仍处于贫困之中，也不会有稳定。"[1] 1993年，邓小平指出："少部分人获得那么多财富，大多数人没有，这样发展下去总有一天会出问题。分配不公，会导致两极分化，到一定时候问题就会出来。这个问题要解决。过去我们讲先发展起来。现在看，发展起来以后的问题不比不发展时少。""要利用各种手段、各种方法、各种方案来解决这些问题。"[2] 1992年，邓小平在南方谈话中就设想过解决这一问题的时间："什么时候突出地提出和解决这个问题，在什么基础上提出和解决这个问题，要研究。可以设想，在本世纪末达到小康水平的时候，就要突出地提出和解决这个问题。"[3]

实现人民的愿望、满足人民的需要、维护人民的利益，是"三个代表"重要思想的根本出发点和落脚点。根据新的情况调整收入分配政策，创新收入分配理论，对进一步解放和发展生产力，对发展和繁荣社会主义文化，都将起到积极的促进作用，最终的目的也就是实现好、维护好、发展好最广大人民群众的根本利益，这就是"三个代表"重要思想最本质的体现。

---

[1] 中共中央文献研究室. 邓小平年谱：1975—1997（下）[M]. 北京：中央文献出版社，2004：1312.
[2] 中共中央文献研究室. 邓小平年谱：1975—1997（下）[M]. 北京：中央文献出版社，2004：1364.
[3] 邓小平. 邓小平文选：第3卷[M]. 北京：人民出版社，1993：374.

（二）对更加关注社会公平的理解及对努力推进社会公平的实践把握必须准确

首先，要全面把握社会公平的内涵。在目前的研究和讨论中，国内外对社会公平含义的理解还存在分歧和争议。

从国外的研究来看，传统的社会公正理论有功利主义、自由至上主义、约翰·罗尔斯的正义理论和阿马蒂亚·森的社会公正理论。功利主义的代表人物为边沁、马歇尔和庇古等人，功利主义原则依赖于效用，评价社会公正的标准是社会中个人福利总和的大小。在一个公正的社会中，其效用总和为最大；而在一个不公正的社会中，其效用总和明显低于应该达到的水平。自由至上主义的代表人物是诺齐克和哈耶克等人，他们认为财产权等各项权利具有绝对优先的地位，人们行使这些权利而享有的"权益"，不能因后果而被否定。所谓社会公正不过是幻想而已，作为社会评判标准的唯一有价值的东西是法治所定义的正义。约翰·罗尔斯的正义理论以两个原则为基础，第一是每个人都应平等地拥有最广泛的基本自由权，第二是社会分配在个人之间的差异以不损害社会中境况最差的人的利益为原则，而且地位和职务应向所有人开放。阿马蒂亚·森的社会公正理论强调自由，但对经济和社会机会给予足够重视。他认为，自由是首要目的，也是发展的主要手段；发展是一个扩大人们所享有的真实自由的过程；政治自由（表现为言论民主和自由选举）有助于促进经济保障；社会机会（表现为教育和医疗保健）有利于经济参与；经济条件（表现为参与贸易和生产的机会）可以帮助人们创造个人财富及用于社会设施的公共资源。

国内对社会公平的含义主要存在以下四种理解：（1）作为市场经济基本规范的等价交换的公平。市场经济的发展要求有自由的、自主的商品所有者，他们根据平等的权利（包括机会、规则、程序等）进行等价交换，公平竞争。（2）与社会主义人权原则相适应的权利的公平。强调要将尊重和保障人权贯彻到社会生活的各个方面，特别是把保障每个人的生存权、发展权放在首位。（3）与社会主义公有制和按劳分配相适应的劳动的公平。在社会主义公有制经济中，人们在生产资料的占有上处于平等地位，劳动者之间的关系是等量劳动相交换的关系。（4）收入分配结果的平等，即收入分配的均等化。

虽然目前国内外对社会公平的含义界定存在较大分歧，但我们认为，社会主义市场经济体制下的社会公平，重点应放在通过制度和政策的调整构建科学合理、公平公正的社会收入分配体系，即有效的社会保障体系上。对于分配结果而言，主要强调：一是要切实解决好由于机会、规则所造成的收入结果不平等问题；二是要努力解决社会成员收入差距悬殊问题，防止两极分化。

其次，要明确社会公平不是平均主义。对于分配结果而言，社会公平强调的是等量贡献获取等量报酬，如果收入分配结果的不均等是因为每个人所提供的劳动或生产要素的不均等导致的，那么这种不均等恰恰是公平的。因此，社会公平不是要求单纯的结果公平。而平均主义抹杀贡献的差异，单纯追求结果的均等，实际上是另一种不公平。

再次，要充分认识到实现社会公平是一个历史的过程，我们必须积极努力，但不可急于求成，也不能出现方向性失误。2006年5月26日召开的中共中央政治局会议强调："理顺收入分配关系，是一项长期而艰巨的任务。"[1] 消灭剥削，消除两极分化，实现共同富裕是马克思主义政党和社会主义制度所要追求的根本目标，我们不能忘记自己的目标和使命，应当努力去解决社会不公问题，调控好利益关系，在更高层次上体现社会公平，决不能漠视现实存在的收入差距而无所作为。但是，我们也必须看到，任何目标的实现都离不开一定条件，都要有一个循序渐进的历史过程，离开了现实条件的急于求成只能是欲速则不达。

最后，要在注重社会公平的过程中坚持几条重要的原则：一是坚持在发展中实现社会公平。目前，我国还处在社会主义初级阶段，生产力发展还比较落后，社会物质财富还不丰富，劳动者素质的差异还很大，只有在发展中才能逐步创造完全消除利益差别和贫富差距的基本条件，只有在发展中增强国力才能加大国家调控收入分配的力度。二是坚持在改革中实现社会公平。改革对于实现社会公平的意义和作用既体现在增强国家的经济实力方面，也体现在破除实现社会公平的体制性障碍方面。目前，我国影响社会公平的很多问题与改革没完全到位、体制不健全有着极大的关系。因此，只有坚持更加注重社会公平的指导方针，加速推进经济体制、政府行政管理体制、公共财政体制、收入分配制度、社会保障制度等方面的改革，才能更好地实现社

---

[1] 唐述权.中央研究改革收入分配制度和规范收入分配秩序问题[N].人民日报，2006-05-27.

会公平。三是坚持在社会主义市场经济改革方向中实现社会公平。我国目前的利益差别和贫富差距扩大的问题，确实是在经济体制改革过程中出现的，也不用否认它与市场机制有这样那样的关系，如由于资源的稀缺程度不同，资源占有者在市场中所处地位和所获得的收入就不同。资本相对稀缺，使得资本所有者在分配中处于有利地位，而简单劳动者总是相对过剩，他们除了自己的劳动力之外不拥有其他资本，因此在分配中总是处于不利地位。但它绝不是市场经济条件下的必然产物。虽然市场经济并不能自发地解决社会公平问题，但通过法律、行政等手段规范市场主体行为，维护良好的市场秩序，完善社会保障和社会福利制度，有效地调节分配，在市场经济条件下是能够实现社会公平的。世界上不少市场经济国家较好地体现了社会公平就是例证。更何况我们具有社会主义制度的优越性。因此，我们必须以实事求是的态度对目前的贫富差距问题进行具体分析并正确应对，不要简单地认为它是市场经济和改革的必然结果；否则，不仅无助于问题的解决，还有可能南辕北辙，出现方向性失误。

(本文刊登于《毛泽东邓小平理论研究》，2006年6月第6期)

论党的理论创新成果的贯彻机制

党的十八大报告指出:"中国特色社会主义道路,中国特色社会主义理论体系,中国特色社会主义制度,是党和人民九十多年奋斗、创造、积累的根本成就。"[1]习近平在党的十八届中央政治局第一次集体学习时指出,要"深刻领会中国特色社会主义是由道路、理论体系、制度三位一体构成的"[2]。作为三十多年来我们党最重要的理论创新成果,中国特色社会主义理论体系与中国特色社会主义道路和制度紧密联系,不可分割。从党的十一届三中全会开始,我们走出了一条中国特色社会主义的道路、构建了中国特色社会主义的制度,而党的理论创新成果则对中国特色社会主义道路和制度进行了概括与升华。

历次党的理论创新成果,凝结了一代代中国共产党人带领人民不懈探索、实践的智慧和心血,是马克思主义中国化的结晶,是党最宝贵的政治和精神财富,是全国各族人民团结奋斗和中华民族实现伟大复兴的共同思想基础。当前,正值全国学习贯彻落实党的十八大精神之际,如何从中央到地方、从理论到实践、从领导干部到普通群众等各个层面贯彻落实党的理论创新成果,本文梳理了其中的几个关键环节。

一、贯彻党的理论创新成果的内涵与意义

党的理论创新成果,突出地体现为包括邓小平理论、"三个代表"重要思想、科学发展观在内的科学理论体系,是对马克思列宁主义、毛泽东思想的坚持和发展。正如胡锦涛在党的十八大报告中要求的:"我们一定要毫不

---

[1] 胡锦涛. 坚定不移沿着中国特色社会主义道路前进 为全面建成小康社会而奋斗——在中国共产党第十八次全国代表大会上的报告 [M]. 北京:人民出版社,2012:12.
[2] 习近平. 紧紧围绕坚持和发展中国特色社会主义 学习宣传贯彻党的十八大精神 [N]. 人民日报,2012-11-19.

动摇坚持、与时俱进发展中国特色社会主义，不断丰富中国特色社会主义的实践特色、理论特色、民族特色、时代特色。"[1] 贯彻党的理论创新成果，其基本要求就是要真学、真信、真用。

"学然后知不足，有真学之举，而后有真信之悟、真用之乐。"真学要求我们自觉地学，认真地学，扎实地学，系统地学，反复地学，用心地学，从整体上把握党的理论创新成果的丰富内涵、精神实质和基本要求；真信要求我们保持对马克思主义的坚定信仰，对中国特色社会主义的坚定信念，对改革开放和社会主义现代化建设的坚定信心，自觉在思想上、政治上与党中央保持高度一致，把思想和行动统一到党的路线方针政策和中央的重大战略部署上来；真用要求我们将理论内化为自己的行动指南，要用理论指导党性修养，用理论指导实践，解决实际问题。

贯彻党的理论创新成果，可以深刻体会到我们党高度的理论自觉。马克思说："新思潮的优点就恰恰在于我们不想教条式地预料未来，而只是希望在批判旧世界中发现新世界。"[2] 三十多年来，我们党在实践中总结提炼的"改革开放""社会主义市场经济""依法治国""以人为本""构建和谐社会""科学发展观"等，为科学社会主义增添了新鲜内容，不断丰富着中国特色社会主义理论体系。党的理论创新为我国经济社会发展进步提供了强大的精神动力和思想保证，反映出一个马克思主义执政党在理论创新上的高度自觉。

贯彻党的理论创新成果，可以真切地触摸到我们党探索中国道路的坚实脚步。以邓小平为核心的党的第二代中央领导集体坚持解放思想、实事求是，创立了邓小平理论，奠定了中国特色社会主义理论体系的基础。以江泽民为核心的党的第三代中央领导集体，创立了"三个代表"重要思想，丰富和发展了中国特色社会主义理论体系。党的十六大以来，以胡锦涛为核心的党中央提出了全面、协调、可持续发展的科学发展观，使得我国的发展模式从"快字当头"转为"又好又快"，使科学发展观成为推动我国进一步发展的指导思想。如果我们把党的每一项理论创新成果和中国取得的每一项成就叠印在一起，就会清晰地看到中国前进道路上的坚实脚步。

---

[1] 胡锦涛. 坚定不移沿着中国特色社会主义道路前进 为全面建成小康社会而奋斗——在中国共产党第十八次全国代表大会上的报告 [M]. 北京：人民出版社，2012：13.

[2] 马克思，恩格斯. 马克思恩格斯全集：第 1 卷 [M]. 北京：人民出版社，1956：416.

贯彻党的理论创新成果,可以让每一个党员参与到马克思主义的中国化、时代化、大众化进程之中。把中国特色社会主义道路的理论依据给全党同志和全国各族人民讲清楚、讲明白,让这些道理更好地凝聚全国人民的力量,需要我们努力把党的理论创新成果传播出去、落实下去。美国学者埃弗雷特·罗杰斯等在20世纪中期提出过一个著名的"创新-扩散"理论,这一理论认为:创新是指通过一段时间,经由特定的渠道,在社会系统成员中传播的过程。一项创新只有经过扩散,才可能被社会接受,规模效应也才能体现出来,从而收到更好的社会经济效益。我们贯彻党的理论创新成果,就是马克思主义基本原理由抽象到具体、由深奥到通俗、由被少数人理解掌握到被广大群众理解掌握的过程。

二、学习践行层面:掌握理论文本,善用学习资源,结合工作实践

恩格斯指出:"一个民族想要站在科学的最高峰,就一刻也不能没有理论思维。"[1] 同理,一个执政党要站在时代的前列,就一刻也不能没有科学理论的指导。我们党经过实践检验和淬炼的理论体系,为全面建设小康社会、加快推进社会主义现代化建设提供了有力的指导。历次党的理论创新成果发布之后,党中央都以文件的形式,要求各地各部门贯彻落实,因此,学习践行党的理论创新成果也成为各地党组织在党代会之后的首要工作。贯彻的第一步,是学什么和怎么学的问题。

党代会报告和党章是最重要的学习材料。党代会报告的集中表述既是对党的理论创新成果的确认,也是最正式的发布。改革开放以来,历次党代会报告都集中体现了我们党在推进社会主义现代化建设不同阶段的理论积淀。党章集中体现党的理论和路线方针政策,对推进党的工作、加强党的建设,具有根本性的规范和指导作用。我们党每次对党章的修改和完善,既保持了党章内容的总体稳定,又加入了在党内已经形成共识的新内容,使修改后的党章充分体现马克思主义中国化的最新成果。我们学习党的报告和党章,不但要关注党中央提出了哪些新措辞、新表述,或是党章改动了哪些地方,更要深刻领会党中央提出这些新措辞、新表述的深刻含义,这些新措辞、新表

---

[1] 马克思,恩格斯. 马克思恩格斯全集:第20卷[M]. 北京:人民出版社,1971:384.

述与当代中国面临的实际问题之间的关系,以及这些新措辞、新表述对我们党的意义。

除了学习党的报告和党章,各级主流媒体尤其是中央级媒体的理论性文章、节目也应该纳入我们的学习范围,这有利于我们通过多样化、多渠道的方式学习党的理论创新成果。《人民日报》《求是》《光明日报》、中央人民广播电台、中央电视台等国家主流媒体长期开辟理论研究与宣传栏目,积极从事理论创新成果的传播,探索传播方法的改进,提高传播效果。另外,近年来随着网络的迅速发展,我们已经建立的大量网上理论阵地也是学习的理想平台。2012年上半年,上海在东方网开设了名叫"微言大义"的理论微博,讲微言,传大义。2012年"七一"前夕,共产党员网、《共产党员手机报》等学习教育平台又相继建立。借鉴新媒体,传播"微理论",已经成为党的理论创新成果传播的重要一环。由此,一个全方位、立体化研究、学习、传播党的理论创新成果的新格局正在形成。

以往的学习主要偏重于学文本、读材料、谈体会。而上述各种新型学习平台和渠道既回答了学什么的问题,也丰富了怎么学的路径。贯彻党的理论创新成果,更重要的在于落实,即把贯彻党的理论创新成果与本地本部门的实际工作结合起来。我们要防止各种"以文件落实文件、以会议贯彻会议"的做法。我们要按照理论联系实际的原则,将学习与各地各部门的实际工作结合起来。例如,对于我国东部已经实现小康的地区,需要进一步强化党的理论创新成果对现代化进程的指导;而对于我国中西部地区,则需要将学习贯彻党的理论创新成果与建成小康社会的目标结合起来。此外,农村和城市的基层党组织、国有企业和非公有制企业中的党组织、机关和街道的党组织、事业单位和高校的党组织都应根据自身特点,制定不同的学习目标和计划,确立各自贯彻执行的着力点。

三、研究发展层面:用党的理论创新成果解释新现象、新问题,提升理论的覆盖面和解释力

贯彻党的理论创新成果需要在研究和发展上下功夫,这里主要是指用党的理论创新成果解释新现象、新问题,提升理论的覆盖面和解释力。具体来说,一方面是要用党的理论创新成果指导哲学社会科学研究,另一方面是要

将这些研究成果直接传播给广大党员群众。

坚持以马克思主义为指导，最重要的是要善于把马克思主义的基本原理同中国的实际相结合，不断推动马克思主义中国化，在实践中丰富和发展马克思主义。而坚持以马克思列宁主义、毛泽东思想、邓小平理论、"三个代表"重要思想和科学发展观为指导，是我国哲学社会科学沿着正确方向发展的根本保证。这就要求哲学社会科学工作者深入了解中国社会，全面了解世界；不仅要了解社会发展的历史，更重要的是要研究当今社会发展的现实问题。

党的理论创新成果既能指导哲学社会科学工作者的研究工作，也需要哲学社会科学工作者进一步加强研究，拓展党的理论创新成果的覆盖范围，增强我们的理论自信。值得欣喜的是，近年来我国哲学社会科学研究取得了新的突破和成就，在经济、政治、文化、社会、生态等各个研究领域，在各种学术思潮争论的舞台上，马克思主义的身影无处不在，使马克思主义作为"人类文明的活的灵魂"而放射出理论的光芒。

2004年4月，党中央实施马克思主义理论研究和建设工程，马克思主义经典著作编译和基本观点研究取得重大突破，为坚持和发展马克思主义提供了重要依据；不断深化对中国特色社会主义理论体系的学习、研究和宣传，有力推动了用马克思主义中国化最新理论创新成果武装头脑、统一思想、凝聚共识、坚定信念的思想建设工作。2003年以来，由中宣部理论局编写的年度理论普及读物《理论热点面对面》，用朴素的语言将深刻的道理娓娓道来。一系列通俗理论读物，深入浅出、有针对性地回答干部群众关心的热点、难点和切身利益问题，增进了他们对党和政府的信心和信任。青年是国家的未来，近年来新版的统编思想政治教材，突出介绍了改革开放以来我国社会主义建设事业的重大理论探索和实践探索，对青年学生准确领会党的理论创新成果起到了很好的作用。

同时，我们也必须注意到，在当下哲学社会科学研究领域，也存在着个别排斥党的理论创新成果的现象。有人以学术自由为名，不加辨别地将西方的所谓现代理论引进来；有人以传统文化为由头，不加辨别地将封建时代的沉渣翻出来；有人以经典作家的名义，断章取义地用他们的个别结论来对照丰富多彩的实践。面对意识形态领域的新情况和中国发展的现实，要进一步巩固和发展马克思主义在意识形态领域的指导地位，增强理论界和学术界的呼应，在理论上贯彻和发展党的理论创新成果，广大哲学社会科学工作者任重道远。

四、经验分享层面：让"凡人故事"反映精神的力量，用"微小叙述"增强理论的感召力

如果说学习践行层面和研究发展层面侧重于自上而下的路径，是以党的理论创新成果作为指导，那么在经验分享层面则可以说是上下结合的互动，既有自上而下的宣讲，也有自下而上的反馈。

就理论和政策组织各种宣讲团是我们党的一个优良传统。列宁指出："一切民族都将走向社会主义，这是不可避免的，但是一切民族的走法却不会完全一样……每个民族都会有自己的特点。"[1] 在中国这样一个经济文化原本十分落后的国家探索民族复兴道路，是极为艰巨的任务。这就要求我们既要依靠群众，同时也要教育群众。近年来，每逢党的重大理论创新之际，从中央到地方都组织了一系列宣讲团，把党的理论创新最新成果送到城乡干部群众身边。

从宣讲团成员来看，其成员上至省部级领导干部，下至普通教师、工人。近年来还涌现了"忠诚党的创新理论的模范教员""草根理论家""少数民族党的理论宣传员"等一系列传播党的理论创新成果的榜样典型。从内容来看，各级各类理论宣讲团摆脱了僵化的形式主义说教，深入群众、深入基层，用群众喜闻乐见的形式，用通俗易懂的语言，与人民群众交流和沟通，宣传党的理论创新成果，使科学发展、和谐发展、和平发展的理念家喻户晓，并深入人心，达到了润物无声、春风化雨的效果。

将党的理论创新成果传播到广大党员群众中间，并使广大党员群众理解党的理论创新成果，是党的理论创新成果的最终落脚点。正如马克思所说的："理论一经掌握群众，也会变成物质力量。理论只要说服人，就能掌握群众；而理论只要彻底，就能说服人。所谓彻底，就是抓住事物的根本。但是，人的根本就是人本身。"[2] 要使党的理论创新成果"掌握"群众，就必须把党的理论创新成果落实到具体的载体上，让广大群众明白物质贫乏不是

---

[1] 列宁. 列宁全集：第 28 卷 [M]. 2 版. 北京：人民出版社，1990：163.

[2] 马克思，恩格斯. 马克思恩格斯选集：第 1 卷 [M]. 2 版. 北京：人民出版社，1995：9.

社会主义，精神空虚也不是社会主义。党的理论创新成果的宣传离开了红红火火、生动活泼的社会实践，就会失去生命力。如果我们抓住了同人民群众生产和生活息息相关的问题而不回避问题，面对矛盾而不回避矛盾，就具有彻底性，就能说服人，从而掌握群众，并转化为群众实践的物质力量。

2012年，各种"最美中国人"的故事在网络上、报纸上、广播电视上迅速传播，引起了全国人民的关注和感动。新媒体和传统媒体的互动，让好人好事得以迅速传播，产生了强烈的社会共鸣。数以亿计的网民点击和留言，放大了单个好人好事的正能量。其实，无论是"最美中国人"还是"中国好人"，都是社会主义核心价值观在我们这个时代、在具体的社会成员身上的体现。我们只有共同构建一个社会成员普遍理解并接受的核心价值观，才能构建一个支撑我们国家和中华民族永续发展的精神家园。面对基层群众，除了"大道理"，还可以通过一个个"小故事"来反映精神的力量。而这些来自基层的最鲜活的案例又为丰富我们党的理论创新成果，提供了最生动的注脚。

五、效果检查层面：用多种方法，确保党的理论创新成果贯彻到位不走样

党的理论创新成果不是为了装门面、图好看的"政治修辞"，贯彻党的理论创新成果不是为了"学学词、练练嘴、表表态"。为了保证党的理论创新成果贯彻到位不走样，就要建立一套效果检查制度。

长期以来，我们习惯的检查方式是上级组织的考评和调研。一般说来，各级组织都把学习贯彻党的理论创新成果作为党建考评的重要内容，作为党员干部表彰奖励及提拔使用的重要参考依据。除此之外，还可以综合运用如下几种效果检查方法：

第一，党员自己查。发挥我们党批评和自我批评的优良传统，利用党内民主生活会等场合，请党员自己给自己找问题，对比先进找差距。必须承认，当前的党组织生活中，谈成绩的多，提意见的少，批评外界环境的多，反思自己工作不力的少。对照自己的工作来谈贯彻党的理论创新成果，可以保证每个党员都有话可说，也从最基层保证了党的理论创新成果的贯彻。

第二，深入基层群众、了解民意，听群众怎么说。目前各地都有各种群

众评议制度，可以请群众来评议地方党组织在贯彻党的理论创新成果方面的成绩与不足。随着改革的深入，群众对党的各级组织也会有一些批评，只要我们本着相信群众、依靠群众、服务群众的观念，就能听到群众的真心话，发现问题，从而为各地各部门贯彻党的理论创新成果找到实实在在的切入点。

第三，分析数据、调查研究，看工作实绩怎样说。党的理论创新成果的贯彻效果最终要落实到具体的工作上。例如，党的十八大将生态文明建设提到了更加重要的位置，在具体的工作中，就可以考察各地是否强化生态补偿机制、环境影响评价制度等，看是否有因地制宜的操作指标。而在这一点上，又可以与学术界和理论界形成互动，请专家学者介入检查考核的工作。

第四，建立长效机制，从较长的时间段来看效果。每次党的全国代表大会之后，全国都会掀起理论学习的热潮，但是客观上存在着"来得快，去得也快"的情况。为了避免出现这样的现象，也为了防止急功近利的政治表态，我们要有一个长效的检查机制。

党对理论研究和建设的高度重视，世情、国情、党情的不断变化，都在促进理论的创新。在当代中国，人民群众见证了中国特色社会主义的巨大活力，理论研究和建设的成效与以往相比更加明显。这就要求从领导干部到普通党员群众，每个人都应成为党的理论创新成果的贯彻者；从学习文本到实际行动，从经验分享到自我剖析，每一步都应遵循贯彻党的理论创新成果的逻辑。按照党的十八大的要求，进一步用党的理论创新成果来回答理论和实践问题、引领思想方向、回应现实关切、破除杂音噪声，是每一个共产党员都应努力做到的基本要求。

（本文刊登于《毛泽东邓小平理论研究》，2012年12月第12期）

第二部分
领导干部素养研究

试论干部体制改革中的观念变革

党的十三大对作为政治体制改革的一个重要组成部分的干部人事制度的改革问题，提出了明确的目标和要求。今后，我们国家各级政府中行使国家权力、执行国家公务的人员，将按政务类公务员和业务类公务员进行分类管理，而政务类公务员则实行任期制。实施这一方案，我国干部人事管理工作将在法律化、民主化、公开化方面迈出重大的步子，也将彻底解决多少年以来实际存在的领导干部职务终身制的问题。笔者认为，要顺利进行这项改革，不仅需要尽早制定法律和规章，建立并形成一套完备的新制度，而且需要在全社会尽快变革在干部人事制度，特别是领导干部上下进退问题上的一些旧观念。

一

社会存在决定社会意识。在经济基础和上层建筑的矛盾运动中，经济基础的性质决定着上层建筑的性质。任何观念的存在"归根到底都应由这个基础来说明"[1]。观念的变革必定由这个基础的变革所决定，当旧制度被新制度取代之后，旧的意识也就或早或迟、或快或慢地必然为新的意识所替代。

但是，观念在社会发展中的作用绝不是消极的，它能积极地反作用于社会经济关系和政治制度，甚至对历史的进程产生一定程度的影响作用。恩格斯说："我们自己创造着我们的历史……其中经济的前提和条件归根到底是决定性的。但是政治等等的前提和条件，甚至那些存在于人们头脑中的传统，也起着一定的作用，虽然不是决定性的作用。"[2] 积极的、进步的、与变革相适应的观念，就能为变革鸣锣开道，呼唤更广大的社会力量支持变

---

[1] 马克思，恩格斯. 马克思恩格斯选集：第3卷[M]. 2版. 北京：人民出版社，1995：365.
[2] 马克思，恩格斯. 马克思恩格斯全集：第37卷[M]. 北京：人民出版社，1971：461.

革，投身变革，使变革具有更牢固的社会基础。党的十一届三中全会以来不到十年，我国的经济建设取得如此重大进展，呈现出一派欣欣向荣的新局面，这正是十一届三中全会冲破僵化观念束缚，确立解放思想、实事求是的马克思主义的思想路线的结果。这几年每一项改革措施的提出和推广，都是解放思想的产物。如果没有十一届三中全会，没有一条解放思想、实事求是的马克思主义的思想路线，就谈不上改革开放，也不可能有这样一种局面。反之，消极的、落后的旧观念，则必然给变革造成重重阻力，有时还可能导致变革暂时归于失败。这种情况，古今中外不乏其例。

党的十一届三中全会以来，我国的经济体制和政治体制改革不仅使我国的经济生活发生了深刻的变化，也使人们的思想意识、价值观念、心理状态、思维方式、行为规范发生了变化。在干部人事体制方面，随着经济关系的变更，旧体制的一些弊端暴露得越来越明显，广大人民群众对这些弊端更有许多切身的感受，通过各种渠道表达了他们要求改革的强烈愿望。1982年开始，我们实行了干部的离退休制度，一百多万老干部退出领导岗位，在许多地方和单位，已经试行了领导干部的任期制、选举制，实行了干部正常的换届。目前，在各省市人大和政府换届选举中，普遍实行了差额选举，落选也成了平常事。这些都打破了长期以来实际存在的领导干部职务终身制，有力地冲击了干部进退问题上的一些旧观念。目前，一种要求干部人事制度改革，并从现在做起而形成切实的制度，主动荐贤让贤，把退出领导岗位也作为干部对革命事业的又一次贡献的新观念，正为包括领导干部在内的越来越多的社会成员所接受。但是，中国是一个曾受封建制度长期统治的国家，一朝为官，终身受禄，荫庇子孙的终身制、世袭制延续了上千年。中华人民共和国成立以后，我们废除了封建官僚制度，但干部人事制度实际上的终身制问题一直没有得到很好解决。因此，我们在干部人事体制方面存在的一些旧观念还根深蒂固，也由于领导干部体制的改革必然触及一些人的切身利益，这些旧观念就必定能找到它赖以活动的市场。我们变革旧观念的任务还是十分艰巨的。

二

当前在领导干部体制改革，特别是在影响领导干部上下进退方面还有哪些旧观念呢？

官本位意识。中国几千年封建社会中，封建统治者为了维护贵族阶级的利益，从法律上、道义上对官僚阶层的特权做了种种维系，使官的社会地位远远凌驾于普通民众之上。在封建社会，权力的辐射力是很强的，有权就有一切，有权就有恃无恐。在这种情况下，当官必然有一种极大的吸引力。不仅封建地主阶级对当官迷了心窍，为谋求一官半职可以不顾人格，不惜钱财，任何手段都可以用上。即使是封建士大夫，对当官也看得很重。许多人不惜终生为此奋斗。"万般皆下品，唯有读书高"，在封建社会为多少人所接受的这一观念，表面上是崇尚读书，实际上是崇尚做官，四书五经，经史子集，实际上只是一块敲门砖，孙敬悬梁，苏秦刺股，目的都是及第中举，步入仕途。今天，封建的官僚制度已被彻底埋葬，但"今天的中国是历史的中国的一个发展"[1]。中华人民共和国的机体上难免残存着旧制度的一些痕迹，封建的官本位意识难免会渗透到我们的政治生活之中，尽管我们一再界定干部是人民的公仆，当"官"是为人民服务，但在实际生活中，由于制度本身的不完善，当"官"不仅能获得法规允许的一些利益，实际上还能得到制度允许范围之外的不少特殊利益，从而强化了"官"的社会地位，强化了官本位意识。在现实生活中，乐于当"官"之道的还大有人在，趋炎附势的也大有人在。有些人并没有为人民服务的思想，也没有当"官"的真本事，却"官瘾"十足，到处钻营，投机取巧，甚至公开向党和人民伸手要职级、要地位、要待遇。在有些人的心目中，"官"职的高低、权力的大小就是衡量一个人社会地位高低的尺度，若有人做了"官"，马上百般笼络，扇扇子、抬轿子、溜须拍马、阿谀奉承。有人把自己的"官"职看得很重，一朝做"官"，趾高气扬，说话办事都觉得高人一等，用职用权为自己谋取私利。这些现象，正是当前一些干部对自己的上下进退看得很重的一个重要因素。

特权观念。特权本来是旧社会官僚制度特有的产物。旧社会做"官"是骑在人民头上当老爷，做上官意味着功名利禄应有尽有，甚至三亲六故都可沾光。而我们共产党的"官"本来应该是人民的公仆，做"官"意味着为革命和建设事业挑担子，但事实上，封建社会遗留下来的等级观念，如今还在不少方面起作用，现实生活中还有许多以权谋私的不正常现象。有人一当"官"，房子、票子、车子都有了，除了享受党和国家规定的待遇之外，还得

---

[1] 毛泽东. 毛泽东著作选读：上册 [M]. 北京：人民出版社，1986：287.

到了许多不该得到的好处；也有人当了"官"，利用手中特权，贪污受贿，违法乱纪，干了许多见不得人的勾当；有些人当了"官"，虽然没有明目张胆地违法乱纪，但热衷于请客、送礼、拉关系、走后门、买便宜货，捞了许多不该捞的好处；还有的当了"官"，利用权力，铺平关系，你来我往，安排子女，照顾亲属，使家属甚至亲朋好友沾了许多不该沾的"光"。对于这些人来讲，当"官"有"好处"，嗜之如命不足为怪，长期过惯了有职有权的好日子，私欲越发膨胀。

干部下台就是犯错误的观念。过去实行干部职务终身制，往往是一个干部一旦被提拔，只要不犯错误，即使缺乏工作能力，也无政绩可言，往往平调了事；而真要犯什么错误，特别是政治上有问题才会被撤职。因此，在人们的心目中就形成了一种观念：被罢"官"等于犯错误，被罢"官"就是政治上有问题，以致我们今天实行正常的干部换届时，往往会碰到同样的舆论。某个干部下台，不管什么原因，马上就有人指指戳戳，下个"犯错误"的断语，使退下"岗位"的干部感到一种无形的压力，增加了紧张情绪，当组织上要动员他下时，他也要问："我到底犯了什么错误？"

同情意识。同情弱者的心理，本来是一种正常现象，但表现在干部上下进退问题上是有碍于改革的。往往会有这样的情况，有的领导干部在位时，群众意见很大，有的人甚至会慷慨激昂地斥责组织人事部门用人不当。但一旦此人被降职或免职，就成了某些人心理上的"弱者"，从而被同情。有些人会把他同上下左右相比，认为他虽然不怎么样，但比某人还要强一些。为什么某人不下，只把他拉下来？还有人会因此牵强附会，分析其下台的原因是后台不硬，靠山不牢。即使这个干部本来能正确对待，听了这你一句我一句的议论，也会陡增许多委屈情绪，思想问题就多了。

重德轻才轻实绩的干部评价观念。作为选拔人才的标准，德和才是不可分的，特别是选拔和考察干部，德和才、德和工作实绩是不可偏颇的。但是，尚德是中国的传统观念。《资治通鉴》的作者司马光曾有一段议论："才德全尽谓之'圣人'，才德兼亡谓之'愚人'，德胜才谓之'君子'，才胜德谓之'小人'。凡取人之术，苟不得圣人，君子而与之，与其得小人，不若得愚人。"这反映司马光在德和才的关系上是明显地偏向于德的。这也决不仅是他个人的见解，而具有十分浓厚的传统色彩。直到今天，这种"与其得小人，不若得愚人"的传统观念还在影响着我们。对于干部，在很多情况下,并没有按"他们的升降奖惩应以工作实绩为主要依据"(《沿着有中国特色的社会主义道路前进——在中国共产党第十三次全国代表大会上的报告》)的要求办事,而往往品德方面要求得多,要求得严,而对才干和实绩要求得少。对于那些有见解、有作为、敢于负责、勇于开拓的干部,有时却因为有些"小毛病"而评价不佳。这虽然是一种对干部的评价观念,但也直接或间接地影响到干部体制的改革。因为评价干部的标准不当,该上的不上,该下的不下,无功无过的占了位子,政绩显著的得不到重用,这就得不到广大干部群众的拥护和支持,改革就无法顺利进行。当然,我们批评重德轻才轻实绩的观念,并不是说不要德,或轻视德,而是主张把德和才、德和工作实绩放到同等重要的地位,在选拔和考察干部时,真正用德才兼备的标准来衡量。

除此以外,还有其他一些旧意识。如任人唯亲、论资排辈、裙带风、关系学、帮派意识等对领导干部体制的改革也是极为有害的。

三

以上种种妨碍干部体制改革的旧观念,对人们思想和心理的腐蚀作用是不可低估的。恩格斯说:"传统是一种巨大的阻力,是历史的惰性力,但是它是消极的,所以一定要被摧毁。"[1]我们共产党人是改造客观世界的能动者,也是改造主观世界的能动者。我们能变革旧的体制,也能变革旧的观念。

促进观念的变革,最根本的是要提高社会生产力,大力发展社会主义商品经济,以商品化、社会化、现代化的大生产全面取代自然经济和半自然经济,从物质上摧毁旧观念赖以安身立命的根基。我国原是以农业为社会主要经济命脉的国家,小农经济源远流长,小生产的习惯势力是一片汪洋大海。小农经济是以保守的技术和陈旧的方式为基础的经济,其特点是画地为牢,零星散漫,讲求自给自足,轻视商品交换,基础脆弱。在这种经济形态中生存的小生产者,往往抱残守缺,眼光狭隘,安于现状,害怕革新,看不见自己的力量,总想把命运交给别人主宰,渴求"救星"给予自己恩赐。这就使那些终身制、世袭制、个人崇拜、独断专行、以权谋私、趋炎附势、贪赃枉

---

[1] 马克思,恩格斯. 马克思恩格斯选集:第3卷[M]. 2版. 北京:人民出版社,1995:717.

法等封建主义的东西得到了最适宜生存的气候和土壤。相反,只要生产力和社会主义商品经济不断发展,工业化和生产的商品化、社会化、现代化程度有较大的提高,一些新的观念必然应运而生,而那些旧观念就会被釜底抽薪,丧失赖以生存的基础,这是已被近年来我国经济的增长和改革的发展所带来的观念逐渐变革的事实证明的一条真理。

促进观念的变革,当前重要的是必须在领导干部体制的根本改革上拿出更多的行动,迈出更大的步子。毋庸讳言,我们的改革是走前人没有走过的路,必须摸着石头过河,走一步看一步,但改革也必须瞅准时机,果断行事,如果优柔寡断,也会坐失良机。从当前情况来看,进行领导干部体制根本改革的条件是基本成熟的。党的十三大已经把政治体制改革提上了全党的日程,原有的领导干部体制和改革以后的经济基础不相适应的矛盾越来越突出,广大人民群众对改革有强烈的愿望,大批领导干部对上下进退的心理承受能力不断增强,现有领导干部队伍的素质已有根本变化,从领导岗位上退下来的干部的工作安排也比较容易。这些都是进行改革的有利条件,因此,我们必须改变过去那种议论多、行动少,谨慎有余、大胆不足的状况,尽早建立国家公务员制度,健全干部人事法规,"对各级各类领导干部(包括选举产生、委任和聘用的)职务的任期,以及离休、退休,要按照不同情况,作出适当的、明确的规定"[1]。切实按照这些规定,尽早实现领导干部的正常交替,并真正成为一种沿袭不变的制度。一旦体制真正得以根本变革,那么,皮之不存,毛将焉附?那些旧观念也就难以持久生存。

促进观念的变革,思想文化、宣传教育工作也必须发挥重要作用。愚昧总是和低下的文化水平紧密相连的。一定要在提高全民族的科学文化素质上下功夫,既要努力提高领导干部的文化素质,增强民主意识,培养廉政作风,又要努力提高广大人民群众的文化知识水平,切实改变文盲半文盲占人口四分之一的现状,并增强他们的民主监督意识和主人翁责任感。同时,必须在全社会进行更新观念的宣传教育,促使人们自觉抵制和清除封建主义的残余。开展这方面工作,当前首要的是要站在时代的高度,以科学的态度和正确的方法,对我国的传统文化进行研究整理,以求分清良莠。我国有几千年的封建社会史,漫长的封建社会曾为中华民族创造了辉煌灿烂的宝贵遗产,也给中华民族留下了愚昧落后的沉重负担,而且这两方面往往交织在一

---

[1] 邓小平.邓小平文选:第2卷[M].2版.北京:人民出版社,1994:332.

起，以致到今天仍有人把落后的当成"传统美德"，把保守的说成"民族精华"，并常常在我们的一些理论和宣传上表现出来。因此，对其予以清理是十分必要的。值得高兴的是，近来全国范围的关于文化的讨论已经掀起热潮，引起了对我国传统文化的"反思"，必将促进整个观念的巨大变革。如果抓住这个有利时机，通过各种形式，对全社会，特别是对广大干部进行强有力的思想教育，可以相信，领导干部体制改革中的观念变革将是能够尽早完成的。而我们一旦创造一个有利于领导干部在职时奋力开拓创新，为党和人民多干实事，需要时愉快地退出岗位的良好社会环境，那不仅领导干部体制的改革能顺利进行，而且能大大推动整个改革的健康发展。

［本文刊登于《苏州大学学报（哲学社会科学版）》，1988年6月第4期］

领导干部的素质和能力

我们党历来强调，政治路线确定之后，干部就是决定的因素。不管是对于党和国家的事业发展，还是对于每个具体单位的事业发展，干部的作用都十分关键，而干部作用发挥的基础是干部的素质和能力。

中国传统文化对人才的要求历来强调的是德和才。我们党的用人原则，在不同的历史时期，根据工作任务的不同，有过多种提法。延安时期，毛泽东强调的是当老实人、讲老实话、做老实事。20世纪80年代，邓小平强调的是"四化"标准。中央在新时期强调的是"想干事、能干事、肯干事、干成事"和"眼界宽、思路宽、胸襟宽"。中组部最近提出："以发展论英雄，从实绩看德才，凭德才用干部。"习近平同志提出："领导干部要认认真真学习、老老实实做人、干干净净干事。"虽然这些提法的侧重点有所不同，但基本精神是一致的，就是德才兼备。而德和才的外在表现就是实绩。

一、品德素质

所谓德就是人的思想、政治、道德、品质和人格。德的内涵主要有以下五个方面。

（一）品行端正

品行端正就是做正派人、老实人，做办事公正的人，不做"小人"。正派就是表里如一，言行一致，光明磊落，襟怀坦白。办事公正就是办事出于公心，不谋私利，不管是亲是疏，不管是对领导还是对群众，都能一视同仁、一碗水端平，特别要善待群众，尊重群众，为群众办事。什么是老实人？习近平同志说："我们所说的'老实人'，就是思想务实、生活朴实、作风扎实的人，就是尊重科学、尊重实践、尊重规律的人，就是诚实守信、言行一致、表里如一的人，就是勤勤恳恳工作、努力进取创造、任劳任怨奉献的人。"

何谓"小人"？中国古人对"小人"有很多分析，孔子说："君子坦荡荡，小人长戚戚。"司马光在《资治通鉴》中认为"才胜德谓之'小人'"，就是虽有才但品行坏的人。中国古代官场出过的那些"小人"，典型的有乾隆时期的和珅。他虽然聪明能干，却是一个心术不正、私心重、权欲强、会钻营、搞两面派、擅长溜须拍马、整人心狠手辣的"小人"。

任彦申同志说："那种政治上见风使舵、喜欢追风跑的人，那种对个人利益斤斤计较、从不肯吃亏的人，那种喜欢拉帮结派、搞小圈子的人，那种心胸狭隘、报复心很强的人，那种刻薄寡情、不讲信义的人，那种小肚鸡肠、喜欢拨弄是非的人，不适合当干部，尤其不能当一把手，否则，后患无穷。"他列举了品行恶劣的种种表现，刻画了"小人"的丑恶嘴脸。

（二）政治立场坚定

在有阶级的社会，用人都带有阶级性。在任何社会，它培养的只能是接班人，不会培养自己的掘墓人。因此，领导干部必须忠实地贯彻执行党的路线方针政策，自觉地为党和国家的事业、为经济社会发展尽职尽责地工作。

（三）团结协作精神

团结就是力量，团结出凝聚力、出生产力、出战斗力，团结也出干部。只有在团结的氛围中，人们才能充分发挥自身的积极性、主动性、创造性，从而形成最大合力和整体优势。不团结，人们的智慧和干劲就在相互的摩擦和争斗中冲销了。任彦申说："互相补台，好戏连台；互相拆台，都会垮台。"领导干部之间不团结，所在部门就会一盘散沙，事业完蛋！闹不团结的双方当事人也必然受到伤害。

搞好团结是领导者的基本功，也是一门学问和艺术。任彦申说："善于团结合作是一个领导者最重要的本事，而不能团结合作说明你没有本事。搞好团结是一件很不容易的事情，它需要顾大局、讲原则，有修养、有气量，能服众、能宽容、能吃亏，有时还要委曲求全。而要搞不团结则是再容易不过的事了，精心营造的团结局面、多年积累的友谊，也许一句话就把它毁掉了。"人与人之间，不可能在每一件事情的处理上想法都完全一致，不可能没有利益冲突，也难免会产生矛盾，问题在于一定要运用正确的方法、通过合适的途径去化解矛盾。正确的方法是：相互之间多沟通，平等相见，互相倾听，学会尊重，换位思考，通过沟通达成共识。沟通中要有必要的让步、妥协、变通，就是俗话说的"退一步海阔天空"。如果沟通不能解决怎么办？那就要在组织体系和制度框架内来解决，或通过民主生活会解决问题，或向上级组织陈述反映。绝对不能用非组织活动的手段来处理。

（四）清正廉洁

作为领导者都掌握一定的权力，能支配人财物等资源。如何对待和使用手中的权力和财物，对每个干部都是一种考验。"李真案件"专案组副组长、河北省人民检察院检察长侯磊说，权力是把双刃剑，为民则利，为己则害。权力一旦姓"私"，地狱之门随之为你打开。今天的贪欲，打造的是明天的镣铐。

民主革命时期，我们党的领导干部的清正廉洁是没有任何人怀疑的，黄炎培、陈嘉庚先生当年看过延安的景象后，就坚信共产党获得全国政权是早晚的事情。夺取全国政权以后，党的干部就有了支配人财物的权力，一些没有倒在敌人枪林弹雨中的人，却在金钱面前倒下了。在改革开放和市场经济条件下，金钱的诱惑比任何时候都强烈，领导干部经不起考验就必然栽跟斗。

特别需要指出的是，我们过去提出要防止"58岁现象"，现在的腐败有低龄化趋势，特别要注意"30岁现象"。有人认为，过去常提领导干部要保持晚节，现在看来，更应提年轻干部要保持"早节"，"早节"不保，危害更甚。李真28岁开始聚敛财富，现在像李真这样的情况不少，需要引起年轻干部的高度警惕。

古人说："公生明，廉生威。"只有处事公正，下属才会信服领导干部；只有保持廉洁，领导干部才有威望。作为领导干部，在利益问题上要让掉一点，让后一点，群众就会敬重，否则，就会遭到群众的厌恶，甚至唾弃。

（五）淡化官本位意识

特别是年轻的领导干部对于职位的晋升，不要急功近利，贪心不足，更不要走那些歪门邪道。媒体和影视作品中有人用拿破仑的所谓名言"不想当将军的士兵不是好士兵"教育青年，这是一种误导。在战争年代，一将功成万骨枯。一个人成为将军的路途上要经过多少次的浴血奋战，有多少人会流血牺牲。因此，首先要强调：当不好士兵的士兵当不了将军，不随时准备牺牲自己的士兵也当不了将军。

领导干部要谋发展，谋和谐，谋公利，谋清名。要多谋事，少谋官；多谋公，不谋私。如果把心思放在"谋官""谋私"上，就会急功近利，只想显示自己的政绩，搞短期行为，数字工程、形象工程就是这样出来的；就会畏首畏尾、患得患失，放不开手脚做事；就会把心思和精力放在投机钻营上，拉关系、找靠山，甚至跑官要官，搞那些歪门邪道；就会妒贤嫉能，心理扭曲、迷失人性，干出一些不合法不道德的事。

二、能力素质

领导者必须具备一定的能力，这是肯定无疑的。应该具备哪些能力，这是领导科学研究的一个重要课题。我个人认为，比较重要的有以下几点。

（一）决策力

决策，狭义的理解是指对行动方案的最终选择，也就是通常说的"拍板"；广义的理解是指制订、选择并实施行动方案的整个过程。决策是领导最主要的职能，决策失误必将铸成大错。

决策失误有两大后果：一是直接影响到一个组织、团体的兴衰成败。决策失误就是方向错误，团体、组织越努力，损失就越大。正如"南辕北辙"的故事所讲的，马越好，骑术越高超，离目标就越远。如"大跃进"运动，全国放卫星，大炼钢铁，结果是一场全国性的大灾难。二是必然危及领导者自身地位。现在已经有了责任追究制度，重大失误必然要追究领导者的责任。当领导干部，有多大的权，就要负多大的责任，其实，即使不受到追究，失误也必然影响自身的威信。

防止决策失误，最重要的是要坚持决策的科学化、民主化，防止拍脑袋。领导者的素质和能力对于决策具有重要的意义，决策确实需要领导者的经验、观察、直觉和判断力，特别是很多决策往往要抢先机。有的突发事件，如2008年发生的汶川大地震，在信息不完备、不对称的情况下，又要做出快速反应，对领导者的智慧和能力是很大的考验。但这绝不能说决策就是领导拍脑袋。为什么对各种突发事件都要有预案？预案就是事先经过科学论证而确定的应对方案，有预案就是为了防止临时拍脑袋。

怎样做到决策科学化、民主化？最重要的是两条：

一是重视程序，重视论证，重视外脑。决策要论证，重大决策和事关群众切身利益的决策不能急。要有可行性论证，也要有不可行性论证，甚至要有批判性论证，要听各种不同意见。三峡工程做了数十年的论证。论证的过程不仅是保证决策科学的需要，论证的过程本身也是统一思想的过程，对于决策做出以后的贯彻执行也不无好处。

在决策论证中要重视外脑的作用。领导者的精力总是有限的，领导者的知识面也是有限的，特别是随着大科学、大工程、大企业的兴起，依靠单个人或领导团体的智慧和能力，已经不能适应日益复杂的决策活动。咨询开始相对独立化，谋和断出现相对的分工，智囊组织开始蓬勃发展，成为现代产业的一个重要部分。如美国的兰德公司，就是著名的咨询公司，美国政府的许多决策方案就是该公司制订的。重视外脑就要重视那些专业从事咨询的机构和人员的作用，也要充分发扬民主，多听群众的意见和建议。

二是多方案选择。西方有一句名言："不要把所有的鸡蛋放在一个篮子里。"在管理学中也有句名言说出了单方案决策的危险性："如果看来似乎只有一条路可走的话，那么这条路很可能就是走不通的。"现代决策体制发展到今天，已经突破了单方案决策的时代。多方案决策的核心精神是领导者可以在同样能够实现决策目标的方案中选择耗时少、耗费低而效率高的方案，也就是最优方案。1962年，时任美国总统的肯尼迪在处理古巴导弹危机时，其安全顾问和高级助手给他提供了六种备选方案，他最终做出了"海上封锁古巴"的决策，顺利解决了这一危机。

（二）协调力

协调力是指组织协调全部资源形成有高度战斗力团队的能力。农业社会的小手工作坊是靠个人手艺，单打独斗，也能做出一定的成绩。领导者所要带领的是一个团队，他最重要的责任是像乐团的指挥那样，组织、协调、指挥整个团队，形成合力，演奏出一支支美妙的乐曲。可以肯定的是，缺乏协调力的人不能当领导，事必躬亲的领导者不一定是优秀的领导者。刘邦和项羽的成败是最好的例证。要讲个人的勇武和单打独斗的能力，刘邦无法和项羽相比，但楚汉相争最后的赢家是刘邦，项羽则自刎于乌江。原因是刘邦能协调各方力量，而项羽只是个人英雄。协调力主要表现在三个方面：一是协调领导班子团结合作、高效运转的能力。如何科学决策，如何民主集中，如何让每位成员各司其职，如何化解矛盾和分歧，都需要领导艺术和技巧。二是组织协调全体员工形成合力共同干事业的能力。主要是通过完善体制、机制和制度，实现科学管理；运用激励的技巧，关怀、鼓励、奖赏和鞭策下属。使全体员工坚定必胜的信念，从而愿意付出他们的劳动和全部聪明才智，一起干成事业。三是协调处理各种具体事务，特别是一些重大事项和突发事件的能力。做到临危不乱，判断准确，思路清晰，协调有力，把各种可能出现的情况都考虑周到，把各方面力量都调动起来，有条不紊地处理和解决好问题。如汶川地震的救灾工作，短短几小时内，中共中央常委紧急开会做出部署，从中央各部委到各省市，从地方到军队都紧急行动起来，中枢指挥系统的建立、中央领导奔赴灾区组织协调和慰问、救助人员的组织、医疗队伍的组建、食品用品的提供、通信交通供电的抢修恢复、灾区防疫、余震监测、地质灾害防治、宣传报道、灾区治安管理等，以救助被埋在废墟中的生命和安置灾区数千万群众为重中之重的各项工作全面展开，的确是数十年以来应对突发事件反应最快、效率最高的一次。在领导学上，可以说是给我们提供了一个范本。

（三）亲和力

领导学有个基本原理，领导权威由权力因素和非权力因素两个要素组成。权力因素就是法定的职位所赋予领导者的权力。任何人一旦走上某个领导岗位，就会获得权力，就会对其下属产生影响力。非权力因素是指领导者的能力、学识、人格、品德等因素，也称凝聚性要素。对于现代社会的领导活动而言，其权威是构筑在理性基础之上的，一个拥有权力的人不一定拥有足够强大的权威，领导者的能力、学识、人格、品德、作风等凝聚性要素起着决定性作用。

亲和力是一种人格魅力，也就是感召力、向心力和凝聚力，它可以转化为强大的影响力和行动力。现在，人们已普遍认为，有魅力的领导人是受人欢迎和喜爱的，是有亲和力和感召力的，更有能力领导和指挥众人。亲和力主要表现在三个方面：一是好的品格和鲜明的个性，包括有良好的品行，有远大的志向，有毅力、勇气和自信，有积极的生活态度，有智慧和才华等，从而能让下属信服、主动靠拢、积极支持，心甘情愿地跟着干。二是好的领导作风，平易近人，不摆官架子，让下属能畏之、敬之，而又亲之，这样就能听到真心话。三是善待下属，决策时要充分考虑下属的利益，实现好、维护好、发展好群众的利益，平时主动倾听下属的意见，关心下属的生活，当他们遇到困难时，及时给予帮助和解决，在领导者与被领导者之间建立起深厚的感情。

（四）执行力

执行力关系到决策的最终成效和工作的效率。没有执行，再好的决策也只能束之高阁。目前的执行障碍主要是执行抵触、执行偏差和执行不力。上有政策，下有对策，歪嘴和尚念歪经，遇到"红灯"绕道走等，就是这方面的表现，其结果就是失之毫厘，谬以千里。执行力主要体现在三个方面：一是贯彻执行决策方案的坚定的意志力。在决策过程中，必须充分发扬民主，多听取各方面的意见，努力使方案更完善。但一旦做出决策，决策者必须要有主见，坚持既定目标，不能摇摆和退缩，不要被争议和批评捆住手脚。特别是领导干部，必须高度统一思想、统一意志、统一行动，全力以赴做好各方面的思想工作和方案的实施工作。不要人云亦云，说三道四，涣散人心，影响执行。二是创造性地贯彻执行方案。决策是对当前和未来事务的应对和预判，即使百密也难免一疏，在执行过程中还会出现新的情况，因此，执行者要充分发挥自己的主观能动性，自己能够处理也有权处理的要及时"补台"。三是及时反馈执行的情况，特别是在发现决策的疏漏或失误，自己又无权处理的问题时，要及时反馈提出自己的意见和建议，提出解决问题的办法和方案，协助决策者修补和修正方案。

（五）洞察力和判断力

洞若观火、未雨绸缪，是一种高境界的洞察力和判断力，如果能进入这样的境界，那就是高明的领导者。

领导者的洞察力和判断力首先体现在对大势大局准确的预判和把握上。敏锐而准确的预见性是确定正确战略的前提。《隆中对》之所以会千古传诵，就是因为诸葛亮十分精辟地分析了当时的大势，给刘备设定了正确的战略目标，最后形成了三国鼎立的局面。邓小平在20世纪80年代准确地判断世界大战在相当长一段时间内打不起来，做出裁军100万的战略决策，使更多的经费投向经济建设。比尔·盖茨看到一台微电脑而预见到未来电脑的普及对软件的需求将无穷无尽，而IT产业的龙头老大IBM公司却不屑一顾，结果丢掉了IT行业的龙头地位。有很多实例可以说明，对于领导者来说，具有预见性和发现并把握机会的敏锐性是极为重要的。

领导者的洞察力和判断力还体现在识人用人上。"为政之道，唯在用人。"识人用人是领导者必须具备的一项基本能力，但识人用人也是最难的。因为在世上一切事物中，人是最难捉摸的。思想无形、智慧无状、变化无常，常常是知人知面不知心。古往今来，很多高明的领导者也常常在用人上犯错误。诸葛亮何等精明，但用马谡守街亭差点丢了自己性命。乾隆是个有作为的皇帝，但他却用了和珅这样的小人。任彦申说："识别干部只凭耳朵是不行的，必须用心、用情、用眼睛、用双脚，深入地了解，辩证地分析。""简单地以貌取人，或以辞取人，或以行取人，或以功取人，都是不合适的。"但有一个方法是最灵的，就是交给群众去评判，由群众公认。

领导干部的素质和能力是非常重要的，但无论素质多高，能力多强，更重要的还要"实干"并干出"实绩"。因为只有在实干中才能提高素质和能力，只有在实干中才能表现素质和能力，只有在实干中才能检验素质和能力。虽有一腔抱负和满腹才华，但不肯干，那也只是镜中花、水中月。这就是为什么中央要强调"想干事、能干事、肯干事、干成事"和"以发展论英雄，从实绩看德才，凭德才用干部"的真谛所在。

（本文刊登于《唯实》，2008年7月第7期）

论德才兼备、以德为先

建设好一支善于推动科学发展、促进社会和谐的高素质干部队伍，对于中国特色社会主义事业顺利发展至关重要。党的十七届四中全会对此做出了专门部署，突出强调要"坚持德才兼备、以德为先用人标准"。这个要求对改进干部选拔任用工作具有十分重要的指导意义，对广大干部的健康成长也具有重要的导向作用。

一

"德才兼备、以德为先"是中华民族优秀用人思想的历史传承和发展。德和才是衡量人才的两个基本方面，两者不可或缺。中国古代优秀思想家、政治家对此有许多有益探索。比如，孔子认为："为政以德，譬如北辰居其所而众星共之。""其身正，不令而行；其身不正，虽令不从。"强调德是治国理政的核心。上级行得端、坐得正，下面的人自然就会效仿；上级自身不正，命令再严酷也没有用。诸葛亮强调："治国之道，务在举贤"，"亲贤臣，远小人"，即选用忠诚、坦率、廉洁的贤人，远离"奸伪悖德"之人。司马光在《资治通鉴》中总结了历代王朝兴亡的经验教训后，深刻地说："才者，德之资也；德者，才之帅也。""与其得小人，不若得愚人。何则？君子挟才以为善，小人挟才以为恶。挟才以为善者，善无不至矣；挟才以为恶者，恶亦无不至矣。……自古昔以来，国之乱臣，家之败子，才有余而德不足，以至于颠覆者多矣。"当然，古人所讲的德是维护封建统治秩序的德，这与我们今天要求干部的德有着本质的区别，但重德是应该被肯定和继承的。

"德才兼备、以德为先"是我们党一贯坚持的用人原则。我们党在不同的历史时期，根据历史使命和任务的不同，在用人原则上有过不同的提法，但强调德和才的统一，并且把政治要求和道德标准置于首位，则是我们党一贯坚持的用干部的原则。早在1938年，毛泽东就提出："中国共产党是在一个几万万人的大民族中领导伟大革命斗争的党,没有多数才德兼备的领导干部,是不能完成其历史任务的。"[1] 改革开放后,根据现代化建设的需要,邓小平提出了选人用人的"四化"方针,强调要加快干部队伍革命化、年轻化、知识化、专业化的步伐,其中,革命化是放在首位的。江泽民同志多次强调要把那些德才兼备、实绩突出、群众公认的人选拔到领导岗位上来,"一定要注重对干部思想政治素质包括道德品质的考察,不要只重才而轻德"[2]。党的十六大以后,胡锦涛同志更是明确提出了德才兼备、以德为先的标准,为新的历史条件下的选人用人指明了方向。

"德才兼备、以德为先"是干部选拔任用工作的现实要求。当前有两个方面的情况需要引起我们高度的重视。一是我们党所面临的世情、国情、党情非常复杂,担负的历史任务非常艰巨。国际方面,世界多极化、经济全球化深入发展,不同力量之间的政治、经济和思想文化竞争日益激烈。国内方面,我国正处在进一步发展的重要战略机遇期,发展呈现一系列新的阶段性特征,出现一系列新情况、新问题。党的建设方面,我们党面临长期执政、改革开放、市场经济等多方面的严峻考验,党要管党、从严治党的任务比过去任何时候都更为繁重和紧迫。世情、国情、党情的深刻变化对党的干部队伍建设提出了新的要求,要求所选用的干部不但要有更出众的才能,而且要有更坚定的理想信念、更优良的政治素质、更严格的道德操守。二是我们党的干部队伍已进入整体性新老交替期。改革开放后成长起来的一代将逐步成为干部队伍的主体。他们具有年纪比较轻、闯劲比较足、学历层次高、现代科学知识比较丰富、视野比较开阔、思想比较活跃等优秀特点。但他们在马克思主义理论功底、成熟的党性修养、对人民群众的深厚感情、简朴的生活方式、踏实的工作作风等方面还存在着不足,如果不能有效预防和克服,不仅个人会犯错误,党的事业也会受损害。现实生活中一些干部出问题,主要不是出在才上,而是出在德上,这给我们敲响了警钟。

二

德,是指人的政治品质和道德品行;才,是指人的才智和能力。干部的

---

[1] 毛泽东. 毛泽东选集: 第2卷 [M]. 2版. 北京: 人民出版社, 1991: 526.
[2] 江泽民. 江泽民文选: 第2卷 [M]. 北京: 人民出版社, 2006: 503.

德与才是具体的，在不同历史时期，党的中心任务不一样，所处的社会环境不一样，德才标准的具体要求也有所不同。根据当前新的形势和任务，我们党对领导干部的德和才有许多新的要求。

德的方面。党的十七届四中全会指出："从政治品质和道德品行等方面完善干部德的评价标准，重点看是否忠于党、忠于国家、忠于人民，是否确立正确的世界观、权力观、事业观，是否真抓实干、敢于负责、锐意进取，是否作风正派、清正廉洁、情趣健康。"就我个人的理解而言，当前对干部德的要求主要包括以下五个方面的内容。一是政治品质要纯洁。政治品质是指政治态度、立场和观点，它引领着人的行为方向。不管是什么性质的党，都要选择符合自己要求的人来掌权，不可能把权力交给异己者，这是一条铁的规律。中国共产党作为执政党，肩负着领导中国特色社会主义事业的历史重任。党的每一位干部特别是领导干部必须与党同心同德，与人民同呼吸、共命运。因此，政治上可靠是选人用人的首要条件，对党、国家、人民的绝对忠诚，时刻把党、国家、人民的利益置于最高位置是德的灵魂。领导干部要坚定理想信念，坚决贯彻执行党的路线方针政策，在大是大非上始终立场坚定、旗帜鲜明；要坚决维护国家利益，矢志不移地为民族复兴而奋斗；要始终坚持全心全意为人民服务的根本宗旨，保持同人民群众的血肉联系。二是道德品行要高尚。要加强修养，培养健康生活情趣，提高思想境界；要有爱心、明是非、知廉耻、懂节俭、合规范、讲诚信，成为一个高尚的人，一个纯粹的人，一个有道德的人，一个脱离了低级趣味的人，一个有益于人民的人。三是胸襟气度要宽阔。就是要豁达大度，能够容人，容不同意见，善于团结合作，正确对待自身利益。容人就是容不同性格类型的人，用人之长，容人之短。容不同意见就是提倡和鼓励别人特别是手下人讲真话，好话坏话都能听，经得起批评，受得了委屈。善于团结合作就是顾大局，讲原则，有修养，有气量，能宽容。正确对待自身利益就是正确对待荣誉，不揽功，不诿过，当个人利益与集体利益、群众利益发生矛盾冲突的时候，能主动谦让，甘于吃亏。四是真抓实干要力行。就是要脚踏实地地干事，不做表面文章，不搞花架子、形式主义、面子工程、形象工程；要坚持原则，敢于负责，敢管敢抓，不怕丢几张选票，不做"老好人"；要保持积极进取的精神状态，不断研究新情况、解决新问题、开创新局面。五是清正廉洁。常修为政之德，常思贪欲之害，常怀律己之心，自觉抵制权力、金钱、美色的诱惑，堂堂正正做官，清清白白做人，干干净净做事。

才的方面。根据工作需要不同，领导干部必须具备多方面的才能。就当前而言，重点是以下四个方面的内容。一是推动科学发展的能力。抓好发展这个第一要务，善于谋划发展、统筹发展、优化发展，切实推动又好又快地发展。二是促进社会和谐的能力。加强社会建设和管理，既注重激发社会的活力，又促进社会公平和正义。具有做群众工作、公共服务、社会管理、维护稳定的本领，善于应对复杂局面，妥善处理各种突发事件，化解各种人民内部矛盾。三是注重民生、为民服务的能力。高度重视维护人民群众最现实、最关心、最直接的利益，切实解决各种民生问题，使发展成果体现到人民群众得实惠上。四是科学执政、民主执政、依法执政的能力。不断探索执政规律，完善执政方式和领导方式。坚持和完善民主集中制，推进决策的科学化、民主化、制度化。带头守法，严格执法，增强依法处理各种事务的能力。自觉接受监督，保证权力正确行使。

坚持德才兼备、以德为先，必须辩证地认识和处理德与才之间的关系。首先，德与才是干部素质的两个方面，犹如鸟之双翼，缺了哪一翼都飞不起来。不管是选拔任用干部，还是领导干部加强自身修养，都必须把德和才看成一个整体，两者不能割裂、不能对立。其次，德与才也不是没有先后和轻重之分的，相比较而言，德更重要，必须放在首位。选拔任用干部要以德为先决条件，绝不能用那些在德方面有问题的人。考核干部时也要更多关注德的情况，一旦发现问题就要坚决地撤下来。

三

虽然如何识人自古以来就是个难题，但人是可察、可识的。只要有完善的选人用人机制，多听群众的意见，深入地了解，辩证地分析，就能够把握干部的德才。

坚持群众公认原则，进一步把领导干部交给群众去选择和评价。人的道德和才能有内在的、隐蔽的一面。但人是社会的人，在社会活动中，虽然难免总有一些人善于伪装自己，台上一套，台下另一套；上级领导面前一套，群众面前另一套。但他们伪装得了一时，伪装不了一世；能欺骗一部分人，欺骗不了所有的人。他们在群众面前最容易现"原形"，也最怕到群众中去

"晒一晒"。因此，扩大选人用人民主，落实人民群众的知情权、参与权、选举权和监督权，把领导干部的使用更多地交给人民群众去选择，把领导干部的作为更多地交给人民群众去监督和评价，把领导干部的去留更多地交给人民群众去决定，这是识人最有效的方法和途径。也只有这样，才能解决好目前一些干部对上负责、对下不负责的问题。

创新考察思路，进一步完善干部考察的途径和方法。干部考察是了解干部的一项基本制度，在干部队伍建设中发挥着十分重要的作用。但目前一些党员干部奉行好人主义，事不关己、高高挂起，多栽花、少种刺，导致考察工作难深入，组织上难掌握一些干部深层次问题。为进一步增强干部考察工作的真实性，需要做好以下工作。一是要抓住重点考察干部。注重从履行岗位职责、完成急难险重任务、关键时刻表现、对待个人名利等方面考察干部。要特别注重考察干部的实绩，透过实绩看德才。二是要完善考察干部的方法和途径。坚持以组织部门为主体，充分听取纪检、监察、审计、巡视等方面的意见，发挥专门监督部门的作用。完善民主推荐、民主测评、民意调查、任前公示等制度，充分重视民意在干部任用和考核中的作用。三是要注重综合分析，善于透过现象看本质。考察一个干部，不仅要看他怎么说，更要看他怎么做；不仅要看他在领导面前怎么表现，更要看他对群众的态度；不仅要看他一时的做派，更要看他一贯的作风；不仅要了解他八小时以内的情况，还要了解他八小时以外的活动。

加强制度建设，进一步完善干部选拔任用机制。制度更具有全局性、长期性、稳定性。国家这么大，干部这么多，如果按人治的方式来选拔任用干部，必然容易出现失误，也会给那些投机钻营、跑官要官、买官卖官者留下可乘之机。因此，必须通过加强制度建设来规范干部选拔任用的方法，提高选人用人的科学化水平。当前，要在干部任用初始提名权、民主推荐、差额选举、监督、责任追究等方面下功夫，扩展公开选拔、竞争上岗、差额选举等竞争性选拔干部方式的范围，通过推进干部选拔任用和管理工作的科学化、民主化、制度化，切实改变在少数人中选人、由少数人说了算的情况，切实整治选人用人上的不正之风，提高选人用人的公信度。

(本文刊登于《党建研究》，2010年3月第3期)

领导干部应做践行核心价值体系的表率

　　核心价值体系是维系一个民族的精神纽带，是一个国家的兴国之魂，是全体人民共同行动的思想基础。经过党的积极探索、全体人民的共同创造和理论界的不断凝练，社会主义核心价值体系的基本框架已经建立，基本内涵也已经明晰。根据党的十七届六中全会的部署要求，接下来主要有两大任务：一是切实地贯彻落实，使社会主义核心价值体系真正成为引领各种社会思潮的思想武器，在全党全社会形成统一指导思想、共同理想信念、强大精神力量和基本道德规范；二是不断地充实完善，特别是对社会主义核心价值体系进行凝练，提出简明扼要、贴近群众、便于传播践行的核心价值观。这两大任务的贯彻和完成，关键在于领导干部的践行和推动。党的各级领导干部是中国特色社会主义建设的实践者、引领人和带头人，理所当然也是社会主义核心价值体系的实践者、引领人和带头人。只有领导干部积极做践行社会主义核心价值体系的表率，社会主义核心价值体系才能尽快地落地生根并开花结果。

一、身体力行，率先垂范

　　"政者，正也。子帅以正，孰敢不正？""其身正，不令而行；其身不正，虽令不从。"领导干部是群众面前的一面旗帜，领导带头是做好社会主义核心价值体系建设工作的重中之重。"上梁不正下梁歪，中梁不正倒下来。"如果领导干部不率先践行，社会主义核心价值体系的建设就将是一句空话。

　　领导干部的表率和示范作用主要体现在四个方面：一是做热爱学习的表率。领导干部必须对社会主义核心价值体系真学、真懂、真信、真用，只有把握其精神实质，才能内化为坚定的理想信念和科学的政治信仰。二是做尊崇高尚人格的表率。古人认为："才者，德之资也；德者，才之帅也。"领导干部要德才兼备，以德为先。德的核心是忠诚敬业，公道正派，这正是社会主义核心价值体系的核心内涵。忠诚，就是政治上可靠，坚持马克思主义，坚持中国特色社会主义道路，坚持为人民服务的根本宗旨，忠于党，忠于国家，忠于人民。敬业，就是有事业心，始终保持积极进取的精神状态，真抓实干，不断研究新情况，不断解决新问题，不断开创新局面；就是坚持原则，敢于负责，不是坐而论道地空谈，不做表面文章，不搞花架子，不搞形式主义，不搞华而不实的政绩。公道，就是以国家和人民利益为最高准则，不徇私情，不偏不倚，对上对下一个样，一碗水端平，做到对组织和人民负责的高度统一；就是以公心用人，不因关系亲疏而区别对待，搞五湖四海，不搞"小圈子"。正派，就是品行端正，光明磊落，诚实善良，言行一致，表里如一，堂堂正正做人，规规矩矩做事，清清白白做官。三是做保持优良作风的表率。继承和发扬党的优良作风是当前一项重要任务，领导干部必须承担主体责任。领导干部要实事求是，求真务实，理论联系实际，务必保持谦虚谨慎，艰苦奋斗的作风；要坚持党的群众路线，注重调查研究，问计于民，问需于民，体察民情，关爱百姓，切实做到权为民所用，情为民所系，利为民所谋，以实际行动维护党和人民群众的血肉联系。四是做坚守清廉的表率。腐败问题是侵蚀党的肌体、污染社会风气的毒瘤，腐败不除，社会主义核心价值体系难以畅行。领导干部一定要严于律己，清正廉明，以良好的形象展示于民。一定要坚决反对以权谋私，坚持不懈同各种腐败现象做斗争，以反腐败的实际成效取信于民。

二、推动实践，抓好落实

"实践—认识—再实践—再认识"，这是辩证唯物主义认识论的基本规律。社会主义核心价值体系的理论来源于实践，又必须回到实践中去，指导实践，推动实践。如果抓不好落实就是纸上谈兵，就将一事无成。

领导干部抓社会主义核心价值体系的落实特别要注意两个方面：

一是在推进公民道德建设、提高公民素质、改善社会风气方面取得新进展。我们国家的公民素质和社会风气总体是好的，但也存在这样那样一些不容忽视的问题，社会主义核心价值体系建设的成效必须反映在公民素质的提高和社会风气的改善上。党的十七届六中全会明确了弘扬中华传统美德，推进公民道德建设方面的诸多要求，包括加强社会公德、职业道德、家庭美德、个人品德教育，引导人民增强道德判断力和道德荣誉感，自觉履行法定义务、社会责任、家庭责任；倡导爱国、敬业、诚信、友善等道德规范，形成男女平等、尊老爱幼、扶贫济困、扶弱助残、礼让宽容的人际关系；开展道德领域突出问题专项教育和治理，坚决反对拜金主义、享乐主义、极端个人主义，坚决纠正以权谋私、造假欺诈、见利忘义、损人利己的歪风邪气；推进政务诚信、商务诚信、社会诚信和司法公信建设，在全社会广泛形成守信光荣、失信可耻的氛围；等等。所有这些都要求各级领导干部要切实担负起政治责任，下功夫、花力气去落实，以取得实效。

二是正确处理社会主义核心价值体系建设与经济社会发展的关系，在推动科学发展和改善民生方面要取得新成效。马克思主义的科学性要由其指导实践并取得实际的成效来体现。中国特色社会主义道路选择的正确性，要由推动发展的成果来证明，也只有让人民群众在发展中不断得到实惠，才能得到他们真心的认同。硬实力和软实力互相支撑，物质和精神在一定条件下可以互相转化，建设社会主义核心价值体系也是为了推动经济社会的发展。我们既不能只埋头经济社会建设而把文化建设当成软任务不予重视，也不能因为要抓文化建设就放松经济建设和民生改善。领导干部在切实加强社会主义核心价值体系建设的同时，一定要认真落实科学发展观，推动本地区、本单位的建设与发展，大力发展生产力，切实关注民生、改善民生，满足人民群众物质生活和精神生活的需要，让人民群众满意。

三、勇于探索，不断创新

古今中外，世界上从来都没有一种静态的一成不变的观念体系，从根本上说，社会主义核心价值体系不是一成不变的、静止的、封闭的、抽象的，而是必将随着社会主义现代化建设的进程，随着人民群众实践的深入发展不断发展和完善的。社会主义核心价值体系的基本框架已经建立，但其丰富、发展、完善是一个必然的历史过程，特别是社会主义核心价值观的凝练至今尚未完全形成共识，还需要在实践中继续探索和创新。领导干部是社会主义核心价值体系的实践者、引领者，也要做完善社会主义核心价值体系的参与者、贡献者。

实践是创新的唯一源泉。领导干部在实际工作的第一线，对理论在实践运用中的价值和成效的体悟最深，也最有发言权。领导干部在贯彻落实社会主义核心价值体系的实践活动中，一方面要勇于探索、勇于创新，创新方式方法，创造新的经验和做法；另一方面要善用理论思维，不断总结思考，把实践的成果转化为理论的成果。人民群众是历史的主人，也是物质财富和精神财富真正的创造者。领导干部要密切关注人民群众的实践活动，特别是要关注人民群众美好的价值追求，善于发现、勤于记录人民群众闪光的思想火花和在实践中所创造的新做法、新经验，在此基础上凝练和概括出具有广泛社会认可度的社会主义核心价值观，为社会主义核心价值体系建设做出更大的贡献。

（本文刊登于《光明日报》，2012年6月2月第11版）

领导干部要带头厉行法治

建设社会主义法治国家是一项长期的历史任务，需要全体人民共同努力，更需要领导干部带头切实履行法治责任。领导干部作为运用法治方式治国理政的执政主体，必须具有较高的法治水平和能力。因此，带头学法用法，知行并重、学用结合，不断增强法治思维水平和能力，是领导干部重要的政治责任。

不断强化法治意识。领导干部应充分认识法治的重要性，增强厉行法治的责任心和自觉性。"法令行则国治，法令弛则国乱。"国家何以有序？首先在法治。这是现代国家治理的基本经验，也是我国实现国家富强、民族振兴、人民幸福的基本路径。例如，就经济建设而言，我国实行社会主义市场经济，而市场经济是法治经济，没有成熟的法治就不可能有完善和有序的市场经济。就社会管理而言，我国是一个人口众多、地域辽阔、环境条件和发展差异较大的国家，社会关系错综复杂，利益诉求多种多样，各种矛盾不可避免。要实现良性有效的社会治理，让人民安居乐业、国家长治久安，最根本的要靠法治。建设社会主义法治国家，是实现中华民族伟大复兴的重要制度保障。因此，领导干部应从维护国家长治久安、实现中华民族伟大复兴的高度，深刻认识法治建设对我国经济社会发展的重要性，切实增强厉行法治的责任心和自觉性。

带头学习法律知识。学习掌握好法律知识，是运用好法律的前提。领导干部应自觉地带头学习法律知识，特别是学习与自己工作业务密切相关的法律法规，不断提高自身的法治素质和能力。在这一过程中，不仅应注重对法律法规条文的学习，而且应注重学用结合。当工作中遇到自己不熟悉的法律问题时，应主动向法律专家请教，请法律专家帮助把好法律关。同时，不仅自己学，而且应在本部门、本单位建立学习制度，通过各种方式带动所在部门、单位的干部职工一起学，使干部职工学法经常化、制度化。

自觉运用法律武器。宪法和法律的权威在于实施，宪法和法律的生命也在于实施。提高宪法和法律的执行力，领导干部的作用非常重要。为此，领导干部要以身作则，自觉运用法律武器，自觉在宪法和法律范围内活动，以宪法和法律来规范自己的言行，认真履行法律赋予的职责，绝不以言代法、以权压法、徇私枉法，以自身的良好形象和实际行动带动全社会尊法学法守法用法；不断提高依法执政能力，自觉运用法治思维和法治方式深化改革、推动发展、化解矛盾、维护稳定，保证宪法和法律在本地区、本部门、本单位得到遵守和执行。需要特别指出的是，当前我国社会利益主体多元、利益关系复杂、利益矛盾易发多发。在处置各种矛盾和突发事件中，如果不依照法律制度办事而是靠人治，就会按下葫芦浮起瓢，引发更多的矛盾。因此，领导干部在处置各种利益关系引发的矛盾时，一定要在法治的轨道上进行，对人民群众的正当权益和合理要求要依法维护，决不能熟视无睹、麻木不仁；对各种非理性的做法和不合理的要求要耐心引导和说服教育，不可随意迁就；对少数人的违法犯罪行为要依法惩处，不可姑息放纵，真正做到有法必依、执法必严、违法必究，维护社会主义法制的统一、尊严、权威。

（本文刊登于《人民日报》，2013年5月3日第7版）

第三部分
意识形态工作研究

构建和谐社会

——巩固党执政基础的必然要求

在十六大提出"努力形成全体人民各尽其能、各得其所而又和谐相处的局面"[1]概念的基础上，十六届四中全会又明确提出要"构建社会主义和谐社会"[2]，并且明确了构建这一社会五个方面的具体要求。这样，就将中国特色社会主义事业的总体布局，由经济、政治、文化的三位一体，扩展为经济、政治、文化、社会的四位一体。这表明，经过五十五年长期执政的中国共产党更加注重社会的建设与发展，更加注重社会和谐、社会公平和社会正义，更加注重治国安邦。

一、全面落实构建和谐社会的各项要求

十六届四中全会对构建社会主义和谐社会提出了五个方面的具体要求。这五项要求是根据当前社会主义现代化建设的实际，针对市场经济条件下的新情况、新特点，着力于解决影响社会和谐的各种问题和矛盾提出的，既有现实的针对性，又有长远的指导意义。当前，落实这五个方面的要求，最重要的是要解决好四个方面的问题。

（一）以科学发展观为指导，推动经济社会更快更好地发展

我们党执政五十五年所经历的正反两方面的经验和教训告诉我们，以经济建设为核心内容的发展是解决中国一切问题的关键，也是构建社会主义和谐社会、保障国家长治久安的基础性工程。人的自由全面发展与融洽和谐的

---

[1] 江泽民．全面建设小康社会 开创中国特色社会主义事业新局面——在中国共产党第十六次全国代表大会上的报告［M］．北京：人民出版社，2002：15．
[2] 中共中央关于加强党的执政能力建设的决定［M］．北京：人民出版社，2004：24．

良好社会关系的建立离不开物质基础,没有生产力的发展,不可能实现社会的发展,没有生产力的高度发展,也不可能会有人的自由、全面、充分、和谐的发展。改革开放二十多年,我国的经济社会发展取得了举世瞩目的伟大成就,但总的说来,我国的生产力水平还不高,经济实力还不雄厚,与发达国家的差距还很大,我国正处于并将长期处于社会主义初级阶段,人民群众日益增长的物质文化需要同落后的社会生产之间的矛盾还是主要矛盾,因此,发展经济一刻也不能停滞。

没有生产力的不断发展,构建不成和谐社会。那么,生产力高度发展,财富增加了,和谐社会是否就能自发生成呢?不然。构建和谐社会,还要有种种因素和条件。单就经济而言,还要看其如何发展,发展的成果能否给全体人民带来真正的实惠。如果发展是畸形的、不可持续的,发展本身也就处于一种不和谐状态。如果增加的财富不能在全体人民中进行公正合理的分配,而是向少数人口袋集中,必然会增加种种社会矛盾和问题,社会就不可能进入和谐状态。世界上一些国家曾有过经济快速发展,但没有处理好一些关系,社会照样动荡不安。我国在经济快速发展中也积累了一些矛盾和问题,对此必须要有忧患意识,尽早引起高度警觉。

因此,对于我们党来说,在经济社会发展方面必须肩负起两个方面的重任:一是要有高度的责任感和紧迫感,把发展作为解决中国一切问题的关键,抓住经济建设这个中心不动摇,用好重要战略机遇期,推动经济以较快的速度发展。为和谐社会的构建和社会的全面进步、人的全面发展夯实物质基础。二是要全面落实以人为本,坚持全面、协调、可持续的科学发展观,统筹好多方面的关系,解决好发展中出现的矛盾和问题,推动经济社会更好地发展,既要推动发展,又要协调发展,既要更快发展,又要更好发展,这对党领导发展的能力是更高的要求,也是一次新的考验。

(二)大力整合不同的利益主体

改革开放二十多年,我们国家实现了一系列重大的转变。党和国家的指导思想从"以阶级斗争为纲"转变为以经济建设为中心,基本经济制度从单一的公有制转变为公有制为主体、多种经济成分共同发展,经济体制从计划经济转变为社会主义市场经济,分配制度从平均主义转变为以按劳分配为主体的多种分配方式,并允许一部分地区、一部分人先富起来。经济基础的这种剧烈变革必然导致生产关系的剧烈变化和利益关系的重新调整,其中一个重要表现特征就是中国社会阶层结构呈现多元化发展的趋势,原有的一些阶层分化了,出现了一些新的社会阶层,在分化过程中,有些阶层的经济社会地位提高了,有些阶层的经济社会地位下降了,出现了不同的利益主体和利益集团。这种变化是生产力发展的产物,也是中国从传统社会向现代社会、农业社会向工业社会转变的典型特征,对中国经济社会的发展有其积极意义的一面。但我们也必须看到,社会阶层的分化,新的社会阶层的产生,使我们所面对的利益主体情况更为复杂,整合的任务比过去任何时候都要艰难。同时,不同的利益主体由于占有社会资源的不同和利益的差别,相互之间难免会产生各种矛盾甚至冲突,如果不能有效化解,就会影响社会的和谐与稳定,从而影响整个现代化建设事业。

因此,对于执政党而言,既要努力营造良好的制度环境,打破影响正当竞争和合理流动的制度性障碍,保证社会阶层之间的相互开放和平等进入,特别是为社会地位较低的弱势群体成员提供平等流动的机会,促进社会阶层分化的趋势朝着有利于现代化建设的方向发展。又必须最大限度地整合不同的利益主体,满足他们合理的利益诉求,合理地调节利益差别,有效地化解矛盾和冲突,真正做到既充分发挥包括知识分子在内的工人阶级、广大农民推动经济发展根本力量的作用,又鼓励和支持其他社会阶层人员为经济社会发展积极贡献力量,既保护发达地区、优势产业和先富群体的发展活动,又高度重视和关心欠发达地区、比较困难的行业和群众,激发各个社会阶层、各行各业的创造活力,让一切劳动、知识、技术、管理和资本的活力竞相迸发,让一切创造社会财富的源泉充分涌流,这是执政党在构建社会主义和谐社会中必须解决的新的重大课题。

(三)努力化解各种社会矛盾

毋庸讳言,当前我国社会内部存在着大量的矛盾。正如江泽民所说:"在改革开放和发展社会主义市场经济的过程中,人民内部矛盾会明显增多,有的还会日益突出起来,这是新时期的一个需要认真研究和正确解决的重要政治课题。"[1] 这些矛盾既有包括知识分子在内的工人阶级和农民内部的矛

---

[1] 江泽民. 在纪念党的十一届三中全会召开二十周年大会上的讲话 [M]. 北京:人民出版社,1998:18.

盾，也有各阶级、阶层之间的矛盾，既有表现在经济领域的矛盾，也有表现在政治领域和思想文化领域的矛盾，等等。总的说来，当前我国社会内部的矛盾主要是人民内部的矛盾，而且比较集中地表现为由利益关系引发的矛盾，带有社会变革和转型时期的明显特征。一般说来，人民内部矛盾是在人民利益根本一致基础上的矛盾，是非对抗性质的矛盾。但任其积累和发展，对人民群众积极性、创造性的发挥，对和谐相处局面的形成，对社会的稳定同样会有损害甚至破坏作用，执政党不能熟视无睹。

正确处理人民内部矛盾，我们党已经积累了较为丰富的经验。毛泽东早在20世纪50年代就提出："凡属于思想性质的问题，凡属于人民内部的争论问题，只能用民主的方法去解决，只能用讨论的方法、批评的方法、说服教育的方法去解决，而不能用强制的、压服的方法去解决。"[1] 十六届四中全会特别强调健全正确处理人民内部矛盾的工作机制，综合运用政策、法律、经济、行政等手段和教育、协商、调解等方法，依法及时合理地处理群众反映的问题。其中强调的正确处理人民内部矛盾的手段和方法既有继承，也有创新，特别是政策和经济手段的提出，显然是针对当前利益矛盾较为突出的新情况，反映了新的中央领导集体坚持把最广大人民的根本利益作为制定政策、开展工作的出发点和落脚点，用政策调节和经济杠杆来化解利益矛盾，正确反映和兼顾不同方面群众利益的解决人民内部矛盾的新思路。

（四）加强党的自身建设，增强拒腐防变的能力

社会主义和谐社会是全体人民各尽其能、各得其所而又和谐相处的社会。我们党是执政党，负有动员和组织人民依法管理国家和社会事务的重任，是中国社会主义现代化建设的领导核心。如果执政党同人民群众的关系不和谐，其他的和谐也就无从谈起。因此，构建社会主义和谐社会，首要的也是最重要的是要始终保持党同人民群众的血肉联系。

能否始终保持党同人民群众的血肉联系，关键在于党自身的建设。党的自身建设是一项立体工程，包含着思想建设、组织建设、作风建设、制度建设等多方面内容，但核心的问题是能否真正做到立党为公、执政为民。中国共产党从成立的那一天就公开宣称，除了最广大人民的利益外，党没有自己的任何一点私利，党的宗旨是全心全意为人民服务。党是这样说的，也是这

---

[1] 毛泽东．毛泽东著作选读：下册［M］．北京：人民出版社，1986：762．

样做的。民主革命时期，党领导人民打土豪、分田地，努力为人民谋利益，党的许多优秀儿女为了民族独立和人民解放抛头颅、洒热血，连自己生命都可以舍去的人还会有其他什么私利呢？党以自己的实际行动赢得了人民群众的拥护和支持。党同人民群众的血肉联系是我们党最大的政治优势，正是凭着这一优势，我们党才能从弱小到强大，最终战胜了占有很多优势资源的统治阶级，取得了全国政权。执政以后，也是凭着这一优势，我们党才能在探索社会主义道路上历经坎坷而始终立于不败之地。如今，经过五十五年长期执政，我们党的性质没有变，党的绝大多数成员也经受住了各种风险和考验，保持了党的这一优良传统，党同人民群众的关系总体上也是和谐的。但在长期执政、改革开放和社会主义市场经济条件下，权力的变异、金钱的诱惑、腐朽思想的侵蚀也在毒害一些党员干部，党内的消极腐败现象有滋长和蔓延的势头，在一些地方、部门和单位甚至相当严重。

利用手中掌握的权力和公共资源攫取社会财富以中饱私囊，其性质与抢劫和偷盗等犯罪并没有两样。这是最大的社会不公，最容易造成公众的不满和社会的激愤。因此，消极腐败现象虽然仍是局部和少数人的行为，但对党的执政基础，对社会主义的凝聚力，对社会的和谐，对党同人民群众的血肉联系的损害是十分严重的，如果惩治和遏制不力，甚至可能引发社会动荡。正如江泽民所说："不坚决惩治腐败，党同人民群众的血肉联系就会受到严重损害，党的执政地位就有丧失的危险，党就有可能走向自我毁灭。"[1]

二、构建和谐社会，意识形态工作必须发挥重要作用

构建和谐社会，经济基础具有决定性作用，执政党必须通过努力发展经济，调节财富分配，实现多数人的社会公平，为社会和谐创造良好的基础条件。但是，思想政治工作和意识形态工作的作用亦不可低估。尤其在当前，还存在利益差别很大的各种社会阶层，还存在社会不公、贫富差距等社会问题，甚至还有权力腐败、偷盗抢劫、恶意欺诈等社会丑恶现象，各种影响社会和谐稳定的情况和问题还会不断出现。针对这些情况和问题，宣传思想工作必须发挥积极作用，努力在全社会倡导有利于人际关系融洽和谐的思想意

---

[1] 江泽民. 全面建设小康社会 开创中国特色社会主义事业新局面——在中国共产党第十六次全国代表大会上的报告[M]. 北京：人民出版社，2002：55.

识，教育引导人们正确看待各种社会现象，正确处理各种社会矛盾，为和谐社会的构建创造良好的舆论环境。

（一）强化和谐合作意识和氛围

当今社会，在市场经济条件下，不管是人与人之间，还是企业与企业之间，都还有竞争，但人们越来越强烈地意识到，合作是竞争的前提和基础，各种社会团体和组织都在培养团队精神，增强内部的凝聚力。就连以血腥的剥削积累财富而繁荣起来的资本主义社会，资产阶级也在寻求各种新的制度，赋予管理和生产岗位上的员工一定的权利和机会，使他们的生活需要得到一定程度的满足，虽然主观上还是为了自己更多地积累财富，但客观上也缓和了阶级矛盾。由此可见，强调和谐合作，追求"双赢""多赢""共赢"已成为时代的主流。而这种趋势对社会的进步与发展显然是有益的。

中华民族是个注重和谐、和睦的民族，和衷共济、和气生财是传承了多少代的良好观念。但由于中华人民共和国成立以后相当长一段时间"以阶级斗争为纲"，"斗争哲学"成为一种主流意识形态。在那段时间里，运动不断，斗争不止，人与人之间的关系十分紧张。在舆论宣传中，批判资本主义社会时也常常把市场竞争描绘成血淋淋的你死我活的残杀。至今，这种阶级斗争的烙印仍残留在一些人的头脑中，一些人在处理人与人之间的关系时，仍然表现出"好斗"的习性，一些人在市场竞争中不择手段，甚至靠恶意欺诈来获益谋利，这对构建和谐社会显然是不利的。因此，我们的舆论宣传必须在全社会强化和谐合作意识，消除过去阶级斗争留下的痕迹，营造聚精会神搞建设、一心一意谋发展的良好氛围。

（二）引导人们正确认识和处理利益差别

在经济快速发展和财富不断增加的同时，我国社会也出现了较大的利益差别和贫富差距，而且尚有持续扩大的趋势。这一问题已引起了社会舆论的广泛关注，成了新的热点问题。

应该看到，贫富差距的持续扩大对社会的和谐与稳定，对经济社会的全面协调发展是不利的。我国是个社会主义国家，促进社会公平和正义，最终实现共同富裕是我们追求的目标。在构建和谐社会过程中，党和政府对这一问题应该引起足够的重视，通过完善制度和法规坚决堵住非法获利甚至暴富的机会，运用二次分配等政策调控机制让更多的人共享改革发展的成果，解决不合理的利益差别和贫富差距问题。

同时，我们也应该看到，到目前为止的任何一个社会都不可避免存在利益差别和贫富差距。我国目前还处于并将长期处于社会主义初级阶段，生产力落后，资源短缺、人口多、底子薄仍然是基本国情。在市场经济条件下，由于种种客观条件的差别、社会成员自身素质的差别而导致的收入差别、贫富差距必然存在而且将长期存在。我们之所以实行社会主义市场经济体制，是因为市场经济是迄今为止配置资源的最佳制度和方式，而市场经济最重要的原则之一就是利益引导机制，没有利益差别就不可能有竞争，也不可能有资本的合理流动和社会资源的合理配置，也就难以提高效率，激发创造的活力，推动经济社会更快更好的发展。因此，合理的、适度的利益差别对经济社会的发展具有积极的意义和作用。可以肯定，在前二十多年的发展中，如果没有打破平均主义，及时改革分配制度，落实按劳分配为主体的多种分配方式，实行允许一部分地区、一部分人先富起来的大政策，我国经济社会的发展不可能这样快。改革开放前那段时间吃大锅饭，搞平均主义，结果是社会死水一潭，人民共同贫穷，这样的历史教训我们不会忘记也永远不能忘记。

因此，当前的舆论宣传既要积极关注贫富差距等社会公正问题，推动政府在政策取向上高度重视和解决这一问题。同时对这一问题要进行辩证的客观的分析，不能一概而论否定利益差别，任何的偏激和简单化都无助于问题的解决。特别要警惕平均主义的重新抬头。中国是个平均主义思想根深蒂固的国家，"不患贫、患不均"是流传了多少代的观念，"均贫富"的旗帜很多人都举过。如果误入平均主义的老路，改革发展的成果就有可能被葬送，和谐社会的构建最终也无法实现。

（三）努力营造良好的民主法治环境

一个没有民主和法治的社会是不可能有任何和谐可言的。社会主义国家的一切权力属于人民，社会主义民主的本质是人民当家作主。只有不断地健全民主制度，丰富民主形式，扩大公民有序的政治参与，保证人民依法实行民主选举、民主决策、民主管理、民主监督，才能使国家的治理行为更好地体现人民的意志，代表人民的利益，从而有效地化解很多矛盾，减少社会不和谐的因素。

如果一个社会的法律体系是完备的，每个社会成员都能依法处理各种事务，那么，这样的社会一定是个和谐有序的社会。

经过二十多年的努力，我国的民主法制建设取得了巨大的成就。目前，我国的民主和法治化程度是历史上最好的时期。但也毋庸讳言，目前还存在着大量问题，社会的民主法治环境尚未进入理想状态。主要表现为法律尚不完备，公民有序的政治参与意识和法制观念还不强，一些领导干部法律意识淡薄，依法执政的能力不够，现实生活中有法不依、执法不严、违法不究的情况还大量存在，等等。目前社会上发生的一些损害社会和谐稳定的事件和人民群众反映强烈的问题，很多都与此有关。因此，舆论宣传必须大力加强这方面的教育，以推动全社会增强在民主法制的正确轨道上处理和解决各种社会矛盾的能力，为构建和谐社会营造良好的民主法治环境。

（四）大力提倡团结互助、扶贫济困的良好风尚

道德是调节人们相互关系的行为规范，也是维护社会良好秩序的又一重要支柱。它虽然不像法律那样带有强制性，但在社会生活中也是一股强大的力量，起着法律所起不了的作用。在构建社会主义和谐社会中，道德理应发挥重要的调节作用。

十六届四中全会明确指出，要在全社会大力提倡团结互助、扶贫济困的良好风尚。可以从两个方面认识其重要意义。一方面，社会主义市场经济的发展引发了我国社会利益关系的调整和贫富差距的拉大，在调节这种利益关系时，我们既要运用政策的手段，也要重视道德的手段，倡导人与人之间的互助互爱，倡导发达地区和先富群体以实际行动关心、帮助、带动欠发达地区和弱势群体，以促进社会全面协调发展。另一方面，社会主义市场经济的发展，也引发了社会价值观念的巨大变革，这种变革既呈现出与市场经济相适应并有利于社会进步的积极的一面，诸如尊重劳动、尊重知识、尊重人才、勇于竞争、讲求效率等价值观念的确立；也表现出与社会主义道德相背离，有害于市场经济发展的消极的一面，诸如诚信缺失、唯利是图、拜金主义、极端个人主义的价值取向等。为此，我们必须大力倡导社会主义道德，以巩固社会主义制度下团结、互助、互爱的新型人际关系，促进社会更加和谐稳定。

（本文刊登于《毛泽东邓小平理论研究》，2004年10月第10期）

意识形态工作要为构建和谐社会鼓与呼

十六届四中全会提出"构建社会主义和谐社会",这表明,经过五十五年长期执政的中国共产党更加注重社会的建设与发展,更加注重社会和谐、社会公平和社会正义,更加注重治国安邦。为此,宣传思想工作必须发挥积极作用,努力在全社会倡导有利于人际关系融洽和谐的思想意识,教育引导人们正确看待各种社会现象,正确处理各种社会矛盾,为和谐社会的构建创造良好的舆论环境。

一、强化和谐合作意识和氛围

当今世界,现代化大生产和经济全球化正在迅猛发展。这种生产方式和经济活动的基本特点是:不管是物质产品还是精神产品的生产和交换活动中,生产的规模越来越大,生产者之间的合作和联系越来越紧密,彼此的依赖性越来越强。它不仅表现为人与人、企业与企业之间的相互依存,而且表现为国家与国家之间的交流和合作。许多大项目、大工程的实施和完成都是不同国籍、不同人种携手合作的结果。当今社会,在市场经济条件下,不管是人与人之间,还是企业与企业之间都还要有竞争,但人们越来越强烈地意识到,合作是竞争的前提和基础。各种社会团体和组织都在培养团队精神,增强内部的凝聚力。强调和谐合作,追求"双赢""多赢""共赢"已成为时代的主流。而这种趋势对社会的进步与发展显然是有益的。

中华民族是个注重和谐、和睦的民族,和衷共济、和气生财是传承了多少代的良好观念。但由于过去相当长一段时间"以阶级斗争为纲","斗争哲学"成为一种主流意识形态,运动不断,斗争不止,人与人之间的关系十分紧张。至今,这种阶级斗争的烙印仍残留在一些人的头脑中,一些人在处理人与人之间的关系时,仍然表现出"好斗"的习性,一些人在市场竞争中不择手段,甚至靠恶意欺诈来获益谋利,这对构建和谐社会显然是不利的。因此，我们的宣传舆论必须在全社会强化和谐合作意识，消除过去阶级斗争留下的痕迹，营造聚精会神搞建设、一心一意谋发展的良好氛围。

二、引导人们正确认识和处理利益差别

在经济快速发展和财富不断增加的同时，我国社会也出现了较大的利益差别和贫富差距，而且尚有持续扩大的趋势。这一问题已引起了社会舆论的广泛关注，成了新的热点问题。

应该看到，贫富差距的持续扩大对社会的和谐与稳定，对经济社会的全面协调发展是不利的。我国是个社会主义国家，促进社会公平和正义，最终实现共同富裕是我们追求的目标。

我们也应该看到，到目前为止的任何一个社会都不可避免存在利益差别和贫富差距。我国目前还处于并将长期处于社会主义初级阶段，生产力落后是基本国情。在市场经济条件下，由于客观条件的差别和社会成员自身素质的差别而导致的收入差别、贫富差距必然存在而且将长期存在。我们之所以实行社会主义市场经济体制，是因为市场经济是迄今为止配置资源的最佳制度和方式，而市场经济最重要的原则之一就是利益引导机制，没有利益差别就不可能有竞争，也不可能有资本的合理流动和资源的合理配置，也就难以提高效率，激发创造的活力，推动经济社会更快更好的发展。因此，合理的、适度的利益差别对经济社会的发展具有积极的意义和作用。可以肯定，在前二十多年的发展中，如果没有打破平均主义，及时改革分配制度，落实按劳分配为主体的多种分配方式，实行允许一部分地区、一部分人先富起来的大政策，我国经济社会的发展不可能这样快。改革开放前那段时间吃大锅饭，搞平均主义，结果是社会死水一潭，人民共同贫穷，这样的历史教训我们不会忘记也永远不能忘记。

因此，当前的舆论宣传既要积极关注贫富差距等社会公正问题，同时对这一问题要进行辩证的客观的分析，不能一概而论否定利益差别，特别要警惕平均主义重新抬头。

三、教育引导人们在正确轨道上处理和解决各种矛盾

毋庸讳言，当前我国社会内部存在着大量的矛盾，属于矛盾多发期。矛

盾并不可怕，关键要有处理和解决矛盾的正确方法，矛盾不是和谐，但及时化解矛盾就能达到新的和谐。总的说来，当前我国社会内部的矛盾主要是人民内部的矛盾，而且比较集中地表现为由利益关系引发的矛盾。正确处理人民内部矛盾，我们党已经积累了较为丰富的经验，也开通了各种有效的渠道，其中最重要的就是民主和法制。

民主和法制是迄今为止规范社会主体行为，调节各种利益关系，协调各种社会矛盾，保障社会正常秩序的最有效的手段。如果一个社会的民主渠道是畅通的，法律制度是完备的，每个社会成员都能在民主和法制的框架内处理各种社会事务，那么，这样的社会一定是个和谐有序的社会。把各种人民内部矛盾纳入民主和法制的轨道加以处理，既要求党和政府要不断健全民主和法律制度，健全正确处理矛盾的工作机制，依法及时合理地处理群众反映的问题，化解各种矛盾；也要求全体公民增强民主和法制意识，自觉地寻求正确轨道来处理和解决各种矛盾冲突，而不是采取非理性的方式方法，从而导致矛盾冲突的扩大。经过二十多年的努力，我国的民主和法治化程度是历史上最好的时期，但社会的民主法治环境与理想状态尚有很大差距，一些领导干部法律意识淡薄，依法执政的能力不够，一些公民有序的政治参与意识和法制观念不强，导致很多矛盾不能在正确轨道上得到及时处理和解决，目前社会上发生的一些损害社会和谐稳定的事件和人民群众反映强烈的问题，大多与此有关。因此，舆论宣传必须大力加强这方面的教育，为构建和谐社会营造良好的民主法治环境，以推动全社会增强在民主和法制的正确轨道上处理和解决各种社会矛盾的能力。

（本文刊登于《文汇报》，2005年2月23日第15版）

切实增强中国特色社会主义制度自信

习近平总书记强调:"理论上清醒,政治上才能坚定。"当前,广大党员干部对中国特色社会主义在政治上是认同的,但在理论上,有的同志对中国为什么只能搞社会主义而不能搞其他什么主义,并不完全清楚,这无疑会影响到思想上的自觉和政治上的坚定。从理论上进一步阐释清楚中国实行社会主义制度的必然性和优越性,对广大党员干部更加自觉地带领人民群众坚定地推进中国特色社会主义事业,具有重要的意义。

一、中国社会主义制度的确立是历史的选择

恩格斯指出,任何一个历史事件发展的结果都不是单个意志的产物,而是无数个力的平行四边形共同作用的结果。这个历史合力理论清楚地说明了我国选择社会主义制度、走上社会主义道路的历史必然性。1840年鸦片战争以后,中国陷入半殖民地半封建社会,清醒的仁人志士从"挨打"中认清了国家贫穷落后的现实,开始探寻救亡图存的道路。当时登上历史舞台的有各种力量,他们也付出了极大的牺牲,但不管是太平天国运动、戊戌变法、义和团运动,还是洋务运动、君主立宪、资产阶级革命派领导的革命,都没有从根本上改变中国的命运。直到中国共产党诞生,带领中国人民经过二十八年浴血奋战,打败日本侵略者,推翻国民党反动派的统治,建立了中华人民共和国。中国人民革命的胜利,从根本上改变了中国社会的发展方向,为实现由新民主主义到社会主义的转变和建立社会主义制度,进行社会主义现代化建设,扫清了障碍,创造了政治前提。

历史证明,新民主主义革命胜利后,中国革命的前途只能是社会主义而非资本主义。这是因为,近代以来,试图在中国建立资本主义制度而进行的一切奋斗,无论是用改良的办法还是用革命的办法,统统都失败了,这就是中国近现代革命的历史必然。党在创立初期就提出为实现社会主义而奋斗的

目标,但在中国半殖民地半封建的社会状态下,实现社会主义必须分两步走:第一步是完成反帝反封建的新民主主义革命任务,第二步是完成社会主义革命任务。只有先实现反帝反封建的新民主主义革命纲领,然后才能走第二步,进入社会主义革命,完成生产资料的社会主义改造,建立社会主义制度。经过几年的努力,到1956年,我国实现了从新民主主义到社会主义的转变。实践证明,人民代表大会制度、中国共产党领导的多党合作和政治协商制度、民族区域自治制度,以及公有制为主体的经济制度,符合我国国情,有利于调动广大人民群众和社会各方面的积极性、主动性和创造性,有利于解放和发展生产力,逐步实现国家富强和人民共同富裕,有利于集中力量办大事,有效应对建设社会主义道路上的各种风险和挑战,有利于维护民族团结、社会稳定、国家统一,集中体现了社会主义的特点和优势。总之,社会主义制度在中国的确立,体现了中国近现代社会运动的客观规律,是党和人民历尽千辛万苦、付出各种代价取得的根本成就,为当代中国一切发展进步奠定了根本政治前提和制度基础,为中国发展富强、中国人民生活富裕奠定了坚实基础。只有社会主义才能救中国,这是一百多年来中国近现代历史发展得出的必然结论。

二、中国特色社会主义制度显示了强大的生机和活力

在中国这样一个曾经是半殖民地半封建的落后国家如何建设社会主义、如何巩固和发展社会主义,是前无古人的事业,没有现成的模式可以照搬照抄,必须在实践中不断探索。中华人民共和国六十多年的发展过程,是一个对中国社会主义建设规律不断探索的过程,其中有过挫折和失误。正是在不断积累经验和吸取教训的基础上,终于走出了中国特色社会主义这条属于自己的道路,其先进制度所蕴含的巨大能量得到充分的释放,从而开创出中国社会主义现代化建设的崭新局面。

一是保障了国家独立、主权和民族的团结。中国革命胜利以后,彻底废除了列强强加给中国的不平等条约和帝国主义在中国的一切特权,结束了被欺负和宰割的历史,实现了国家的独立和民族的解放。但如果没有强有力的领导、良性的制度和有效的治理,国家不能强大,胜利的成果也可能得而复失。从当今世界一些国家发生"颜色革命",国家陷入动荡和分裂的案例中

可见，这不是危言耸听。中华人民共和国成立以后，中国共产党创造性地建立了民族区域自治制度，维护了各民族的平等和团结。后来又创造性地提出"一国两制"的构想，香港、澳门顺利回归，并保持繁荣稳定。始终不渝加强国防建设，坚决遏制各种分裂活动，捍卫了国家安全和领土完整。

二是经济持续快速发展，国家走向繁荣富强。以前的中国社会长期处于落后状态，中华人民共和国成立时，接手的是一个一穷二白、衰落破败的烂摊子。然而，经过十七年，我国就初步建成具有相当规模和一定技术水平的工业体系，为后来的社会主义建设奠定了重要的物质技术基础。改革开放后，我国经济社会走上快速发展的轨道，综合国力显著增强。今天的中国，已经是世界上第二大经济体、第一大贸易国、第一大工业国、第一大外汇储备国、第二大对外投资国。国内生产总值由 1978 年的 3 679 亿元跃升到 2015 年的 685 506 亿元，人均国内生产总值从 1978 年的 385 元跃升到 2015 年的 49 992 元。从位于全球底部到碰触中等发达国家水平线，用几十年时间完成了一些西方发达国家几百年走过的历程，创造了人类发展史上新的奇迹。

三是人民生活水平和质量大幅提升。1978 年到 2015 年，农村居民人均纯收入从 134 元增长到 10 772 元，城镇居民人均可支配收入从 343 元增长到 31 790 元，人民生活水平实现了从温饱不足向总体小康并向全面小康迈进的历史性跨越。1949 年，中国人均寿命 45 岁；2015 年，中国人均预期寿命 76.34 岁。至 2015 年年底，中国网民规模已达 6.88 亿，手机网民规模达 6.2 亿。1978 年，城镇化率仅为 17.9%；2015 年，城镇化率已达 56.1%。这些数据从不同的侧面反映了人民生活水平和质量的提升。尤其是 1978 年以来，中国有 7 亿多人口摆脱贫困，占世界减贫人口的 70% 以上，为世界减贫事业做出了极大的贡献。

四是国际地位和影响力极大增强。中华人民共和国成立以后，一方面，我国政治、经济、军事、科技、文化等综合国力不断增强，对全球经济发展的贡献率越来越高，中国的发展道路也得到世界上越来越多国家特别是发展中国家的认可。另一方面，我国坚持独立自主的和平外交政策，加强同世界各国的合作，积极参与国际事务，在反对霸权主义、维护世界和平、促进共同发展中的作用和贡献越来越突出，赢得越来越多国家的信任和尊重，在国际事务中的影响力不断增大，已成为国际舞台上的一支重要力量，前所未有地走近世界舞台中心。

三、中国特色社会主义制度具有无可比拟的优越性

先进性、优越性是中国特色社会主义固有的价值特性。中国社会进步、国家富强、人民富裕的事实充分证明了中国特色社会主义制度是具有鲜明中国特色、明显制度优势的先进制度。

中国共产党坚强有力的领导,是推动国家富强、人民富裕和维护民族团结、社会稳定、国家统一最可靠的保证。中国共产党的领导是中国特色社会主义最本质的特征,是中国特色社会主义的最大优势。近百年来,中国做成了三件根本性的大事,实现了三次历史性飞跃:一是完成了新民主主义革命,建立中华人民共和国,彻底结束了中国半殖民地半封建社会历史,实现了从几千年封建专制向人民民主的伟大飞跃;二是完成了社会主义革命,建立了社会主义制度,推进了社会主义建设,实现了中华民族由不断衰落到持续走向繁荣富强的伟大飞跃;三是推动改革开放的历史进程,开辟了中国特色社会主义建设的新局面,实现了中国人民从站起来到富起来、强起来的伟大飞跃。这三件根本性大事,都是党团结带领中国人民经过长期艰苦奋斗得来的。其间,成千上万的共产党人为了民族独立和人民解放抛头颅、洒热血,前仆后继,义无反顾;一代又一代共产党人为了国家富强和人民幸福埋头苦干、无私奉献,展示了共产党人的为民情怀和高尚情操。广大共产党员以实际行动和牺牲证明了党是无产阶级先锋队的本质属性和无私、为民的高尚品格。历史以铁的事实告诉我们:历史和人民选择中国共产党领导中华民族伟大复兴的事业是正确的。

务实有效的人民民主制度,党的领导、人民当家作主、依法治国的有机统一,有力保障了生动活泼、安定团结的政治局面的形成和国家的长治久安。人民当家作主是社会主义国家的本质特征。发展社会主义民主,尊重人民主体地位、保证人民当家作主,是中国共产党一贯的主张、中国特色社会主义始终高扬的旗帜。毛泽东在延安窑洞回答黄炎培先生如何跳出历史周期率时说,我们已经找到了新路,这条新路,就是民主。无论是在革命时期还是在建设时期,我们党都始终不渝地探索民主的实现形式,推进人民民主。尤其是改革开放后,鉴于"文化大革命"的教训,党和国家加快了民主制度的完善和法治建设的步伐,民主和法治进展的成就有目共睹。到底以什么样

的形式实现民主,我们与西方是有根本分歧的。西方推崇的是被宣传为具有普世价值的"三权分立"。我国实行的是人民代表大会制度、中国共产党领导的多党合作和政治协商制度、民族区域自治制度、基层群众自治制度等。追求的基本价值导向是把根本政治制度、基本政治制度,同基本经济制度及各方面体制机制等具体制度有机结合起来,把国家层面民主制度同基层民主制度有机结合起来,把党的领导、人民当家作主、依法治国有机结合起来,把选举民主同协商民主结合起来,既依法保障人民参与民主选举、民主决策、民主管理、民主监督的权利,激发人民群众政治参与的积极性,营造一种生动活泼的政治局面,又能保证政治参与的有序和社会的稳定。虽然西方民主的具体制度中有些好的东西值得我们学习借鉴,但西方自我标榜他们的民主是最好的甚至是唯一的,具有普世价值,事实证明是站不住脚的,是荒谬的。一旦背离了国家、社会的发展进步和民众的利益,民主就失去了根本的意义。不同国家有不同的国情,即使在别的国家成功的东西也未必可以移植,移植的结果可能就是南橘北枳。

坚持公有制为主体的基本经济制度,充分发挥市场在资源配置中的决定性作用和更好发挥政府作用,既能激发经济社会发展的活力,也能保障社会公平正义和共同富裕。党的十一届三中全会以后,我国全面推进改革开放。在改革进程中,基本经济制度由单一的公有制转变为公有制为主体、多种所有制经济共同发展的格局,经济体制由计划经济转变为社会主义市场经济,形成了以按劳分配为主体、多种分配方式并存的新的分配制度,实行允许一部分地区、一部分人先富起来的政策。事实证明,这些改革十分必要,改革的成效也十分显著。特别是实行社会主义市场经济体制,全方位地改变了中国的经济运行方式、社会运行方式和政治运行方式,极大地解放和发展了生产力,激发了中国社会的活力和创造力,从而创造了中国发展的奇迹,社会主义制度的优越性得到充分体现。随着财富的不断积累、人民富裕程度的不断提高,一个新的问题又摆在我们面前,就是如何有效地保证社会公平正义和共同富裕。这个问题,在剥削阶级统治的社会不可能得到有效的解决。资本主义虽然创造了巨额的财富,但是其所具有的生产资料的私人所有、剥削雇佣劳动关系的制度痼疾、资本和资本占有者贪婪的本性、资产阶级的政治统治等本质特性,决定了资本主义没有也不可能解决这个问题。共同富裕是社会主义的本质特征,也只有社会主义才能实现真正的共同富裕。中国为什么不能搞全盘私有化？因为私有化必然导致严重的两极分化，导致社会丧失公平正义，"如果走资本主义道路，可以使中国百分之几的人富裕起来，但是绝对解决不了百分之九十几的人生活富裕的问题。"[1]虽然共同富裕是一个渐进的历史过程，不可能一蹴而就，但有抱定为劳动人民谋幸福宗旨的中国共产党执政，有以公有制为主体的制度保障，在历史的发展进程中，我们一定能更好地解决这个问题。习近平总书记在中央扶贫开发工作会议上强调，消除贫困、改善民生、逐步实现共同富裕，是社会主义的本质要求，是我们党的重要使命，要坚决打赢脱贫攻坚战，确保2020年所有贫困地区和贫困人口一道迈入全面小康社会。这就是最好的说明。

决策权、执行权、监督权既相互制约又相互协调的权力架构和运行机制，保证国家运转和社会治理的高效率，有利于集中力量办大事，有效应对各种风险挑战。现代国家的重要职能是对社会公共事务实行管理，包括推进经济、文化等方面的建设，维护社会政治稳定，等等。要实行有效的社会治理，就要对国家权力架构做制度设计和安排。制度设计和安排的要点是保证权力良性、有效地运行，即既要保持权力运行的效率，又要防止权力滥用。权力运行的效率反映执政的能力和绩效，效率不高就是执政能力不强、执政绩效不好，就会丧失民众的信任。资本主义国家的权力架构设计只不过是西方资产阶级维护其统治的工具，掩盖不了其虚伪性和欺骗性。毋庸讳言，我国的政治体制和权力架构也还需要在改革中不断完善。但从运行的情况和结果来看，我们的制度能够做到权力相互制约与相互协调的统一，保证执政者能够着眼人民整体利益和国家长远利益，科学及时决策、高效有力执行，把持续性与开拓性有效地结合起来，集中力量办大事，呈现一种极高的效率。特别是在应对自然灾害等各种风险挑战的时候，我们党和政府总揽全局、协调各方、快速应对，倾举国之力办大事、解难事的执政能力世所罕见。在中华人民共和国成立以来六十多年的前进道路上，我们遇到过的各种艰难险阻、风险挑战世所罕见，为什么每一次都能力挽狂澜、涉险过关？跟这种体制优势密切相关。

坚持与时俱进、勇于创新，坚持改革不动摇、不停步，具有强大的自我革新、自我完善的能力，这是中国特色社会主义制度始终保持强大生命力的根本特质。马克思主义认为，生产力和生产关系、经济基础和上层建筑之间

---

[1] 邓小平. 邓小平文选：第3卷[M]. 北京：人民出版社，1993：64.

的辩证运动是推动社会发展的内在动力。生产力的发展和经济基础的进步必然要求生产关系和上层建筑的变革与创新,生产关系和上层建筑的变革与创新又反过来促进生产力的发展和经济基础的进步。这种矛盾运动是一个永无止境的过程。我国社会主义制度正是在不断地改革和实践探索之中,不断地吸收人类创造的各种文明成果,不断地自我革新、自我完善,形成了中国特色社会主义制度体系。也就是说,中国特色社会主义制度就是自我革新、自我完善的产物。

实践永无止境,发展永无止境,中国特色社会主义制度自我革新、自我完善也不会有止境。习近平总书记在庆祝建党95周年大会上已经庄严宣告:"我们要以勇于自我革命的气魄、坚忍不拔的毅力推进改革,敢于向积存多年的顽瘴痼疾开刀,敢于触及深层次利益关系和矛盾,坚决冲破思想观念束缚,坚决破除利益固化藩篱,坚决清除妨碍社会生产力发展的体制机制障碍。"这种大无畏的自我革新气魄、强大的自我完善能力正是中国特色社会主义制度的一大优势,也是中国特色社会主义制度永葆旺盛生机和强大活力的动力之源。

中国特色社会主义制度是亿万人民的选择,是历史淬炼的必然,是中国这艘巨轮不断奋勇向前的制度保证。站在时代的新起点,广大党员干部应该坚定不移地增强制度自信,坚信中国特色社会主义制度一定能够领航中国实现"两个一百年"奋斗目标、实现中华民族伟大复兴的中国梦。

(本文刊登于《党建研究》,2016年12月第12期)

第四部分
反腐倡廉建设研究

系统理论视域中的反腐倡廉建设

坚持不懈地开展反腐败斗争，是我们党在长期执政实践中形成的基本经验。中华人民共和国成立以来，我们党始终重视反腐倡廉建设，经过几代中央领导集体的不断推进，不仅取得了显著的成效，也积累了丰富的经验。党的十六大以后，反腐倡廉建设呈现出一个显著的特点，就是贯彻标本兼治、综合治理、惩防并举、注重预防的基本方针，把惩处和预防腐败作为一项系统工程来建设，实现了从权力反腐向制度反腐、从侧重惩处向综合治理的历史性跨越。当前，一些腐败现象仍然比较突出，反腐败的形势仍然严峻，任务仍然艰巨。随着腐败现象所出现的新情况和新趋向，反腐倡廉建设也需要不断地改革创新，必须坚持这一基本方针和基本思路，这一点是不能动摇的。我们的改革创新就是要不断地充实和完善反腐倡廉建设这一系统工程。

一

首先，腐败的顽固性决定了反腐倡廉建设必须是一项系统工程。腐败问题是一个历史性顽疾，也是世界各国共同面对的难题。可能我们无法考证腐败最初滋生的具体时间，但有一点可以肯定，腐败一定是私有制的产物。虽然东方文化强调的是"人之初，性本善"，人性之恶是后天才有的，西方文化相信的是人性本身就有懒惰和贪欲，但有一点是共同的，在私有制诞生以后，人就有了私欲。当人类开始群居并有剩余物资可以分配进而成为社会以后，公权力也就诞生了。当掌握了公权力的人不能出于公心而是私欲膨胀的时候，公权力和私欲就结合了，权力就出现异化，腐败也由此而滋生。因此，自从人类社会产生以来，腐败就成为每个政府都必须面对的问题。从中国历史来看，长达数千年的封建社会的每一个朝代都曾出现过严重的腐败问题，很多朝代的衰亡都跟腐败有着直接的关系。进入现代，国民党政府也没有脱得了这个窠臼，虽然其掌握中国政权的时间并不长，但贪腐之风十分严重。1949年当其垮台的时候，美国大使司徒雷登对国民党的军官们说："共产党战胜你们的不是飞机大炮，而是廉洁，是靠廉洁换得的民心。"[1] 就世界而言，全球所有国家也都发生过严重的腐败，如1959年以前的新加坡、1900年以前的美国等。腐败问题也曾经对一些国家的经济社会发展造成严重的消极影响，甚至引发政治动乱和革命，导致一些国家的政权更迭。

其次，古今中外反腐败的经验和教训也说明，只有把反腐倡廉建设作为系统工程，实行综合治理，才能取得良好的成效。腐败与反腐败是一对矛盾，有腐败存在，就会有反腐败。腐败必然丧失民心，导致一系列严重的经济、政治恶果，因此，从历史上看，中国历朝历代凡是清醒的统治者都要反对腐败；从当今世界来看，反对腐败也是绝大多数国家的共识；但从客观效果来看，有的比较成功，有的不成功。其中的经验和教训很值得我们加以总结。

反对腐败，旗帜鲜明的态度与坚定不移的决心固然重要，科学的方式方法与正确的途径也同样重要。正如毛泽东所说，我们的任务是过河，但是没有桥或没有船就不能过。方法和途径得当，就会有显著成效并长治久安；反之，则可能是只治标而不能治本，只治一时而不能治长久。明朝朱元璋极度痛恨官员的贪污腐败，希望用刀剑砍杀缔造一个绝无贪污、纯而又纯的世界。他采取了诸如剥皮揎草等极其严酷的手段来整治腐败，诛杀了一批又一批的官员，虽然在一定程度上起到了震慑的作用，但因其缺乏整体的制度部署而效果有限，连他自己也感叹"奈何朝杀而暮犯"。在朱元璋、朱棣之后不久，腐败很快就死灰复燃，卷土重来，并成泛滥不可收拾之势。

近代以来，世界上许多国家和地区都跟腐败进行了不懈的战斗，有些国家和地区比较成功，诸如美国、英国、德国等欧美国家，新加坡、日本、中国香港等东亚国家或地区。研究它们的做法，成功的经验就是系统部署，综合治理。美国曾经也是腐败高发，但目前已是世界公认的腐败程度较低的国家之一，主要就是在一百多年时间里，建立了一套有效防治腐败的法规制度和管理方法体系。美国成立了联邦道德署，制定了全面详尽的《行政部门雇员道德行为准则》，负责监测检查政府雇员的财产申报等从政行为。大力实施政务公开，除了军事、外交和涉及个人隐私的人事档案以外，美国从联邦政府到市政府的一切政务、记录、文件和档案都公开透明，任何人都可以随

---

[1] 李源潮. 共产党的干部必须清正廉洁[N]. 学习时报，2009-10-19.

时调阅。美国从联邦、州到县、市政府，都制定了一套完善的防止政府雇员营私舞弊和贪污腐败的相关法规及配套制度，并建立了一套与之相适应的、配套的诸如高薪、退休、医疗以支撑养廉的政策体系。在监督方面是社会广泛参与，以法律为准、司法独立、多极监管、互相监督等机制，严密有力，一旦有腐败行为，曝光发案的可能性非常大，很难侥幸逃脱，政府雇员不能也无法腐败。[1]

我们党坚决反对腐败的决心是始终一贯的，反腐败的措施是在实践中不断完善的。在执政前夕，毛泽东在党的七届二中全会上就提出了"两个务必"，提醒党的干部要防止糖衣炮弹的袭击。中华人民共和国成立以后，对腐败始终保持了从严惩处的高压态势，在当时的条件下，腐败问题并不突出，这种惩处手段的震慑作用是十分有效的。1978年以后，随着改革开放和市场经济的不断深入发展，腐败问题一度比较突出，邓小平强调"一手抓改革开放，一手抓惩治腐败"，把反腐败上升到党的生死存亡的高度加以认识，表明了坚决惩治腐败的态度。20世纪90年代初，以江泽民为核心的党的第三代中央领导集体，深入探讨腐败的社会历史根源，提出了"标本兼治、综合治理"的反腐倡廉的方针，反腐倡廉建设已经呈现了系统化治理的新思路。党的十六大以后，以胡锦涛为核心的党的第四代中央领导集体在全面总结和继承三代中央领导集体思想的基础上，根据反腐倡廉建设所面临的新形势、新情况，合理借鉴和吸收世界各国成功的做法和经验，提出了以完善惩治和预防腐败体系为重点，更加注重治本，更加注重预防，更加注重制度建设的战略指导思想，把反腐倡廉建设构建成一种综合性、立体化、网络状的系统工程。由此可见，我们党的反腐倡廉建设的指导方针和基本思路也是在实践的基础上不断发展和完善的，而这种发展和完善标志着党的建设科学化水平的不断提高。

二

系统论认为，由两个以上因素组合而成具有一定结构的整体就是一个系统。系统是由若干相互联系、相互制约的组成部分结合在一起并具有特定功能的有机整体。这些组成部分通常被称为子系统，而这些子系统本身又可以

---

[1] 陈则孚. 美国防治腐败的一些做法［N］. 学习时报，2009-11-30.

看成是它所从属的那个更大系统的组成部分。

在党的十七大确定以完善惩治和预防腐败体系为重点加强反腐倡廉建设的战略指导思想以来，2005年1月中共中央颁布了《建立健全教育、制度、监督并重的惩治和预防腐败体系实施纲要》，2008年5月中共中央又颁布了《建立健全惩治和预防腐败体系2008—2012年工作规划》，2009年召开的十七届四中全会对加快推进惩治和预防腐败体系建设又做了具体部署。从系统论的视角来分析惩治和预防腐败体系的架构，它主要包含四个子系统。

一是教育。教育可以改变人的习性，教育可以塑造人的品格。因为人的行为总是受意识支配的，如果能构筑牢固的道德防线，就能抵御各种诱惑和不良风尚的侵袭。中国封建社会在很多时期官场都是污秽不堪，但即使在这样的环境中也出了不少洁身自好的清官，其定力主要来源于他们的道德操守。当今现实生活中，不少腐败分子都有一个渐变的过程，而"变"的原因中有一点就是忽视学习，放松了世界观、人生观的改造，理想、信念和道德发生了动摇。正如江泽民同志所说："一些党员和干部犯错误，包括以权谋私、违法乱纪，同思想上懒惰、不注意学习、不注意修养，是密切相关的。不加强学习，不注意修养，思想境界低下，就会浑浑噩噩，分不清哪些东西是好的，哪些东西是不好的，哪些是应该倡导的，哪些是应该抵制的，在自己的头脑里就没有正确的是非界限、政治界限。在这种状况下，哪能不犯错误？"[1] 因此，教育具有基础性的作用，在反腐倡廉建设中是不能忽视和放松的。

按照中央的要求，对党员干部的思想政治教育是全方位的。最根本是要用马克思主义和中国特色社会主义理论体系武装头脑，模范学习践行社会主义核心价值体系，增强党的意识、宗旨意识、执政意识、大局意识、责任意识，坚决抵制各种错误思想影响，始终保持立场坚定、头脑清醒，打牢廉洁从政的思想政治基础。在廉洁从政教育方面，重点是要贯彻为民、务实、清廉的要求，深入开展党性党风党纪教育，有针对性地开展示范教育、警示教育、岗位廉政教育，教育引导领导干部常怀律己之心，严格遵守党的政治纪律、组织纪律、经济工作纪律、群众工作纪律和廉洁自律各项规定，自觉接受各种监督，提高思想政治素质，提高为人民掌好权用好权的自觉性，提高

---

[1] 中共中央政策研究室，中共中央文献研究室. 江泽民论加强和改进执政党建设：专题摘编[M]. 北京：中央文献出版社，研究出版社，2004：366.

抵御外部各种错误思想侵袭的自觉性,提高模范遵纪守法的自觉性。

二是制度建设。邓小平早就说过:"制度好可以使坏人无法任意横行,制度不好可以使好人无法充分做好事,甚至会走向反面。"[1] 中华人民共和国成立以后,我们党曾经犯过的一些错误,特别是"文化大革命"的惨痛教训告诉我们,制度带有全局性、根本性的意义。也正是吸取了这一教训,党的十一届三中全会以后,我国开始了法制化的进程。在三十多年的时间里,我国制定了大量的法规和制度,走上了依法治国的道路。

惩治和预防腐败也必须纳入法制的轨道,因此,制度建设在惩治和预防腐败体系中也处于十分重要的位置。制度建设的基本要求是用制度管权、管事、管人,使公务人员的行为有章可循而不能腐败和无法腐败。制度建设涉及国家政治经济社会生活的方方面面,任务十分繁重。事实充分证明,绝对的权力必然导致绝对的腐败,腐败总是围绕权力而滋生。因此,制度建设的核心问题是对权力的规范和制约,防止权力滥用,防止利用权力营私舞弊和贪污腐败。这几年,按照建立健全决策权、执行权、监督权既相互制约又相互协调的权力结构和运行机制的要求,从中央到地方,将制度建设与深化改革同步推进,在深化改革中健全相关制度,理顺体制机制,在科学界定权力职能,厘清权力界限,规范、制约权力行为,避免权力的越位、错位和缺位,使领导干部切实做到依法用权、有限用权、公正用权,减少权力寻租的机会等方面都取得了显著的成效。在规范包括离退休在内的领导干部的行为,整治和防止领导干部利用职务便利为本人或特定关系人谋取不正当利益方面,也出台了大量的制度和规定。这些制度和规定明确了领导干部行为的准则,也为监督和惩治腐败提供了依据,对惩治和预防腐败具有十分重要的意义。

三是监督。监督是惩治和预防腐败最有力的手段。只有建立一套严密有力的监督机制,使权力在众目睽睽之下运行,让腐败行为和腐败分子很难侥幸逃脱,反腐败才具有强大的威慑力,各项法规制度的执行也才能得到有力保障。监督机制的建立和完善主要涉及几个方面。

首先是明确监督的对象和重点。监督的基本对象是所有与公权力相关的人员和活动。其中的重点是领导干部特别是主要领导干部。根据权力运行的基本规律和当前腐败行为的趋向,中央明确两个方面的监督要特别加强:一

---

[1] 邓小平. 邓小平文选:第2卷[M]. 2版. 北京:人民出版社,1994:333.

是加强对领导机关、领导干部特别是各级领导班子主要负责人遵守党的政治纪律情况、贯彻落实科学发展观情况、执行民主集中制情况、落实廉洁自律规定情况等方面的监督；二是加强对重要领域和关键环节权力行使的监督，主要是对干部人事权、司法权、行政审批权和行政执法权的行使加强监督，对财政资金和金融、国有资产要加强监管，遏制这些领域腐败多发高发的态势。

其次是拓展监督的途径和措施。真正严密有力的监督应该是包括了体制内部和外部、横向和纵向的多管齐下，互相制约的监督。这几年，我国在拓展监督渠道方面做了有效的探索。如在内部监督方面，建立了领导干部述职述廉、诫勉谈话、质询、函询、罢免或撤换制度，推行了领导干部任前公示制、问责制、廉政承诺制、行政执法责任制，探索了同级党代表大会代表、全委会对常委会工作进行评议监督制度，加强了上级党委对下级领导干部经常性考察和定期考核机制，加强了巡视工作，等等。在社会监督方面，通过规范政府行为，推进权力运行程序化和政府信息公开，将涉及群众切身利益的重大决策都向社会公开，接受群众监督。健全信访举报工作机制，电话、网络举报和受理机制，网络信息收集和处置机制等，监督渠道有了明显拓展。

最后是发挥各监督主体的作用。按照相关的法律和制度，我们国家对公权力的监督主体是多方面的，其中包括党内监督、人大监督、政府专门机关监督、司法监督、政协民主监督、人民群众监督、舆论监督等。其中，既要通过法律法规赋予各类主体明确的权限，充分发挥各自的监督作用，也要注重相互之间的协调配合，增强监督的合力。

四是惩治。旗帜鲜明地反对腐败，保持惩治腐败高压态势，决不让任何腐败分子逃脱党纪国法的惩处，这既是我们党一贯的态度，也是反腐倡廉建设必须始终坚持的基本方针。我们党执政以来，特别是改革开放以来，始终保持查办违法违纪案件的工作力度，重点查办领导干部的腐败案件。查处了陈希同、成克杰、陈良宇、杜世成、郑筱萸、王怀忠等少数高级干部严重违纪案件，形成了强大的威慑力，对遏制腐败发挥了重要的作用。党的十七届四中全会进一步明确，为坚决遏制一些领域腐败现象易发多发的势头，要加大查办案件的工作力度，严肃查办发生在领导机关和领导干部中滥用职权、贪污受贿、腐化堕落、失职渎职案件，严肃查办商业贿赂案件和严重侵害群众利益案件，严肃查办群体性事件和重大责任事故背后的腐败案件。

三

惩治和预防腐败体系的构建已经为我国未来的反腐倡廉工作奠定了最重要的基础，对腐败现象的滋生和蔓延也必将产生强有力的遏制作用。同时，我们也必须清醒地看到，反腐倡廉建设是一项长期的历史任务，完善惩治和预防腐败体系也必然是一个长期的过程，仍需要我们做不懈的努力。

（一）不断改革创新，充实、完善惩治和预防腐败体系各组成部分的内涵，优化其内在结构

实践没有止境，创新永无止境。以改革创新精神推动党的建设是我们党的一个基本方针。随着我国经济社会的发展，一系列新情况、新问题的出现，随着腐败现象所出现的新的发展取向，惩治和预防腐败体系的建设必须不断地创新。而惩治和预防腐败体系本来就是一个开放的体系，也只有在不断的创新中它才能具有强大的生命力。

反腐倡廉的宣传教育要创新。思想政治教育是共产党的一大优势，围绕廉洁自律我们以往也做了大量教育工作，但成效并不十分理想，其中的一个突出问题是重点不突出，针对性不强。为此，笔者建议教育的重点一定要紧紧抓住公职人员道德行为规范这条主线。应由中央制定国家公职人员道德行为准则，并以法律的形式固定下来。然后可由不同的系统依据准则结合各自的工作特点制定本系统公职人员的行为规范。在此基础上，对所有公职人员进行专门的培训，并形成制度，常抓不懈。经过长期的努力，一定要让"能做什么，不能做什么"的基本理念和规范融入每个公职人员的血脉之中。

反腐倡廉的制度建设要创新。党的十七届四中全会明确提出"推进反腐倡廉的制度创新"，这是我们党在正式文件中第一次把制度创新作为反腐倡廉的重要举措，可见制度创新的重要性。笔者认为，制度创新要注重几个方面：一是完善制度，扩大覆盖面，最大限度地减少体制障碍和制度漏洞；二是增强制度的针对性，针对目前腐败现象所呈现出的一些新的发展取向要抓紧制定一批法规制度，以有效地遏制腐败；三是要突出重点，切中要害，有些对遏制腐败具有整体效应的制度要尽快出台。如已在全球90多个国家实

行并被证明对惩治和预防腐败具有重要作用的官员财产申报制度,虽然目前在我国实施该制度的配套条件还不尽成熟,但我国一定要抓紧时机创造条件,下决心尽早出台。

反腐倡廉的监督机制要创新。总体上说,目前的监督机制还不完善,监督力度还不够,表现在体制内和体制外两个方面,其中突出的是体制外监督缺失。就体制内而言,虽然党内有纪律检查委员会,政府有监察、审计等专门机构负责监督工作,但赋予它们的权限不够。体制外的问题更突出,主要是参与监督的社会力量不足。事实证明,腐败分子最害怕的是群众监督、舆论监督,因为人民群众的眼睛最亮,舆论的影响力广泛,可以到达腐败分子的权限够不着的地方。我们要吸取历史的教训,反腐败不能搞群众运动,但开通正常渠道让人民群众、非政府社会组织和新闻媒体参与监督,并将其纳入法制的轨道,这既是落实人民群众监督权的必要举措,也会对腐败分子产生强大的威慑作用。

(二)注重反腐倡廉建设各项举措之间的协调和配套,充分发挥系统的整体合力功能

系统的最重要的特征是它的整体性。所谓整体性,是指系统所属的各子系统之间不是机械的汇聚和简单的叠加,而是互相联系、互相作用的有机的整体。系统的功能当然跟各子系统的功能发挥相关,但更主要的是因其组合而产生的合力,因为整体大于各孤立部分之和。我们党之所以把教育、制度、监督、惩治等各项举措整合到一起来构建一个惩治和预防腐败体系,就是因为各项举措之间本来就有种种内在的有机联系。没有教育,制度不可能得到自觉的执行;没有完善的制度,教育、监督、惩治都无从下手;如果没有严格的监管,再好的制度也可能流于形式,成为一纸空文,查办的一些典型案例,恰恰正是警示教育的最好材料。因此,惩治和预防腐败体系合力功能的发挥是反腐倡廉建设能否取得更好实效的关键。

要发挥好整体的合力功能,就必须强化体系的整体性。首先,从中央、地方到每一个具体的单位,在部署反腐倡廉建设工作时,必须坚持统筹部署,多管齐下,综合治理,加大教育、监督、改革、制度创新的力度,在各项措施的落实上增强协同性,不能有任何的偏废或顾此失彼。其次,要高度重视各项举措之间的衔接和配套。比如,制度与制度之间、制度与政策之间要配套，不能互相矛盾和冲突，使人无所适从。再比如，制度一旦建立，宣传教育必须随即跟上，而且必须进行强有力的监督检查，一旦出现违背制度的情况就必须进行严肃查处，只有这样，才能维护制度的严肃性，保证制度得到有效执行。改革开放以来，中央和地方在反腐倡廉建设方面所建立的法规制度已达上千项之多，有些制度执行得并不理想，其主要原因就是缺乏相应的配套措施。

（三）协调好反腐倡廉建设与外部环境之间的关系，不断取得反腐败斗争新成效

系统论认为，系统具有开放性，任何一个系统与外部环境之间都有着割不断的联系，它既是一个自己独立的整体，同时也是高一层次的子系统。就反腐倡廉建设工作而言，它既是党的建设"五位一体"中的一部分，也是社会主义现代化总体布局中的一个子系统。惩治和预防腐败体系作为一个开放的体系，它既作用于外部环境，也受外部环境的制约。因此，从各方面创造条件，营造良好的环境氛围，对预防腐败体系功能的发挥，对能否更有效的预防腐败，不断取得反腐败斗争新成效非常重要，在某种程度上甚至具有决定性意义。

加快推进政治体制改革，以体制的力量有效地遏制腐败。邓小平早在20世纪80年代初就指出："党和国家现行的一些具体制度中，还存在不少的弊端，妨碍甚至严重妨碍社会主义优越性的发挥。如不认真改革，就很难适应现代化建设的迫切需要，我们就要严重地脱离广大群众。"[1] 腐败的滋生和蔓延，是社会的、历史的多种因素综合作用的结果，但跟我国的政治体制方面存在的严重缺陷和弊端有很大的关系，如邓小平当年所批评的官僚主义现象、权力过分集中现象、家长制现象、形形色色的特权现象等，经过三十多年的改革，虽然有改观，但并没有真正的消除。而这些问题，恰恰就是产生腐败的温床。这几年暴露的腐败问题，为何在"一把手"身上比较突出，就是他们手中的权力过于集中，缺少监督，难以监督。因此，只有不断完善社会主义民主制度，加强社会主义法制建设，改革和完善党的领导方式和执政方式，深化行政管理体制改革，加快推进司法体制、干部人事制度等方面的改革，加强对权力的制约和监督，发展社会主义民主政治，建设社会主义法

---

[1] 邓小平．邓小平文选：第2卷［M］．2版．北京：人民出版社，1994：327．

治国家，才能真正从源头上防治腐败，对腐败的滋生和蔓延起到一种釜底抽薪的作用。

深化干部人事制度改革，以提高选人用人的公信度来推动反腐倡廉建设。毛泽东说，政治路线确定以后，干部就是决定的因素。对于反腐倡廉建设而言，道理也是如此。目前，在干部队伍建设方面有两个问题必须引起我们高度警觉：一是少数领导干部特别是高级干部中发生的腐败案件影响恶劣，严重地损害了党的形象和干部队伍的形象；二是跑官要官、买官卖官等吏治腐败问题屡禁不止时有发生，已经成为腐败的一种新的发展取向。特别需要强调的是，中国历朝历代的历史事实证明，吏治腐败具有特别强的危害性和腐蚀性，一旦吏治腐败成泛滥不可收拾之势，整个官场和社会的风气就会乌烟瘴气。因此，必须加以坚决的遏制，否则，党和国家就有危险。如何遏制吏治腐败，实现吏治清明？关键是要深化干部人事制度改革。为此，党的十七届四中全会通过的《中共中央关于加强和改进新形势下党的建设若干重大问题的决定》将其作为加强和改进党的建设若干重大问题之一，进行了专门阐述和部署，明确要坚持德才兼备、以德为先用人标准，完善干部选拔任用机制，健全干部管理机制。可以相信，随着这些措施的落实，不仅会对干部队伍建设产生重要的推动作用，也必将对反腐倡廉建设产生重要的推动作用。

大力开展廉政文化建设，净化滋生腐败的土壤。毫无疑问，党风、政风在整个社会精神文明建设中具有示范作用，我们应该以良好的党风、政风来引领社会风气。但党风、政风和社会风气是互相影响和作用的，各种腐败现象会助长社会不良风气，社会不良风气也会影响党风、政风。目前的奢侈浪费、诚信缺少等不良之风比较突出，一些腐朽落后的文化也在毒害着人们的思想，这都对腐败的滋生具有影响。因此，我们必须大力推进社会主义核心价值体系建设，以马克思主义的指导思想、以爱国主义为核心的民族精神和以改革创新精神为核心的时代精神、以社会主义荣辱观，来引领社会思潮，将社会主义的主流价值观念渗透到社会生活的各个方面，并转化为社会群体意识和道德风尚。大力加强廉政文化建设，结合社会公德、职业道德、家庭美德、个人品德和法制教育，开展丰富多彩的廉政文化创建活动，营造一种"以廉为荣，以贪为耻"的社会风尚，增强全社会反腐倡廉意识，促进党风、政风和社会风气的整体性好转。

［本文刊登于《苏州大学学报（哲学社会科学版）》，2010年9月第5期］

防范脱离群众危险的思考

党的十八大报告指出了我们党面临的"四大考验"和"四种危险",强调要坚持以人为本、执政为民,始终保持党同人民群众的血肉联系。密切联系群众是我们党最大的政治优势,也是革命、建设和改革取得胜利的重要法宝。但也必须清醒地看到,当前,在党内存在的种种脱离群众的问题已经使我们党最大的政治优势面临着严峻考验。比如,一些领导干部宗旨观念淡化,走不进基层,瞧不起群众,不会做群众工作;一些领导干部热衷于数字工程、形象工程,为了个人的政绩干一些劳民伤财、违背群众意愿的事,损害了群众利益;一些领导干部以权谋私、权钱交易、贪污受贿,严重损害党的形象。

党的先进性和执政地位不是与生俱来的,也不是一劳永逸的。作为一个长期执政的党,如果丧失人民群众的信任和支持,我们就不可能有任何的力量,也就谈不上先进性,执政地位也有可能丧失。正是从这个意义上说,能否始终保持党同人民群众的血肉联系,关系到党和国家的兴衰存亡。因此,我们必须要有强烈的忧患意识,深刻汲取历史的经验和教训,深刻认识始终保持党同人民群众血肉联系的重要性,深刻认识脱离群众的严重后果,努力做好新形势下的群众工作,切实防范和化解脱离群众危险,巩固党的执政基础和执政地位。

一、保持党的先进性和纯洁性,切实维护党在人民群众心目中的良好形象

党的形象,是保持党同人民群众血肉联系最重要的基础。形象好,威信高,人民群众才会发自内心地信任、拥护和支持。党的形象不是抽象的,而是具体的,由党的组织和党员干部的实际行动来体现。邓小平曾告诫我们:"这个党该抓了,不抓不行了。"保持党的先进性和纯洁性,要求我们坚持党

要管党、从严治党，不断增强自我净化、自我完善、自我革新、自我提高的能力，始终保持党的性质和宗旨，永葆共产党人政治本色。一是加强思想建设，教育引导广大党员、干部坚定理想信念，坚守共产党人精神追求，解决好一些党员干部理想信念上存在的问题；二是加强对党员的教育管理，把好入口，疏通出口，健全党员能进能出机制，优化党员队伍结构，提高党员队伍的质量；三是完善干部选拔任用机制、考核评价机制和退出机制，解决干部能上不能下、能进不能出的问题，真正任用那些党和人民信得过的干部，切实支持那些干得好的干部，决不姑息那些干不好、出问题的干部；四是力戒形式主义、官僚主义、奢侈浪费等党内不正之风，鞭策和激励党员、干部继承发扬党的优良传统，深入基层，深入群众，了解民生疾苦，体察民情民意，增进同人民群众的感情；五是完善惩防体系建设，健全反腐败法律制度，加大打击力度，坚决遏制腐败现象易发多发的势头，以反腐败的实际成效取信于民，做到干部清正、政府清廉、政治清明。

二、切实保障和改善民生，维护最广大人民的根本利益

历史唯物主义认为，人们所奋斗的一切，都跟他们的利益有关。提高人民物质文化生活水平，是改革开放和社会主义现代化建设的根本目的。只有始终为人民谋利益、谋幸福，党才能具有强大的凝聚力和号召力。在民主革命时期，我们党之所以能始终做到同人民群众心连心、心贴心，就是因为我们党能想群众所想，急群众所急，把群众利益作为制定政策和行动的最高准则，给群众看得见的利益。当前，社会结构发生深刻变化，利益格局发生深刻调整，人民群众的阶层构成和利益诉求趋于多元，任何一项利好政策的覆盖面都有一定的限度。但办好事、谋利益，让人民群众满意，是党永恒不变的追求。一是注重保障和改善民生，多谋民生之利，多解民生之忧，解决好人民最关心最直接最现实的利益问题；二是解决好那些涉及大多数人切身利益、为社会广泛关注的热点难点问题，如就业、读书、看病、住房、征地拆迁、社会保障、环境保护、食品药品安全等，在学有所教、劳有所得、病有所医、老有所养、住有所居上持续取得新进展，努力让人民过上更好生活；三是运用各种政策杠杆调节收入分配，缩小贫富差距，促进共同富裕；四是在兼顾不同阶层群众利益的政策前提下，更多地关心社会弱势群体，给下岗

失业人员、城乡贫困人员、老弱病残人员等困难群体以更多的感情投入和更有力的政策扶持，保障他们的基本生活。

三、切实转变干部作风，拓展与人民群众联系的渠道

重视作风建设是我们党的优良传统，善于做群众工作是我们党的看家本领。群众工作的本质是做人的工作，深厚的感情是做好群众工作的基本前提，而深厚的感情只有在交往交流中才能建立。各级领导干部应更多地深入基层调查研究，倾听群众的心声，了解群众的疾苦，解决群众的困难；在工人、农民、知识分子和其他群众中广交朋友，鼓励他们反映真实情况，发现处于萌芽状态的问题；带头参加结对帮扶困难群众、主题实践、设岗定责、社会公益等活动，在各种活动中了解群众，也让群众了解自己；花更多的时间接待群众，解决好各种疑难问题。总的说来，要深得下去，扎得住根，把得住脉，听得见群众的心声，培养与群众的感情，解决好群众关心的问题。

我们欣喜地看到，近年来，在中央的大力倡导和推动下，各地相继出台了若干制度和规定，领导干部下基层活动取得了较好效果。特别是党的十八大以后，新一届中央领导集体做出关于改进工作作风、密切联系群众的八项规定，并以身作则、带头执行，使党的作风建设在全国出现了新气象、新面貌和新成效。

四、努力化解各种社会矛盾，推动社会和谐、人民生活幸福

矛盾在任何时候都是普遍存在的，没有矛盾，就没有发展。有矛盾不可怕，但如果任其积累就是不负责任。应当清醒地看到，当前我国社会的矛盾明显增多，关系群众切身利益的难题较多，如果不能及时化解，不仅会严重影响党群关系，也会严重影响社会稳定，影响现代化建设的大局。

努力防范和化解社会矛盾，一要善于发现矛盾。不同历史时期、不同地方和单位的矛盾存在和表现方式是不一样的，领导干部要深入实际，了解实情，增强预见性，善于从蛛丝马迹中发现动向，做到未雨绸缪，将矛盾化解在萌芽状态。二要勇于面对矛盾。迎难而上、勇于担当是领导干部应有的品格和责任，矛盾问题往往牵涉群众的切身利益，有的比较复杂，处理起来也

非常棘手，但不管什么情况，领导干部都要直面矛盾、不能回避。如果遇到困难绕道走，见到难题就躲避，就是对党、对群众不负责任，也是对自己不负责任。三要正确处理矛盾。化解矛盾冲突切忌头痛医头、脚痛医脚，谨防"按了葫芦浮了瓢"，要努力摆脱人治模式，下大力气将矛盾冲突纳入法制化轨道来解决。要综合运用政策、法律、经济、行政等手段和教育、协调、调解等方法，依法及时合理地处理群众反映的各种问题。"谁言寸草心，报得三春晖。"只要我们真心实意为民，把实事办实，把好事办好，就一定能得到人民群众真诚的拥护和支持。

（本文刊登于《党建研究》，2013年2月第2期）

提高高校反腐倡廉制度的执行力

习近平总书记在中共中央政治局第五次集体学习时强调,要更加科学有效地防治腐败,全面推进惩治和预防腐败体系建设,提高反腐败法律制度执行力,让法律制度刚性运行。作为开展反腐倡廉工作的重要阵地,近年来,高校在反腐倡廉制度建设中取得了巨大进展,但仍面临严峻形势。究其原因,反腐倡廉制度欠缺执行力是其重要原因之一。在一定意义上,有制度而不执行或执行不力比没有制度更容易让民众对反腐倡廉建设失去信心,因此,提高高校反腐倡廉制度的执行力迫在眉睫。

一、制约高校反腐倡廉制度执行力的因素

制度本身存在一定缺陷。实践中,高校反腐倡廉制度存在不少问题。一是制度体系有缺位。一些高校在工程基建、物资采购、财务管理、招生录取、非学历教育等领域的制度建设仍较为薄弱。二是制度针对性不强。有些高校照搬其他院校的反腐倡廉制度,没有结合本校廉政建设和反腐败斗争实际。三是制度操作性较差。有些高校反腐倡廉制度内容空洞、要求笼统,宣示性规定较多,缺乏操作性较强的惩戒性规定。

遵纪守法的意识和氛围尚未完全形成。长期熟人社会所形成的人情文化在当代中国仍极为盛行,公众对法律、制度缺乏应有的尊重和敬畏之心,热衷于"潜规则"、搞变通。高校虽然是汇聚才智、传播知识、引领风尚的场所,但其反腐倡廉建设也难以避免地受到前述不利因素的影响。有些高校的领导干部遵守制度的自觉性较差,认为制度是规范别人的,不仅没做好表率作用,甚至带头破坏制度,严重削弱了制度的严肃性和权威性。

监督力度不足。从监督主体上看,现阶段高校反腐倡廉监督主要依靠学校纪检监察机构,审计、教代会、工会、师生员工的监督作用尚未得到有效发挥。而高校纪检监察机构普遍存在人员少、年龄老化、流动难等问题,且

缺乏系统的专业学习培训，导致高校在某些方面存在着监督检查力度不够、手段不多、方法不新、机制不灵等问题。从监督客体上看，高校的环境较为宽松，部分高校干部存在不愿意接受监督、害怕被监督等思想意识，在一定程度上给监督工作带来阻力。从监督程序上看，不少高校对监督的职责划分、监督事项等实体性问题规定较多，对监督的程序性规定较为薄弱，使得监督制度体系难以有效顺畅运行，严重制约了高校反腐倡廉制度的执行力。

责任追究不到位。只有进行严格的责任追究，才能防止"破窗效应"，真正树立高校反腐倡廉制度的权威性，强化制度的执行力。然而，不少高校尚未建立切实可行的责任追究制度，已建立的也未得到严格执行。部分高校领导者担心严格责任追究会影响学校干部队伍稳定，影响学校事业发展和对外声誉，从而对一些违纪案件的责任追究往往是高高举起、轻轻放下。这强化了部分高校领导干部"法不责众"的思想意识，导致一些高校反腐倡廉制度形同虚设。

二、提高高校反腐倡廉制度执行力的对策

建立健全高校反腐倡廉制度体系。一要突出针对性。要立足于高校管理中存在的薄弱环节和突出问题，分析原因，查找制度缺失和漏洞，研究制定切实可行的措施办法。二要加强可操作性。注重完善各类程序性和责任性规定，使制度立得住、行得畅。三要注重系统性。高校各单项制度的制定与修改，要与其他相关制度协调配合，使高校整体反腐倡廉制度彼此衔接、环环相扣、配套完善。四要强化制度刚性。尽量避免使用高度抽象的语言表述，尽量减少制度执行的自由裁量权。

强化监督检查。一要明确监督责任。要严格执行党风廉政建设责任制，按照"谁主管、谁负责"的原则，把反腐倡廉任务详细分解到每个相关职能部门和领导干部，明确到具体岗位、具体责任人；要建立科学的制度执行考评体系，将党风廉政建设责任制落实情况作为岗位考核、干部任用、职务评聘、评奖评优的重要依据。二要突出监督重点。要强化对高校重点领域和关键环节的监督，确定廉政风险点，锁定重点部位和关键环节，作为监督检查的重点，以点带面，增强监督检查的有效性和权威性。三要形成监督合力。要不断拓宽监督渠道，充分发挥纪检、监察、审计、教代会、工会、师生员

工等各类监督主体的监督作用，综合运用党内监督和党外监督、自上而下的监督和自下而上的监督等多种形式，逐步形成有效的监督机制，形成监督合力。

严格责任追究。一要建立明确的责任追究制度。要对责任细化分解，形成客观、全面的责任认定办法，构建横向到边、纵向到底、环环相扣、逐级负责的责任网络。二要严格责任追究。对于有令不行、有禁不止、随意变通、恶意规避等严重违反制度的行为，一定要坚决查处；对于涉嫌犯罪的，要及时向上级纪检监察机关汇报或移送司法机关；对于"大错不犯、小错不断"的领导干部，要及时警示。三要强化责任追究手段。针对反腐倡廉制度执行不力造成严重后果的，要区分直接责任、主要领导责任和重要领导责任，综合运用批评教育、警示告诫、组织处理、纪律处分、经济惩罚等多种手段实施责任追究，确保责任落实到每一层次、每一职级、每一岗位、每一个人。

（本文刊登于《光明日报》，2013年6月12日第6版）

群众路线的意义、问题与时代主题

在全党深入开展以"为民、务实、清廉"为主要内容的党的群众路线教育实践活动，是党的十八大为保持党的先进性和纯洁性、建设创新型马克思主义执政党、推进中国特色社会主义伟大事业、实现中华民族伟大复兴的"中国梦"做出的重大战略部署。这一教育实践活动因其强烈反映和回应了时代"突出问题"，彰显出新时期党的群众路线的价值诉求、工作作风和党的执政形象，是党的群众路线的又一次与时俱进的伟大创举。

一、群众路线与中国共产党的壮大

群众路线作为中国共产党的最大政治优势和根本工作路线，是党在长期实践中坚持马克思主义世界观和方法论统一的伟大创造，不仅是党在革命战争年代夺取政权的重要法宝，而且是中华人民共和国成立后确立社会主义制度、完善人民民主专政的重要法宝，更是新时期中国特色社会主义建设的重要法宝。党在各个时期的群众路线虽然侧重点不同，但是党对群众路线优秀传统的传承一以贯之。在中华人民共和国成立前的革命战争年代，人民群众的拥护和支持给了我们党和军队源源不断、永不枯竭的力量，使我们党能克服各种艰难险阻，战胜强大的敌人，最终夺取政权，建立了中华人民共和国。在社会主义探索阶段，党和人民齐心协力，在政治、经济、国防、外交、科技领域取得了一系列重大成就，尽管在处理人民内部矛盾等问题上出现过失误，但这并不能掩盖和怀疑我们党在社会主义探索中坚持"从群众中来，到群众中去"的群众路线所取得的经验。在某种意义上完全可以说，我们党的历史就是走群众路线的历史。我们党生存和发展的每一时刻，取得的每一成就，都离不开群众路线。中国共产党是群众路线的倡导者、推进者和实践者。

那么，群众路线究竟指什么？有何意义？党又是如何贯彻群众路线的？

什么是群众路线？党的十一届六中全会通过的《关于建国以来党的若干历史问题的决议》以言简意赅的四句话高度概括了群众路线的全部要义，即"一切为了群众，一切依靠群众，从群众中来，到群众中去"。前两句讲的是党的群众观点，体现的是群众路线的世界观，构成党的群众路线的核心内容；后两句讲的是党的群众观点的对象化过程，体现的是群众路线的方法论，即如何把党的群众观点落到实处，二者的有机结合构成了中国共产党群众路线的整体内容、全部意义和操作方法。从理论上说，中国共产党的群众路线即为中国共产党人把马克思主义关于人民群众是历史创造者的原理同中国具体实际相结合而形成的中国化的马克思主义群众路线。党的群众路线是马克思主义关于群众问题世界观和方法论的集中体现。

中国共产党群众路线的全部意义在于其清晰而坚定地解决了"为了谁""依靠谁""我是谁"的问题，从而使我们党的工作获得了最广泛最可靠最牢固的群众基础和力量源泉。

第一，只有明确了"为了谁"的问题，才能保证党前进的正确方向。"为了谁"是一个为谁立命、为谁谋利的根本性和方向性问题，是涉及党的性质和宗旨的原则问题。只有在"为了谁"的问题上保持清醒，我们党才会始终把人民利益放在第一位，把实现好、维护好、发展好最广大人民根本利益作为一切工作的出发点和落脚点，努力做到权为民所用、情为民所系、利为民所谋。正如毛泽东说的那样："因为我们是为人民服务的，所以，我们如果有缺点，就不怕别人批评指出。不管是什么人，谁向我们指出都行。只要你说得对，我们就改正。你说的办法对人民有好处，我们就照你的办。"[1]

第二，只有明确了"依靠谁"的问题，才能保障党的力量之源永不枯竭。伟大的党成就伟大的事业，伟大的事业须有伟大的力量。如果搞不清楚"依靠谁"的力量问题，再美好的社会理想也只能成为空想。中国共产党的成长历史反复证明，人民群众是中国共产党事业的依靠力量。人民群众既是物质财富的创造者，也是精神财富的创造者。正如胡锦涛在庆祝中国共产党成立90周年大会上的讲话中所指出的："我们党紧紧依靠人民完成了新民主主义革命，实现了民族独立、人民解放。""我们党紧紧依靠人民完成了社会主义革命，确立了社会主义基本制度。""我们党紧紧依靠人民进行了改革开

---

[1] 毛泽东. 毛泽东选集：第3卷 [M]. 2版. 北京：人民出版社，1991：1004.

放新的伟大革命,开创、坚持、发展了中国特色社会主义。"[1]"三个紧紧依靠"充分体现了依靠群众、相信群众、团结群众,是党的事业成功的力量之源。

第三,只有清醒知道"我是谁",才会把群众当主人,摆正党同人民群众的关系。知道"我是谁"是搞清"为了谁""依靠谁"的逻辑前提。对于每个党员干部来说,只有弄清"我是谁"的自我定位,才能摆正同人民群众的关系,才能与人民群众长期同甘共苦、患难与共。

综上所述,"为了谁""依靠谁""我是谁",是我们理解和贯彻新形势下中国共产党群众路线的目标方向、力量源泉和共产党人自我定位的三大重要维度。

二、"脱离群众危险"与党的执政考验

"脱离群众危险"是党的十八大报告给全党同志敲响的警钟。党的十八大报告指出:"新形势下,党面临的执政考验、改革开放考验、市场经济考验、外部环境考验是长期的、复杂的、严峻的,精神懈怠危险、能力不足危险、脱离群众危险、消极腐败危险更加尖锐地摆在全党面前。"[2] 这是党对自身建设所面临的严峻态势的清醒认识,表现了我们党强烈的忧患意识。

"脱离群众危险"来自哪里?这是一个十分复杂的问题。尽管不同群体、不同立场、不同经历的人有不同的看法,但就"脱离群众"的突出问题则形成了基本共识。"脱离群众"现象主要表现在如下四个方面。

第一,损害群众利益现象。党的历代领导人一再告诫全党,群众利益无小事,群众利益高于一切。但在实际生活中,损害群众利益的情况还时有发生。如在国有企业改制、拆迁征地过程中,一些领导干部的屁股不是和群众坐在一起,而是和资本共舞,损害了一些工人、农民和城市居民的权益,造成了他们的生活困难,结下了不少"民怨",引发了诸多的矛盾和冲突。还有一些领导干部热衷于数字工程、形象工程,为了自己的政绩干一些劳民伤财、违背群众意愿的事,直接或间接损害了群众利益,人民群众十分不满。

---

[1] 胡锦涛. 在庆祝中国共产党成立90周年大会上的讲话 [M]. 北京:人民出版社,2011:3-4.
[2] 胡锦涛. 坚定不移沿着中国特色社会主义道路前进 为全面建成小康社会而奋斗 [M]. 北京:人民出版社,2012:49.

第二，消极腐败现象。在长期执政和市场经济条件下，随着经济活动的活跃，一些领导干部经不起权力的考验和利益的诱惑，贪污受贿、以权谋私、官商勾结、权钱交易等腐败现象滋生蔓延，多发高发的势头至今尚未得到遏制。人民群众最痛恨腐败，腐败最容易造成人民群众的不满和社会的激愤，因此，腐败问题必然会对党的形象、对党和人民群众的血肉联系造成极大的伤害。"如果腐败得不到有效惩治，党就会丧失人民信任和支持。"[1]"大量事实告诉我们，腐败问题越演越烈，最终必然会亡党亡国！"[2]

第三，作风不正现象。我们党具有优良的作风和传统，但在长期执政的情况下，一些领导干部与这些优良作风和传统渐行渐远，党内生活庸俗化，官场风气不正的问题比较突出。有的党员干部形式主义、官僚主义严重，习惯于以会议贯彻会议，用文件传达文件，走不出"文山会海"，很少下基层调研，偶尔下去也是前呼后拥、走马观花、蜻蜓点水，看的是"盆景"，听的是"美言"，不深入了解群众真实的情况和要求；有的图享受、摆阔气，沉溺于各种应酬之中，迎来送往，觥筹交错，骄奢淫逸，铺张浪费，而对群众利益漠不关心，对群众疾苦麻木不仁；有的沾染庸俗习气，对上级阿谀奉承、唯命是从，对群众盛气凌人、目中无人，甚至强迫命令。

第四，能力不足现象。新的形势对各级领导干部的群众工作能力、方式方法提出了新要求，而在实际工作中，一些领导干部思路不对、方法不当、能力不足的问题时有暴露，不会做、做不好的问题突出。如在处理一些矛盾冲突和群体性事件中，有的认为"摆平就是水平"，不是将其纳入法制的轨道，而是"用钱买太平"，治标不治本，掩盖矛盾，甚至"按了葫芦浮了瓢"，引发更多的矛盾；有的动不动就动用警力，采取强制手段，使矛盾激化，引发更大的冲突；有的不会做思想工作，不会说群众"听得懂"的话，正如习近平在浙江工作时所说："与新社会群体说话，说不上去；与困难群众说话，说不下去；与青年学生说话，说不进去；与老同志说话，给顶了回去。很多场合，我们就是处于这样一种失语状态，怎么能使群众信服呢？"[3]

---

[1] 胡锦涛. 在庆祝中国共产党成立90周年大会上的讲话[M]. 北京：人民出版社，2011：16.
[2] 习近平. 紧紧围绕坚持和发展中国特色社会主义 学习宣传贯彻党的十八大精神——在十八届中共中央政治局第一次集体学习时的讲话[M]. 北京：人民出版社，2012：12.
[3] 栗战书. 群众工作九法[J]. 新华文摘，2011（20）.

三、为民、务实、清廉：群众路线的时代主题

党的十八大报告部署以"为民、务实、清廉"为主要内容的党的群众路线教育实践活动，以作为对当下"脱离群众"这一突出问题的客观反映和自觉回应，不仅充分反映了党中央对新的历史条件下党的群众路线教育的高度重视和清醒认识，而且深度彰显出新时期党的群众路线的价值诉求、工作作风和党的执政形象，是党的群众路线的又一次与时俱进的伟大创举。

第一，"为民"是党在新时期走群众路线的价值诉求。"为民"是中国共产党自建党以来一直坚持致力的奋斗目标。党的历代领导人都奉行"为民"的执政兴国理念。从唯物史观的视角来看，把"为民"诠释为群众路线的价值诉求的原因在于，群众路线本质上是对人民群众自身创造性生存实践的关注，是对人民群众的生命存在样态及其发展历程的关注。承载着作为目的自身的人的全面发展的"为民"范畴，绝不只是对人的终极的价值诉求，或对人之为人的形上确证；作为党的群众路线的"为民"价值诉求，在本质上是一种基于作为生产力发展结果和测量器的一定社会生产关系的意义表达和人性完满。"为民"的价值诉求中的"民"，既不是柏拉图的理念人，也不是伊壁鸠鲁的原子；既不是启蒙哲学家所言的机械之人，也不是德国古典哲学所规定的思辨之人；而是"在现实性上是一切社会关系的总和"的、处于一定的具体历史实践中的、以一定的生活方式表现自己的"现实的个人"。在中国共产党人眼里，"为民"不仅是一种感性的静态事实，而且是一种感性的历史活动；不仅是一种生活的事实状态，更是一种开放的、不断生成的社会生产关系状态。从"为民"诠释新时期党的群众路线的价值诉求，有助于在实践中确立和实现以人为本的理念，在理论上深度解读群众路线的当代价值，开启中国共产党群众路线当代建构的新境界。当然，以"为民"作为检验群众路线成败得失的价值标准，还需要进一步细化和丰富。怎么细化和丰富，建构一个什么样的检验标准、结构、框架、体系，需要经济学、社会学、伦理学等诸多学科的知识博弈和学术对话。

第二，"务实"是党在新时期走群众路线的工作作风。"务实"是中国共产党自建党以来一直坚持秉持的工作作风，也是开展党的群众路线教育实践活动的必然要求。作为党在新时期群众路线的工作作风，"务实"既是一种

科学态度，更是一种政治品格。共产党人的"务实"精神，就是要谋实招、察实情、讲实话、办实事、求实效；就是要力戒形式主义，杜绝虚报浮夸的假政绩和劳民伤财的所谓达标升级活动；就是要简化和规范公务活动，少听汇报、多调研实际工作，帮助解决实际问题；就是要正视现实，敢揭矛盾，查找原因，吸取教训；就是要深入基层、深入群众，到村民家中、田间地头与群众谈心，了解群众的生产生活，掌握群众的所思所盼，反映群众最真实的想法和最迫切需要解决的问题；就是要走进车间厂房，了解企业的生产经营、发展需求等情况，出谋划策，鼓励企业改革创新、增强自身发展能力，努力使企业成为促进当地经济社会发展的龙头；就是要把实现好、维护好、发展好群众利益作为一切工作的出发点和落脚点，要把群众得实惠、共享改革发展成果作为检验我们工作成败得失的重要标准。诚如习近平所指出的，我们每个共产党人要把有限的工作时间投入到无限的全心全意为人民服务的事业中去。

第三，"清廉"是党在新时期走群众路线的执政形象。清正廉洁是我们党立党以来赢得民心的重要法宝，也是我们党永葆先进性的本质要求。无论是在战争年代还是在改革开放的今天，我们党一刻也没有放松过对党员干部清正廉洁的要求，高度重视党的反腐倡廉建设，保持党员干部队伍的清正廉洁。清廉也是一种思想作风、人格力量，是立身之本、为人之道、处事之基，是党员领导干部工作的生命线。

以清正廉洁公仆为榜样，严格要求自己，比学习、比工作、比奉献、比服务、比廉洁自律，要常常"照镜子、正衣冠、洗洗澡、治治病"，做一个组织和群众信赖的人，做一个同事和朋友敬重的人，做一个亲属子女可以引以为荣的人，做一个问心无愧的人，是共产党人清正廉洁的行为目标。清正廉洁还是中华民族的传统美德。纵观中国几千年的历史，凡是吏治比较严明、官风比较清正的朝代，必然繁荣昌盛；凡是吏治混乱腐败、官风腐化堕落的朝代，必然衰败不堪，甚至走向灭亡。

值得注意的是，任何一个政党及其成员都生活在现实生活之中，受到社会风气的熏陶。任何一个政党在以自己的执政风格影响或改变社会风气的同时，也在被社会风气影响和改变。党的群众路线与社会风气是相互依存、相互影响的。党的群众路线寓于社会风气之中，又对社会风气产生决定性的影响；社会风气反过来也会影响党的群众路线的贯彻执行。我们的任务是，抓住以"为民、务实、清廉"为主要内容的党的群众路线教育实践活动契机，以使社会风气根本好转，为更好更快地建设社会主义强国而奋斗！

在坚持"从群众中来，到群众中去"的群众路线的同时，也要注意社会舆论编织的"塔西佗陷阱"。"塔西佗陷阱"得名于古罗马历史学家塔西佗，指当政府部门失去公信力时，无论是说真话还是假话，做好事还是坏事，都会被认为是说假话、做坏事。在当前社会舆论中，公众对一些基层政府在应对突发事件中的所作所为，或在日常工作中的表现产生了越来越多的怀疑和指责，开始把不时出现的食品安全、医疗药品安全、环境保护等问题，把无良商家及市场某些无序环节造成的种种乱象，都习惯性地归因于政府部门。这样的情况在网络等新媒体平台上尤为明显，网上很多人自诩为"意见领袖"，他们往往对很多事件未仔细辨识就急于发言，要的是被别人关注，博的是观点出位，很多普通网民则被巨大的网络舆论洪流裹挟，丧失了基本的判断能力，人云亦云，这在一定程度上加深了党群、干群关系恶化的错误印象。因此，在新形势下，共产党人也要学会在互联网上贯彻党的群众路线。"塔西佗陷阱"的效应有可能因漠视民意、信息淤塞而急速放大，也会在及时合理的应对中逐渐消弭。在网络化条件下，民意的表达方式发生了深刻变化。"人人都有麦克风"的多维立体传播时代既为执政党了解舆情民意，加强党群、干群之间的沟通交流开启了一个全新的渠道，但也带来了一系列新的挑战。如何发挥网络在群众工作中的积极作用，有效占领网络思想舆论阵地，还有待探索并积累经验。

(本文刊登于《毛泽东邓小平理论研究》，2013年6月第6期)

新时代净化党内政治生态的问题导向与实现路径

党内政治生态是政党组织和成员在以政治为主导的实践活动中积淀形成的环境、氛围、风气、习惯等，是政党政治文化的综合反映。党内政治生态不仅对政党组织和成员产生极大的感染和影响作用，关乎党的先进性、纯洁性和创造力、凝聚力、战斗力，也强烈辐射和影响着党内外关系及政风、社风、民风等各方面。党的十八大以来，习近平一再强调，净化党内政治生态，是党的建设中带有根本性、基础性的问题，关乎党的团结统一和生死存亡，要下大力气来抓，争取一个好的成效。党的十九大报告再次强调："全面净化党内政治生态，坚决纠正各种不正之风，以零容忍态度惩治腐败，不断增强党自我净化、自我完善、自我革新、自我提高的能力，始终保持党同人民群众的血肉联系。"[1] 由此可见，净化党内政治生态已为我们党所高度重视。这是党中央对党内政治生态建设价值特质的深刻把握，也是全面从严治党深层次的考量和安排，更是刀刃向内的自我净化和完善。

一、当前党内政治生态问题的主要表现形式

党内政治生态风清气正是我们党传统的优势，是党的先进性、纯洁性的重要体现，也是我们党能赢得人民群众信任和支持的一个重要因素。但在长期执政、改革开放、市场经济条件下，党内政治生态出现了一些不容忽视的问题。

（一）自由主义、分散主义、山头主义、"两面人"问题还没有得到根本解决

党的十八大以前，自由主义、分散主义、山头主义、"两面人"问题一

---

[1] 习近平.决胜全面建成小康社会 夺取新时代中国特色社会主义伟大胜利——在中国共产党第十九次全国代表大会上的报告［M］.北京：人民出版社，2017：26.

度比较突出,有的党员干部公开与党的路线、方针、政策唱反调,有的组织和个人漠视中央权威,上有政策、下有对策,有禁不止、有令不行,甚至公开倡导"遇到黄灯跑步走,遇到红灯绕着走"。特别是高级干部中极少数人政治野心膨胀、权欲熏心,搞阴谋诡计、团团伙伙、拉帮结派等政治阴谋活动,有的在主政一方时拒不执行党中央确定的大政方针,背着党中央另搞一套,搞"独立王国",严重破坏党的团结和集中统一。党的十八大以后,通过集中整治,情况有了极大好转,但还没有得到根本性解决。在当前的背景下,尤其要警惕和防范政治上的"两面人"。"两面人"在政治上是我们党的异己分子。他们不信马克思主义和共产主义,对中国特色社会主义没有信心,对党不忠诚不老实,同党已离心离德。迫于全面从严治党的高压态势,他们不敢与党公开叫板,就搞"两面派"把自己伪装起来,嘴上高喊与党中央保持一致,实际行动上或消极应付不作为,或另搞一套,欺骗群众和组织。政治上的"两面人"往往也是心术不正的势利小人,他们私心欲望十分强烈,内心世界阴暗丑陋,所思所想见不得人,只能以虚假的一套来掩饰自己的真实面目,惯于阳奉阴违、见风使舵、台上一套、台下一套、人前一套、人后一套,公众场合讲得冠冕堂皇,铁杆哥们在一起时则发牢骚泄不满。他们常常拉帮结派,结党营私,对自己"山头"上的人俯首帖耳、唯命是从,有时不惜充当"家奴";对自己"山头"外妨碍其前途利益的人,则联手对付,整人不择手段、心狠手辣,造谣中伤、匿名诬告、恶意陷害等,什么手段都使得出来。

全党服从中央,保证党中央的权威和集中统一领导,是党的政治建设的首要任务,也是推进中国特色社会主义事业最重要的保障。自由主义、分散主义、山头主义、"两面人"问题严重损害党中央权威和集中统一领导,危害党的根本性建设,是净化党内政治生态要解决的重点问题。

(二)宗派主义、"圈子文化"和人身依附问题突出

一些党员干部受封建社会"朝中有人好做官"腐朽思想的侵蚀,整天琢磨拉关系,挖空心思找靠山,想方设法刺探领导喜好,分析某某是谁的人,某某是谁提拔的,该同谁搞搞关系、套套近乎,看看能抱上谁的大腿。有的不把心思和精力用在工作上,而用在如何编织关系网络、积累"爬升"资源上,只要对自己有用,平时四处打点,逢年过节重点"烧香拜佛",关键节

点频繁活动，动用各种关系说情打招呼；有的专投领导所好，迎来送往细致周到，体贴照顾无微不至，对群众的疾苦麻木不仁、漠不关心；有的为了自己的所谓仕途，为了自己的所谓影响力，任人唯亲，排斥异己；有的在党内拉私人关系，封官许愿、培植亲信、拉帮结派，建立自己的势力范围；有的信奉"不跑不送，原地不动；又跑又送，提拔重用"的潜规则，把官场当成了大卖场，四处活动跑官要官，甚至不惜代价买官卖官、拉票贿选，搞非组织活动。选人用人是一种风向标，用人风气不正，干部队伍风气和政治生态就会受到严重污染。宗派主义、"圈子文化"和人身依附问题严重损害选人用人公信力，如果忠诚老实的好干部得不到重用而投机取巧、搞非组织活动的人春风得意，这样的逆淘汰蔚然成风，就会使好干部灰心、人民群众寒心，造成体制内的离心离德。

（三）温情主义、好人主义大有市场

我们党的凝聚力、战斗力既来自组织的力量，也来自每个党员干部的担当。习近平提出好干部要"勇于担当"，温情主义、好人主义恰恰是对勇于担当的一种背弃。温情主义、好人主义者把个人的声誉、地位放在第一位，是非观念淡薄，不讲党性原则，有利则冲在前面，无利则退缩在后。他们十分爱惜自己的每一片羽毛，但不顾及党的事业的成效；他们高度重视投向自己的每一张选票，但不在乎人民群众利益的得失；他们抱定不得罪人的处世哲学，明知不对，少说为佳，遇到矛盾绕道走，疑难问题往上推，一旦可能得罪人就能躲则躲、能推则推、能拖则拖，试图当永远的"好好先生"，与所有人保持一团和气；他们做事瞻前顾后，畏首畏尾，决策时碰上疑难问题就久拖不决，执行时遇到阻力就停滞不前，面对歪风邪气不敢主持正义，甚至在涉及党的领导和中国特色社会主义道路等原则性问题和政治挑衅面前态度暧昧、消极躲避，不敢亮剑；他们老于世故，八面玲珑，善于耍滑头，党内民主生活会没有积极的思想斗争，批评与自我批评总是走过场，批评别人捡鸡毛蒜皮的事说，轻描淡写，"眼药水"点到为止，为的是不伤"感情"，甚至正话反说，名为批评实为表扬，让人啼笑皆非，自我批评不痛不痒、不暴露真实思想，更不会触及灵魂，怕被别人抓住"尾巴"。温情主义、好人主义表面上似乎无伤大雅，实际上贻害无穷，不仅造成不敢担当、为官不为，而且损害了公平、正义，使担当者得不到保护，使作为者受到伤害。久而久之，党的战斗力就会被严重削弱，党和人民的事业就会在一团和气中被断送。

（四）官僚主义、形式主义、享乐主义、奢靡之风变换花样禁而不绝

执政党的党风关系党的形象、人心向背及党的生死存亡。党的十八大以后，针对一段时间党内存在的较为严重的作风问题，党中央出台"八项规定"，以上率先，层层落实，严厉整治官僚主义、形式主义、享乐主义、奢靡之风，取得了显著成效。但作风问题是个顽症，具有顽固性和反复性，稍有放松，就可能反弹。有的老问题压下去一时，稍有风吹草动又死灰复燃，有的"病毒"变异，花样翻新，"毒性"变得更强。目前，官僚主义、形式主义又出现诸多新的表现形式，主要体现在以下六个方面：一是在贯彻中央重大决策部署方面，有的领导干部传达得轰轰烈烈，表态调门高，行动落实少，停留于轮流圈阅、层层转发、安排部署，看上去程序正当、痕迹清晰，实际工作还在原地打转；在学习方面，有的把读材料、抄笔记、凑字数作为硬指标，不触及思想，不联系实际，不讲求实效；在调研方面，有的事先周密部署，打造"经典线路"，安排接访"专业户"，访谈、座谈、汇报发言"对台词"，记者跟着跑，报纸、电视报道，表面上热热闹闹，实际是造势作秀"表演"。二是在服务群众方面，漠视群众利益和疾苦，对群众反映强烈的问题无动于衷、消极应付，对群众合理诉求推诿扯皮、冷硬横推，对群众态度简单粗暴、颐指气使的情况还大量存在。三是在项目建设方面，有的热衷于领导看得见的"面子工程"，"不怕群众不满意，就怕领导不注意"。四是在工作效率方面，有的还是"以会议贯彻会议，以文件落实文件"，什么事情都是层层开会，逐级传达，检查评比"走马灯"，搞得下级疲于应付、晕头转向。五是在责任担当方面，"只求不出事，宁愿不做事"，凡事都要上级拍板，避免自己担责，甚至层层往上报，层层不表态。有的热衷于与下级签订"责任状"，责任下移，试图让下级的"责任状"成为自己的"免责单"。六是在信息传送方面，有的弄虚作假，编造假经验、假典型、假数据，瞒报、谎报情况，隐藏、遮掩问题。享乐主义、奢靡之风翻出了诸多新花样。违规吃喝转入内部食堂、农家乐、培训中心、高档小区的"一桌餐"等隐蔽场所，挖空心思在吃喝场所上搞"突围"。有的将费用转嫁给下属单位，或者让服务对象、私企老板买单结算。有的在报销结算上做手脚搞伪装，假

托"招商引资""外事接待"等名目，或者把公款吃喝化整为零，以办公用品等名目伪装"合规"。有的打着学习考察、职工疗休养的幌子公款旅游，通过电子礼品卡、电子红包等隐蔽方式收受礼品、礼金，违规借用下属单位或企业车辆私用，婚丧喜庆化整为零分批操办。如此等等，五花八门，可谓"机关算尽太聪明"。

（五）腐败依然是恶化党内政治生态的毒瘤

党的十九大报告指出："人民群众最痛恨腐败现象，腐败是我们党面临的最大威胁。"[1] 腐败是党内政治生态中最具危害性的问题，也是党内政治生态中最大的污染源头。党的十八大以来，以习近平同志为核心的党中央顺应民心所向，以猛药去疴、重典治乱的决心和刮骨疗毒、壮士断腕的勇气，坚持反腐败无禁区、全覆盖、零容忍，坚定不移"打虎""拍蝇""猎狐"，反腐败斗争压倒性态势已经形成并得到巩固发展。但我们也要清醒地看到，腐败是一种顽疾，滋生腐败的土壤没有改良到位，不收敛、不收手的情况就还会发生。从党的十九大以来查办的腐败案件和中央首轮巡视发现的问题来看，政治问题和经济问题交织、区域性腐败和领域性腐败交织、用人腐败和用权腐败交织、"围猎"和甘于被"围猎"交织等问题依然突出；有的地方和部门出现了扶贫、涉农、医保、低保资金都敢贪敢挪的恶性腐败，腐败分子甚至拿这些钱来行贿买官；一些腐败分子贪腐胃口之大、数额之巨、时间之长、情节之恶劣，触目惊心。这些情况再次佐证了党的十九大报告关于"反腐败斗争形势依然严峻复杂"判断的正确性。腐败对政治生态的恶劣影响难以估量。"老虎"身居高位，有一定的势力范围，"老虎"腐败必然会把一批官员拖下水，导致系统性、塌方式、家族式腐败；"苍蝇"腐败直接侵犯群众切身利益，严重损害党群、干群关系，导致民心的流失；"狐狸"躲进避罪天堂，如果不能及时绳之以法，定会助长腐败分子的侥幸心理，使一些贪官更加胆大妄为。无论发生于高层还是基层的腐败，无论是政治腐败、经济腐败还是吏治腐败，都会严重毒化党内的风气，对党的形象和威信造成极大的损害。特别需要指出的是，腐败的滋生和蔓延与政治生态恶化是一种相互影响、相互作用的关系，腐败的滋生和蔓延严重污染政治生态，政治生

---

[1] 习近平. 决胜全面建成小康社会　夺取新时代中国特色社会主义伟大胜利：在中国共产党第十九次全国代表大会上的报告 [M]. 北京：人民出版社，2017：66-67.

态的恶化又成为腐败滋生和蔓延的温床,加剧腐败的易发多发,两者相互交织,呈恶性循环态势。因此,遏制腐败的滋生和蔓延与净化党内政治生态只有同时作为、同向发力才能实现真正的风清气正。

二、当前党内政治生态问题的生成机制分析

唯物史观认为,任何历史现象的发生、发展都不是单个意志的产物,是无数个力的平行四边形合力作用的结果。从政治生态角度来看,当下党内政治生态的净化正处于修复改善向创造重构跃迁的过渡期,一些影响党内政治生态的消极惰性因素及由此衍生出来的深层次矛盾和复杂性问题相互交织而产生的污染源,损害党的健康肌体、恶化党内政治生态、疏离党心民心。

(一)执政环境与党性修养的内在张力

马克思主义认为:"每一历史时代主要的经济生产方式和交换方式以及必然由此产生的社会结构,是该时代政治的和精神的历史所赖以确立的基础。"[1] 党的十九大报告指出:"全党要清醒认识到,我们党面临的执政环境是复杂的,影响党的先进性、弱化党的纯洁性的因素也是复杂的,党内存在的思想不纯、组织不纯、作风不纯等突出问题尚未得到根本解决。"[2] 改革开放以来,我国社会始终处在由传统社会向现代社会、由计划经济向市场经济的转型过程中,社会结构和面貌发生了极其深刻的变化。一方面,随着经济体制、基本经济制度、分配制度等方面改革的不断深化,我国的经济和社会发展呈现出前所未有的活力,经济总量跃居世界前列,综合国力显著增强,人民生活水平大幅提升,党执政的业绩充分显现并获世人肯定。另一方面,经济体制深刻变革,社会结构深刻变动,利益格局深刻调整,思想观念深刻变革,党面临的执政环境发生了全面深刻的变化,党员干部被置于前所未有的复杂环境中,要经受各种考验。坚持以经济建设为中心,推动经济社会发展是领导干部的基本职责,但如果因此而对政治漠不关心,政治意识逐渐淡薄,政治警觉性和鉴别力不断下降,党员干部就可能迷失共产党人的本

---

[1] 马克思,恩格斯. 马克思恩格斯选集:第1卷 [M]. 2版. 北京:人民出版社,1995:257.
[2] 习近平. 决胜全面建成小康社会 夺取新时代中国特色社会主义伟大胜利——在中国共产党第十九次全国代表大会上的报告 [M]. 北京:人民出版社,2017:61.

性和方向;基本经济制度变革以后,所有制结构多样化,党员干部要为各类市场主体提供服务,与"老板"打交道多了,感情深了,与工人农民接触少了,心与老百姓远了,宗旨意识就可能淡化;市场经济条件下,等价交换成为市场交易的基本准则,金钱财富堂而皇之进入社会殿堂,个人正当利益得到肯定,物质利益追求不再遭受非议,经济生活中的种种商品交换规则不可避免会向政治领域渗透;社会阶层结构调整,一部分人富裕起来了,随着"财富榜"出炉,财富占有的排名浮出水面,富豪们的财大气粗引来部分人羡慕,有些党员干部就可能心态失衡;人民群众生活水平普遍提高,一些富裕起来的人群追求奢华享受,有的挥金如土极度奢靡享乐,奢侈品横行市面受人追捧,对党员干部会产生种种诱惑;党风政风影响社会风气,社会不良风气也会侵蚀党的肌体,诚信缺失、人情至上、唯利是图、各种潜规则盛行,社会道德沦丧的种种问题必然会反映到党内;一些不法商人为了非法获利,想方设法以各种手段诱惑甚至"围猎"领导干部,寻求权力的保护和利益输送,一些领导干部放松警惕就可能落入陷阱。如此等等,都是影响党的先进性、弱化党的纯洁性的复杂因素。中华人民共和国成立前夕,也即共产党执政前夕,毛泽东在从西柏坡赶往北平的路上提出这是一次"赶考"。在党的七届二中全会上,毛泽东提醒全党要"务必使同志们继续地保持谦虚、谨慎、不骄、不躁的作风,务必使同志们继续地保持艰苦奋斗的作风",预见到"可能有这样一些共产党人,他们是不曾被拿枪的敌人征服过的,他们在这些敌人面前不愧英雄的称号;但是经不起人们用糖衣裹着的炮弹的攻击,他们在糖弹面前要打败仗"[1]。可以说,改革开放以来的各种考验一点也不亚于当年的执政考验,从某种程度上说,形势可能更加严峻复杂。

(二) 封建"官本位"和西方"金本位"等腐朽落后思想文化的侵蚀

中国特色社会主义是马克思主义指导下的产物,其先进文化代表着人类社会的发展方向。但我们也要清醒地认识到,"我们这里所说的是这样的共产主义社会,它不是在它自身基础上已经发展了的,恰好相反,是刚刚从资本主义社会中产生出来的,因此它在各方面,在经济、道德和精神方面都还带着它脱胎出来的那个旧社会的痕迹"[2]。我国虽然已经进入社会主义社会,

---

[1] 毛泽东. 毛泽东选集:第4卷[M]. 2版. 北京:人民出版社,1991:1438-1439.
[2] 马克思,恩格斯. 马克思恩格斯选集:第3卷[M]. 2版. 北京:人民出版社,1995:304.

但传统熟人社会重血缘亲情关系的特征还没有彻底改变。我国的封建社会长达数千年,虽然已经被埋入坟墓,但其腐朽文化余毒的影响不可低估。这从党内政治生态中出现的诸多丑恶现象可见一斑,如厚黑学、潜规则,"圈子文化"、江湖义气、党同伐异,人身依附、封妻荫子、任人唯亲,"官本位"意识、家长制作风、求神拜佛、占卜问卦,等等。窗子打开,"蚊子""苍蝇"就会飞进屋子。我国对外开放后,西方政客利用其所占据的优势话语权打没有硝烟的战争,推送其政治制度和思想文化,资产阶级所固有的拜金主义、享乐主义、极端个人主义等价值观念和腐朽生活方式会侵蚀党的肌体,让一些党员干部中毒。一段时间里,国内思想文化多元化愈演愈烈,有的提出"党大还是法大"的伪命题,有的鼓吹普世价值,有的鼓动搞"多党制""三权分立",有的为拜金主义、利己主义正名,有的标榜西方民主、自由、人权的新自由主义,鼓吹要改造共产党的民主社会主义等,这些错误思潮使马克思主义的指导地位受到挑战,严重扰乱了一些党员干部的思想。

(三) 对权力制约和监督不到位的制度弊端

邓小平说:"制度好可以使坏人无法任意横行,制度不好可以使好人无法充分做好事,甚至会走向反面。"[1]中国特色社会主义制度具有无可比拟的先进性和优越性,我们必须有坚定的自信。同时,中国特色社会主义是前人没有走过的道路,没有现成的模式可以照搬照抄,一些具体的制度难免存在一些弊端,需要在实践中不断改革和完善。就权力架构和运行机制而言,我国现有的权力架构和运行机制,有效地保证了国家运转和社会治理的高效率,有利于集中力量办大事,有效应对各种风险挑战,具有鲜明的特色和显著的效率优势。但也存在权力过分集中,人民群众的民主参与和民主监督不足,对权力制约和监督的力度不够的问题,特别是"一把手"权力过大、缺乏有效制约和监督的问题相当突出。从上述所列举的党内政治生态的问题中可以看到,有的主政一方的官员刚愎自用、唯我独尊、目无中央,搞"独立王国";有的用权任性,权力随意介入资源的配置,肆无忌惮搞权钱交易,侵吞国家和人民财产;有的把用人权当作商品随意买卖等,诸多问题都与权力行使相关联,也反映出对权力制约和监督不到位的制度弊端。

---

[1] 邓小平. 邓小平文选:第2卷[M]. 2版. 北京:人民出版社,1994:333.

(四) 党员干部既廉又能的执政素质尚未完全塑成

江泽民在党的十三届四中全会上指出:"共产党的力量和作用,主要不在于党员的数量,而在于党员的素质。"[1] 马克思主义认为,人是社会历史活动的主体,人创造了一个对象世界,也创造了主体自身。党内政治生态是由党员干部个人与他人、组织、社会等诸多关系相互影响、作用及互动共生的一个系统,每个党员干部都置身其中,既受环境影响、塑造,也辐射、创造着环境。目前党内政治生态存在的一些突出问题离不开人的因素,是党内存在的思想不纯、组织不纯、作风不纯的直接反映。应当充分肯定,我们的党员队伍主流始终是好的,但也有少数党员的素质存在问题,甚至存在严重问题。中国共产党是执政党,手里掌握着执政的资源,有的人加入党组织,一开始就带有"投机"和"牟利"的市侩心理,他们虽然在形式上入了党,但思想上并非完全认同党的宗旨和奋斗目标,不可能具有共产主义的觉悟,相反,把各种非无产阶级思想带入了党内。有些党员干部在外部环境考验面前"打了败仗",世界观、人生观、价值观这个"总开关"出了问题,沾染上各种各样的"毛病",有的理想信念动摇,精神上"缺钙",得了"软骨病";有的私心欲望逐步显现,宗旨意识逐渐淡薄,背离初心愈行愈远;有的从吃点、喝点、玩点、用点的小节失守逐渐走向大节不保;有的满足于不贪不占、不犯错误,以不作为消极保平安;有的是非观念淡薄、原则性不强、政治敏锐性差,明哲保身,不敢担当等,对党内政治生态造成了严重"污染"。特别是那些蜕化变质的腐败分子,他们往往掌握一定的权力,有的还身居要位甚至是国家领导人,他们在政治上变质、经济上贪婪、生活上腐化,对党内政治生态的破坏尤为严重。

(五) 管党治党宽松软痼疾的惯性影响

在长期执政条件下,面对复杂的外部环境,如何管理好一个拥有"8 956.4万名党员、457.2万个党的基层组织"[2] 的大党,是一个需要不断探索和创新的重大课题。坚持"党要管党、从严治党"是党的建设的根本方

---

[1] 江泽民. 江泽民文选:第1卷 [M]. 北京:人民出版社,2006:62.
[2] 中共中央组织部. 2017年中国共产党党内统计公报 [EB/OL]. (2018-06-30) [2018-09-25]. http://news.12371.cn/2018/06/30/ARTI1530340432898663.shtml.

针,但在以前一段时间,管党治党失之于"宽、松、软"的情况比较突出,党内政治生态一些问题由此积累。党的十八大以来,以习近平同志为核心的党中央把全面从严治党纳入"四个全面"战略布局,在管党治党方面做出了一系列重大决策部署,推出了一系列实实在在的举措,如大力加强理想信念教育、严明党的政治纪律和政治规矩、持之以恒正风肃纪、完善党内法规制度体系、坚决有力惩治腐败等。从宏观和全局的视角来看,全面从严治党成效显著,党风政风发生了可喜的变化,管党治党"宽、松、软"的情况有了根本性改变。但从微观和局部的视角来看,全面从严治党的压力传导层层减弱的情况依然存在,一些党组织和党员干部惯性及惰性思维还存在,管党治党"宽、松、软"的情况还不同程度地存在,突出表现为三个方面:一是对管党治党的重要性认识不到位,不想管。一些党组织和党员干部仍然把经济工作、业务工作放在第一位,认为抓经济、管业务是实的、显性的,看得见摸得着,可以立竿见影,管党治党是虚的、隐性的,可有可无,难以出实绩。二是自身不过硬或怕得罪人,不敢管。有的党员干部自己有这样那样的"硬伤",屁股后面不干净,害怕管党治党最后管到自己头上。有的把自己的声誉、地位放在第一位,爱惜自己的每一片羽毛,怕管得严伤感情、得罪人、丢选票。三是管党治党的本领不强,不会管。一些党组织和党员干部抓业务比较熟悉、得心应手,但对管党治党无论是理论水平、能力素质,还是经验积累、工作方法都显得捉襟见肘,因为找不到头绪、无从下手,只能做一些表面文章,管党治党流于形式,不触及实际,不解决根本问题,这些地方和单位的党风政风也不可能得到根本性好转。

三、净化党内政治生态的系统治理路径

"政治生态好,人心就顺、正气就足;政治生态不好,就会人心涣散、弊病丛生。"[1] 净化党内政治生态是党心民心所向,是永葆党的先进性、纯洁性的必然要求。净化党内政治生态是一项系统工程,应针对党内政治生态存在的突出问题,多管齐下、综合施策、系统治理,在全面推进党的政治、思想、组织、作风、纪律建设中营造风清气正的党内政治生态。

---

[1] 习近平. 习近平在第十八届中央纪律检查委员会第六次全体会议上的讲话[N]. 人民日报, 2016-05-03.

(一) 以旗帜鲜明讲政治为引领，为净化党内政治生态增强精神动力

旗帜鲜明讲政治，是我们党作为马克思主义政党的根本要求。党的政治建设是党的根本性建设，决定着党的建设方向和目标。党的十九大报告提出把党的政治建设摆在首位，是对马克思主义党建理论的丰富和发展，具有强烈的现实针对性，对营造风清气正的党内政治生态具有重要的引领作用。要丰富党内政治生活，改变党内生活娱乐化、空心化倾向，提高党内组织生活质量，增强党内政治生活的政治性、时代性、原则性、战斗性，着力营造党内政治氛围。一是引导党员干部积极提高"两个维护"自觉性，牢固树立"四个意识"，坚决执行党的路线、方针、政策，严格遵守党的政治纪律和政治规矩，保持坚定正确的政治方向。二是引导党员干部牢固树立宗旨意识，坚定人民立场，把人民高兴不高兴、答应不答应、满意不满意作为衡量组织和个人工作、行为的价值标准，坚持一切为了人民，一切依靠人民，一切服务人民，坚守共产党人的政治本色。三是引导党员干部认真学习马克思主义理论，坚持马克思主义立场、观点、方法，特别是用马克思主义中国化的最新成果——习近平新时代中国特色社会主义思想武装头脑、指导工作，指引世界观、人生观、价值观的改造，筑牢拒腐防变的思想道德防线，自觉抵制和反对个人主义、自由主义、分散主义、本位主义、好人主义、"圈子文化"、码头文化、搞"两面派"和做"两面人"，自觉抵制商品交换原则对党内生活的侵蚀。

(二) 以突出"关键少数"为重点，为净化党内政治生态奠定组织基础

俗话说："上梁不正下梁歪，中梁不正塌下来。""头羊效应"告诉我们，头羊的行为具有示范效应，影响整个羊群的走向。一些地方，党员领导干部特别是主要领导干部腐败堕落，造成所在地方和单位塌方式、系统性腐败，导致政治生态严重恶化，弊病丛生。领导带头、以上率先是我们推动事业发展的重要法宝，也是我们管党治党的宝贵经验。净化党内政治生态，离不开领导班子和领导干部示范、核心作用的发挥。一是要配好各级领导班子，选好领导班子的负责人。既要注重能力素质，更要注重思想和政治素质，决不能把那些思想作风不正的人选到班子里，更不能让他们当"一把手"。二是要按照"忠诚、干净、担当"的要求加强领导班子思想作风建设。要教育领

导班子成员对党忠诚,对组织襟怀坦白、光明磊落,说老实话、做老实事、当老实人,严于律己,带头保持党的优良传统和作风,树新风,立正气,在净化党内政治生态方面以身作则,发挥示范带头作用。三是要落实管党治党的主体责任和监督责任,树立"抓好党建是最大政绩"的理念,建立党建工作责任制,一级抓一级,层层抓落实。坚持党建工作和中心工作一起谋划、一起部署、一起考核,防止"一手硬、一手软",以管党治党的扎实举措净化党内政治生态。四是对领导班子和领导干部加强管理和监督,特别是加强对"一把手"的监督。完善党内民主集中制,充分发挥党内专门监督和群众监督的作用,防止权力行使成为脱缰的野马而失控,防止党内政治生态负能量的滋生和蔓延。

(三)以持之以恒正风肃纪为抓手,为净化党内政治生态提供免疫保护

如果把党内政治生态比作一片森林,它难免会遭到病虫病毒的侵袭,要保护森林的勃勃生机,就要不断治病除虫。党的十八大以来,中央出台"八项规定",严厉整治形式主义、官僚主义、享乐主义和奢靡之风,坚决反对特权,坚持反腐败无禁区、全覆盖、零容忍,坚定不移"打虎""拍蝇""猎狐",推进反腐倡廉建设,就是"治病除虫",为党内政治生态提供免疫保护。全面从严治党永远在路上,勇于自我革命的步伐不会停止,要牢牢把握以下四个方面的内容:一是要强化纪律约束,用纪律管住全体党员干部。重点强化政治和组织纪律,带动廉洁、群众、工作、生活纪律严起来,让党员干部知敬畏、存戒惧、守底线,习惯在受监督和约束的环境下工作和生活。二是要持之以恒加强作风建设。紧紧围绕保持党同人民群众血肉联系,严肃认真对待群众反映强烈的问题,坚决纠正各种损害群众利益的行为。继续整治"四风"问题,集中整治新的形式主义、官僚主义,无论奢靡享乐之风的花样如何翻新,也不让其逃脱法纪的制裁。三是要完善机制,在组织体系内部形成吐故纳新的良性循环。健全党员能进能出机制,优化党员队伍结构。对不符合党员条件且经教育不改正的要及时给予组织处置,对腐化堕落、蜕化变质的要坚决清除出党员队伍。充分运用"四种形态",抓早抓小,防微杜渐,治"病树"、拔"烂树"、正"歪树",护好"森林"的生机和活力。四是要坚定不移推进党风廉政建设,坚持无禁区、全覆盖、零容忍,坚持重遏制、强高压、长震慑,坚决清除严重危害党内政治生态的腐败毒瘤,确保

党和国家长治久安。

（四）以选人用人为要点，为净化党内政治生态确立正确导向

"为政之要，惟在得人。"选人用人关系事业成败和政权兴衰。选人用人也是党内政治生态的"晴雨表"和"风向标"。如果选人用人风气不正，出现"劣币驱逐良币"的逆淘汰，就会挫伤好干部的积极性，引发人民群众的不满，对党内政治生态造成极大的破坏，甚至造成难以逆转的恶性循环，对党的形象造成严重损害。在选人用人方面要做好以下三个方面工作：一是要解决好用什么人的问题。用一贤人则群贤毕至，见贤思齐就蔚然成风。要坚持德才兼备、以德为先，把习近平提出的"信念坚定、为民服务、勤政务实、敢于担当、清正廉洁"好干部标准落到实处，提拔和重用那些对党忠诚、对民负责，深得群众拥护的干部，那些说话办事有真知灼见、有效率的干部，那些对上对下都实实在在、不玩虚招的干部，那些清正廉洁、公众形象好的干部，警醒和惩戒那些享乐主义思想严重、热衷于形式主义、严重脱离群众的干部。二是要改进推荐考察考核方法手段，完善政绩考核评价体系，严把选人用人关。扩大选人用人视野，推荐考察考核更加注重民意，畅通知情者向组织反映问题的渠道，严格考察信息的保密措施，着力破解干部推荐考察任用中年轻有为干部推不出来、思想品德和政治素质信息难收集、结果不准确、8小时以外的表现难掌握、"两面派"和"两面人"蒙混过关、干部群众反映强烈的"带病提拔"等难题。三是坚决整治选人用人不正之风，严厉惩处跑官要官、买官卖官、拉票贿选等行为，强化正淘汰机制，堵住"劣币驱逐良币"逆淘汰的黑洞，用最坚决的态度、最果断的措施"刷新"吏治。

（五）以法规制度建设为根本，为净化党内政治生态提供可靠保证

法规制度更具根本性、全局性、稳定性、长期性。制度治党是习近平关于党建方面的重要论述，是依法治国方略在党的建设领域的贯彻落实，是推进国家治理体系和治理能力现代化的必然要求。由此，要做到以下三个方面：一是要制定和完善党内法规制度体系。要根据实践的进程，针对新问题，吸收新经验，扎紧制度的笼子。特别是要围绕党的十九大做出的"健全党和国家监督体系"的重要部署，制定权力制约和监督的制度体系。把权力关进制度的笼子,真正做到用制度管权、管事、管人,防止权力的私用、滥用。二是要增强党内法规制度的权威性、执行力、约束力。制度的生命力在于执行。要通过刚性的制度约束、严格的制度执行、强有力的监督检查、严厉的惩戒机制,使全党都尊崇党章,遵章守纪,自觉践行党的规章制度,做到令行禁止,不触底线,防止制度成为"稻草人",形成"破窗效应"。三是要加强党内民主制度建设。没有民主就没有社会主义,没有党内民主就没有党的生机活力。要修订完善党员权利保障条例,尊重党员的主体地位,保障党员的知情权、参与权、表达权、监督权,畅通党员参与党内事务、监督党的组织和干部、向上级党组织提出意见和建议的渠道,在党内选举、决策、管理、监督等环节发扬党内民主,扩大党内民主,在党的各级组织形成既有民主又有集中、生动活泼的政治局面。

(六)以匡正社风民风为配合,为净化党内政治生态营造氛围

党内先进政治文化可以整合全民思想共识,引领社会风尚,党内不良风气必然影响社风民风,社会不良风气也会侵蚀党的躯体,影响党员干部的思想作风。党内先进政治文化的培养要在以下三个方面着力:一是要加强全社会思想道德建设。大力培育和践行社会主义核心价值观,提高人民思想觉悟、道德水准、文明素养,提高全社会文明程度。与此同时,我们要着力整治人民群众十分痛恨的唯利是图、损人利己、为富不仁、诚信缺失、坑蒙拐骗等不良现象,破除各种潜规则。二是要针对比较突出的官商"联姻"搞权钱交易和"围猎"领导干部的问题,坚持受贿行贿一起查、"围猎"者和心甘情愿被"围猎"者一起严厉惩处。三是要构建新型政商关系,划清公共权力与市场主体之间的边界。领导干部要为市场主体服务,但决不能寻租牟利。市场主体可以寻求政府的支持,但绝不能逾越法律的界限非法获利。

净化党内政治生态是新时代推进党的建设新的伟大工程的题中之义。无论是重点深化反腐败标本兼治和转变党的作风,还是侧重党内法规制度建设和严明政治纪律与政治规矩,着眼点就在于营造风清气正的党内政治生态,为开启全面建设社会主义现代化国家新征程提供根本保证。以习近平同志为核心的党中央做出的全面从严治党的战略部署为净化党内政治生态送来了最强劲的"东风",开辟了广阔的通途。当然,我们还必须清醒地认识到,"净化党内政治生态虽然已经有了'起势',但还没有形成'定势';许多方面已

经取得了'优势',但还没有达到'胜势'"[1],这是因为"政治生态和自然生态一样,稍不注意,就很容易受到污染,一旦出现问题,再想恢复就要付出很大代价"[2]。净化党内政治生态如同自然生态修复治理一样,不可能一劳永逸、一蹴而就,只有坚持不懈、久久为功才能实现真正的风清气正、海晏河清。

(本文刊登于《毛泽东邓小平理论研究》,2018年11月第11期)

---

[1] 中共中央文献研究室. 习近平关于全面从严治党论述摘编[M]. 北京:中央文献出版社,2016:40.
[2] 习近平. 习近平在参加十二届全国人大三次会议吉林代表团审议时的讲话[N]. 人民日报,2015-03-10.

第五部分
社会主义道德研究

当前价值观念的嬗变及其导向问题

近几年,价值观念的变化一直是一个热门话题。事实上,我们处在这样一个由过去的闭关锁国到对外开放,由僵化、单一的计划经济向商品经济转变的伟大变革的时代,人们的经济、政治、文化生活及思想观念、道德风貌的变化是必然的。但是,生活本身的丰富性与复杂性,使这种变化呈现出五光十色的立体色彩,以致使人感到有点目眩。对此,有人热情欢呼,有人迷惑不解,也有人惊呼"世风日下"。那么,对社会主义商品经济条件下人们价值观念的变化应如何估价?社会主义商品经济和价值观念的变化是一种什么样的关系?怎样坚持正确的价值观念导向?本文试图就此做一些探讨。

一

党的十一届三中全会以后,中国共产党人认识到,在中国这样一个经济文化极为落后的国家建设社会主义,商品经济是一个不可逾越的阶段,并大胆实行改革开放,发展社会主义商品经济。十多年来,我国的生产力获得很大发展,经济实力明显增强,物质财富有了很大增加,人民生活水平有了较大提高。事实充分证明,我们党的这一认识和实践是及时的、正确的,其意义是深远的。如果我们对"文化大革命"后期我国经济处于崩溃边缘的境况还记忆犹新的话,如果我们对世界上有些社会主义国家由于没有及早改革,经济发展明显减缓或停滞,人民生活水平严重下降,以致造成政治危机的状况能够正视的话,那么,结论也就很清楚了。

马克思、恩格斯指出:"人们的观念、观点和概念,一句话,人们的意识,随着人们的生活条件,人们的社会关系,人们的社会存在的改变而改变。"[1] 社会主义商品经济的发展使生产、流通、交换等经济领域发生变革,

---

[1] 马克思,恩格斯. 马克思恩格斯选集:第1卷[M].2版.北京:人民出版社,1995:291.

也使人们的生活条件、社会关系及人们的利益关系发生变化,而这些变化必然反映在思想意识上,必然引起利益观念与价值观念的变化。

社会主义商品经济发展带来的价值观念变化的情况如何呢?我们认为,总的说来是呈现两重性。一方面,对旧的僵化体制的变革有力地涤荡了与这种体制相伴随的陈旧的价值观念,与社会主义商品经济相适应的新的价值观念应运而生,人们的精神面貌发生了积极的变化。在过去的旧体制下,社会主义就是"一大二公",企业经营不求效益,社会劳动不讲效率,大家都混在"大家庭"里捧着"铁饭碗"吃"大锅饭",饱不了,饿不死,不以贫穷为耻,甚至以穷为荣,视富为不义。在过去的旧体制下,人们过着那种日出而作,日落而息,互相无竞争,无须冒风险的"惬意"生活,故步自封,不思进取,不求创新,甚至视科学文化为粪土,以愚昧无知为荣耀的观念曾经在多少人头脑中根深蒂固。随着改革开放的深入和社会主义商品经济的发展,这一切已为人们所摒弃。越来越多的人认识到,贫穷不是社会主义,社会主义就是要创造更多的物质财富和精神财富,不断满足人民群众日益增长的物质和文化的需要。在整个社会生活中,诸如讲求效益、勤奋劳动、勇于竞争、敢冒风险、尊重知识、尊重人才、重视科学技术、尊重个人的劳动和创造等新的价值观念已为越来越多的人所接受。价值观念的这些积极变化使人们的思想获得了解放,使广大人民群众的积极性、创造性得到极大的发挥,推动了社会的进步。另一方面,我们也必须看到,在社会主义商品经济发展中,人们价值观念的变化也出现了一些与社会主义道德相背离并且有害于社会主义商品经济发展的消极现象,其中最突出的是唯利是图、一切向钱看、个人主义、极端利己主义的价值取向。在这种错误价值观念的支配下,一些人干出种种不合法、不道德的事,使经济、政治、文化、道德等领域出现了这样那样的丑恶现象。近几年,人们所痛恨的一些问题,如假酒、假药等假货的出现,一些干部以权谋私、贪污受贿、以权易钱等问题的产生,黄色音像、书刊的流行,封建迷信、卖淫嫖娼、赌博、吸毒贩毒等现象的复活都是在这种错误价值观念指导下的滋生物。

目前,在对发展社会主义商品经济以来价值观念变化情况的估价上,出现了两种错误的观点:一方面,有些人对这几年价值观念变化中出现的消极现象持肯定态度,甚至对一切向钱看、极端个人主义等资产阶级腐朽没落的价值观念也大加宣扬,认为人性本来就是自私的,个人主义是进步的。这种错误观点把人们引入歧途，对社会上一些丑恶现象的产生与发展起了推波助澜的作用。另一方面，有的同志对社会上出现的新思想、新观念和新的生活方式看不惯，甚至对劳动致富、正常竞争、正当的个人权益、必要的物质奖惩等有利于社会发展进步的观念和行为都一概排斥，感叹"世风日下"，希望返璞归真，回到过去旧体制时代那种情形之中去。这两种错误看法都违背了客观事实，是十分有害的。前者企图把资产阶级价值观念引入我们社会，动摇和瓦解社会主义道德体系，这实际上是资产阶级自由化在道德领域的一种反映和表现。后者看起来仅仅是对价值观念变化的否定，但实际上这种否定将引向对我国十多年来社会主义建设成就和社会巨大进步的否定，引向对整个改革开放和发展社会主义商品经济的否定，引导人们回到过去的老路上去，这同样是我们所不能同意的。

二

在肯定这几年发展社会主义商品经济以后，人们价值观念发生了深刻的变化，在承认社会生活及思想道德领域出现了一些消极现象的时候，有一个问题必须弄清楚：这些变化的产生和消极现象的出现跟发展社会主义商品经济是一种什么样的关系？笔者认为，对这个问题应从两个方面来认识。

第一，这几年价值观念的变化和社会生活中一些消极现象的出现跟商品经济的发展有着直接的关系，现实客观存在是价值观念变化的根本原因。

恩格斯说："人们首先必须吃、喝、住、穿，然后才能从事政治、科学、艺术、宗教等等；所以，直接的物质的生活资料的生产，从而一个民族或一个时代的一定的经济发展阶段，便构成为基础，人们的国家设施、法的观点、艺术以至宗教观念，就是从这个基础上发展起来的，因而，也必须由这个基础来解释，而不是像过去那样做得相反。"[1] "人们自觉地或不自觉地，归根到底总是从他们阶级地位所依据的实际关系中从他们进行生产和交换的经济关系中，吸取自己的道德观念。"[2] 这里就给我们揭示了一个深刻的道理：作为社会意识形态现象的价值观念是由经济基础决定的，是社会物质生活条件的反映。因此，道德观念的根源不应从社会生活之外去寻找，而只能

---

[1] 马克思，恩格斯. 马克思恩格斯选集：第3卷 [M]. 2版. 北京：人民出版社，1995：776.
[2] 傅季重，黄万盛. 道德的理论与实践 [M]. 上海：上海社会科学院出版社，1987：184.

从现实的人类物质生活条件中去探求。正是现实存在的包括分配关系、利益关系等在内的经济关系对人们的思想、观念和行为趋向起着最大的导向作用，引导着人们想做什么，去做什么，也影响着人们鄙视什么，反对什么。

近几年，人们在价值观念上出现的一些积极变化，正是商品经济本身特点的表现和反映。社会主义商品经济与其他社会形态下的商品经济有着本质的区别，但社会主义商品经济作为商品经济的一种类型必然亦具有商品经济的一般特点。这种特点至少包括以下五个方面：（1）以追求价值为商品生产的直接目的。商品是价值与使用价值的统一，而商品的本质在于它的价值，使用价值只是价值的物质承担者。社会主义商品经济要求商品生产者不能牺牲使用价值去追求价值，把价值作为唯一追求的目的，但是社会主义企业必须理直气壮地追求利润，讲求经济效益，如果完全离开对价值的追求，那就无所谓商品生产。（2）以商品生产者的特殊利益为商品经济活动的出发点和归宿。商品生产以生产者之间的社会分工和交换为基础，商品生产者总是用自己的商品来满足彼此的需要。因此，在商品交换过程中，交换双方彼此把对方作为实现自己目的的手段而互相利用。社会主义商品经济要求商品生产者和经营者在从事经济活动时必须有益于或至少不损害共同利益，但是在这一前提下，他们自身的局部利益也是不可否认的，不然商品生产者和经营者就会没有积极性，商品生产也难以发展。（3）通过市场来实现产品的交换。市场是商品经济的产物，是商品交换关系的总和，只要有商品经济就必然存在市场。社会主义商品经济离不开市场，也得充分利用市场这一经济手段。这样，同市场机制联系在一起的价值规律、供求规律、竞争规律等必然在商品经济中发生作用。（4）货币作为一般等价物仍然在商品交换中发挥着作用。在商品经济活动中，商品生产者必须在市场上实现自己商品的价值，即把商品变成货币，社会主义条件下的按劳分配也不可能采用直接分配实物的办法，必须通过分配货币的办法来实行。（5）竞争贯穿于整个商品生产和商品交换活动之中，从商品的生产、交换到实现商品价值的过程都存在着竞争，在这里优胜劣汰是严酷无情的。

商品经济的这些特点对社会进步和价值观念变化产生的影响是巨大的，一方面，商品生产中的客观规律有力地调动了生产者和经营者的积极性、创造性，使企业和经营单位更加重视效益，重视价值的实现，促使它们重视人才，重视采用新技术，改善生产条件，改善经营管理，提高劳动生产率，企业活力有了总体增强，整个国民经济活力也大大增强。相对于以往的非商品化的自然经济而言，商品经济也使整个社会生活增添了活力，使人们的个性和才能在新的条件下得到发挥和发展，人的精神面貌也发生了深刻的变化。改革开放十多年来，我国经济建设之所以能取得巨大成就，这显然是一个重要原因。另一方面，由于商品经济对价值的追求，就潜藏着在一定条件下为价值而牺牲使用价值的可能，以"坑、蒙、拐、骗"等手段去追求价值的违法乱纪、不道德的行为就可能出现，由于生产者和经营者往往自发地倾向于以自身特殊利益为出发点和归宿，当局部利益和全局利益、眼前利益和长远利益、自身利益和他人利益发生矛盾时就可能牺牲全局利益、长远利益和他人利益，只求局部利益、眼前利益和自身利益，小团体主义、本位主义、利己主义就可能滋长；由于市场交换是由价值规律自发调节的，市场会不断出现平衡和波动的更替，从而给那些利欲熏心的人提供了采取不正当手段牟取暴利的机会，以致私欲膨胀和道德堕落；由于商品的价值和按劳分配都通过货币来实现，货币就可能成为一些人唯一的追求目标，在分配领域的"按酬付劳"、交换领域的"以少换多"等思想就可能在一些人的头脑中膨胀起来，在人际关系方面，道义就可能为金钱所湮没，以致人与人之间的关系也变成金钱关系，甚至会有人为了金钱而不顾人格，做出伤风败俗的事来，使过去已绝迹的丑恶现象又死灰复燃，由于竞争是无情的，竞争中必然会有失败，为了使自己不在竞争中遭淘汰，有的就可能采用行贿、挖对方墙脚、败坏对手声誉、搞地区封锁、技术封锁等手段进行竞争，从而也导致道德的堕落。应当指出的是，上面我们列举的在社会主义商品经济条件下可能出现的消极现象确已在现实社会生活中出现，有的还相当严重，这是应当正视的事实。

第二，逐步完善社会主义商品经济体制，完善国家对经济活动的监督、管理、调控机制，加强社会主义民主、法制建设和精神文明建设，商品经济对价值观念的某些消极影响是可以抑制的。

前几年，人们价值观念上出现的一些问题和社会生活中种种消极现象滋生、蔓延的重要原因是：社会主义商品经济体制和调控机制还不完善，一段时间"一手硬，一手软"，放松了精神文明建设。因此，不能简单地把它看成是社会主义商品经济发展必然要付出的代价。

社会主义商品经济与以私有制为基础的其他商品经济（简单商品经济、资本主义商品经济）有着根本的区别。社会主义商品经济是以生产资料公有制为基础的、以逐步满足人民日益增长的物质和文化需要为生产目的的有计划的商品经济。因为以公有制为基础,所以从根本上说,商品生产者和经营者的特殊利益,同人民利益和国家利益是一致的;因为劳动者是生产资料的主人,劳动力已不再是商品,所以,劳动者所生产的产品属于劳动者自己,即使用于扩大再生产和其他社会需要的部分,看起来是从处于私人地位的生产者身上扣除的,但它"又会直接或间接地用来为处于社会成员地位的这个生产者谋利益"[1]。社会主义的生产目的是逐步满足人民日益增长的物质和文化需要,这就从根本上规定了商品生产者不能牺牲使用价值去追求价值,把价值作为唯一的追求目标,商品生产和交换中不仅要讲经济效益,更要讲社会效益。由于是有计划的,国家就能在全社会规模上自觉地运用价值规律对商品生产和交换进行调控,运用经济手段惩处违背社会主义宗旨的生产者和经营者。因此,完善的社会主义商品经济体制就是防止、抑制商品经济种种消极影响的强有力的机制,绝不像资本主义商品经济允许甚至助长这种种现象,从而使道德沦丧成为不可救治的痼疾。

社会主义民主、法制建设是抑制商品经济对价值观念产生某些消极影响的强大武器。随着现代社会的不断进步,民主、法制建设作为规范人们的思想、行为的有力手段已越来越显示其重要作用。邓小平同志视察南方时说:"还是要靠法制,搞法制靠得住些。"有了不断完善的法制,人们在从事政治、经济、文化等日常活动时就有了遵循的规范。严格遵循法律规定,及时、坚决地打击各种违法活动,扫除各种丑恶现象,就能正确地引导人们去做什么与不去做什么,帮助人们明辨是非与确立正确的价值观念。这几年,社会生活中一些消极现象屡禁不止,一个重要原因是法制不健全和执法不严。中华人民共和国成立后,我们只花了几年时间就扫除了吸毒、嫖娼等社会丑恶现象;现在,我们共产党人完全有办法、有能力扫除改革开放和商品经济发展中出现的某些丑恶现象,做到两个文明同步发展。

抑制商品经济对价值观念产生某些消极影响的另一个重要手段是以马克思主义为指导的社会主义道德建设。道德属于社会意识形态,是上层建筑的组成部分,由一定的社会经济基础所决定。人们的道德观念一旦形成便具有相对独立性,对社会经济基础、对整个社会生活具有重大的能动作用,或者起着维护、促进作用,或者起着瓦解、破坏作用。在我国建立社会主义制度

---

[1] 马克思,恩格斯. 马克思恩格斯选集:第 3 卷 [M]. 2 版. 北京:人民出版社,1995:303.

以后，已经初步建立了与之相适应的社会主义道德体系，在发展社会主义商品经济中，如果能充分发挥社会主义道德的力量，在全社会形成一种强大的、正确的社会舆论，提高商品生产者和经营者的职业道德水平，就完全可以防止、抑制、减少商品经济对价值观念产生的消极影响。在过去一段时间，那种认为商品经济发展可以自然带来道德进步的"自发论"和社会主义商品经济必然导致道德堕落的"代价论"都曾经很有市场，实际上对发展商品经济中出现的一些消极现象采取放任自流或者推波助澜的作用，都加剧了问题的严重性，这是应当认真吸取的教训。

综上所述，可以得出两个结论：第一，要建设社会主义现代化就必须发展社会主义商品经济。发展社会主义商品经济，对增强社会主义国家的综合国力，提高人民的生活水平，使我国的社会主义事业具有更强大的生命力，均具有极为重要的意义和作用；同时，这对打破阻碍生产力发展的陈旧而僵化的价值观念、确立同生产力发展相适应的价值观念与促进思想解放也有巨大的推动作用和积极意义，不能因为前几年价值取向中出现了一些问题与社会生活中出现了一些消极现象就对此加以否定。第二，社会主义商品经济对价值观念可能产生的消极影响是值得注意的，如果我们头脑不清醒，丧失警惕性，社会风气和道德风尚就可能受到严重影响。前几年，正是在这方面的失误使我们尝到了苦果。而只要我们认识正确、措施得当，就能够做到经济发展与搞好社会秩序和社会风气齐头并进。

三

邓小平同志视察南方谈话中指出："不仅经济要上去，社会秩序、社会风气也要搞好。"要保证改革开放和社会主义商品经济的顺利发展，就必须变革旧的价值观念，当前这方面的任务还十分艰巨。在改革开放过程中，新旧体制交替必然伴随着新旧观念的冲突和变革。十多年来，改革开放和商品经济的发展冲破了许多旧的价值观念，但总的说来价值观念的变革仍然是滞后的，在现实生活中，诸如平均主义、惧怕竞争、乐于吃"大锅饭"等旧的价值观念仍然禁锢着人们的思想，束缚着生产力的进一步解放，阻碍着改革开放和商品经济的深入发展。为了保证改革开放和社会主义商品经济的健康发展，把商品经济发展中的一些消极影响抑制、减少到最低限度，把社会秩序、社会风气搞好,必须切实加强社会主义道德建设。针对当前社会生活中存在的一些消极现象,应着重从以下几个方面加强教育,以坚持正确的价值导向。

第一,加强全心全意为人民服务思想的教育,克服以权谋私等不正之风,反对在经济活动中把商品价值作为唯一追求的目标。全心全意为人民服务是我们党的根本宗旨,在过去革命和建设时期,我们党之所以能够取得一个又一个胜利,其根本原因就在于把工人阶级和广大劳动人民的利益看作自己的利益,把全心全意为人民服务看作自己的神圣职责,从而赢得了人民群众的信赖和支持。但是,在改革开放、发展社会主义商品经济的过程中,少数党员、干部经受不住考验,滋长了个人主义、利己主义思想,忘记了自己是人民的公仆,有的利用职权谋私利,有的官僚主义严重,凌驾于人民群众之上做官当老爷,有的贪污腐化,索贿受贿,严重触犯党纪国法,这些问题的出现告诉我们,当前应特别加强全心全意为人民服务的教育,增强党员、干部的公仆意识。

第二,加强奉献精神教育,防止等价交换原则渗透到思想政治领域,抵制唯利是图、一切向钱看等资产阶级思想意识的侵蚀。社会主义实行按劳分配的原则,对于劳动者而言,按劳分配绝不意味着按自己意愿去索取报酬,更不是"给我多少就干多少"的按酬付劳。当前,由于商品等价交换原则侵蚀了一些人的思想,使他们滋长了错误的价值观念,以等价交换原则来支配自己的行为。有的人把劳动仅仅看作索取报酬的手段,有钱就干,钱多多干,钱少少干;有的人利欲熏心,见利忘义,金钱至上,不讲职业道德和社会公德,不择手段地谋取钱财。这说明当前大力提倡奉献精神与进行社会主义劳动态度、职业道德的教育尤为必要。

第三,加强集体主义精神教育,以集体主义精神为调节国家、集体和个人三者关系的原则,反对个人主义、本位主义和小团体主义。为发展社会主义商品经济,国家调整放宽了有关政策,扩大了企业的自主权,这有利于增强企业活力。但由于一些企业经营思想不端正,产生了只顾眼前利益而不顾长远利益、只图本单位利益而损害国家利益的本位主义和小团体主义,利己主义、个人主义在一些人身上也表现得很突出。因此,必须加强集体主义思想教育,以抑制这些消极现象。

第四，开展艰苦奋斗教育，克服铺张浪费现象，抑制资产阶级腐朽糜烂生活方式的影响。这几年，由于经济的发展及调整了消费与积累的比重，人民群众的生活水平普遍有所提高。另外，允许一部分人先富起来，允许个体经济、私营经济作为社会主义公有制经济的有益补充而合法存在，一部分人手里的钱比较多。在这种情况下，人民群众消费需求的适度增长是正常的，但也产生了一些不正常的现象，有些人盲目追求高消费，摆阔气、讲排场，铺张浪费现象严重。更为严重的是，有极少数人追求资产阶级生活方式，吃喝嫖赌无所不为，以至于卖淫、嫖娼、贩毒、吸毒等一些在中华人民共和国成立以后已经绝迹的消极现象又沉渣泛起，对这些问题必须用法律、行政手段加以严厉打击，同时也必须用道德手段加以调节。

第五，开展助人为乐、扶贫济困的社会公德教育，巩固社会主义制度下团结、互助、友爱的新型人际关系，防止人与人之间的关系成为赤裸裸的金钱关系。在资本主义社会中，由资本主义经济基础所决定，人与人之间是一种赤裸裸的金钱关系，西方资产阶级伦理学家也为此而哀叹。中华人民共和国成立以后，我国建立了社会主义公有制经济，也建立了良好的人际关系，但由于商品经济产生的某些消极影响，也由于我们一度忽视了社会主义道德建设，前几年，这方面情况有所恶化，有些问题还相当严重。在一些地方出现意外事故时，围观的人一大片却没有人见义勇为去援手相助。在公共场合，当有坏人行凶而人民的生命财产危在旦夕时，有的人袖手旁观，见死不救，甚至还有人幸灾乐祸，趁火打劫。这些问题如不解决，不仅将严重损害社会主义新型的人际关系，而且将严重危害整个社会主义事业。

在这里有个问题需要加以澄清：社会主义道德的价值导向与社会主义商品经济及党和国家为发展商品经济而实行的改革开放政策是否相矛盾呢？我们认为，我国的商品经济和道德体系都是社会主义制度下的产物，本质上是相一致的。社会主义道德并不否定社会主义商品经济和现行的方针、政策，它反对的是违背现行方针、政策的思想观念和行为，目的正是保证商品经济的健康发展，保证改革开放政策更好地贯彻执行。例如，我们提倡集体主义，并不是否定正当的个人利益，而是反对把个人利益凌驾于他人利益、集体利益和整个社会利益之上，反对违背国家政策、法令而不择手段地谋取个人利益的思想和行为。我们提倡奉献精神，并不是反对个人通过诚实劳动去获得合法收入，根据按劳分配原则取得合理报酬，而是指不要一切向钱看，唯利是图。我们强调党员干部要树立全心全意为人民服务的思想，并不是反对他们去获取在党和国家的制度与政策规定范围之内的个人利益，而是反对以权谋私，利用职权搞不正之风，如此等等。因此，从总体上说，社会主义道德的价值导向与发展社会主义商品经济是不矛盾的，而在实际生活中可能会有这样那样一些似乎相矛盾的地方，这或者是曲解与违背了党和国家改革开放政策的一些思想行为，正是需要加以抑制的消极现象；或者是曲解了社会主义道德的一些做法，正是应该予以批评与纠正的。

[本文刊登于《苏州大学学报（哲学社会科学版）》，1992年6月第4期]

关于诚信问题的几点思考

一

当前，诚信问题已成为人们关注和议论的一个焦点。人们呼唤诚信，因为不诚不信在社会各个方面都已较为严重，诚信缺失已成为一种危机：在政治生活中，一些掌权为官者虚报统计数据，热心"形象工程""政绩工程"，投机取巧，沽名钓誉，欺上瞒下，弄虚作假。有的地方官员明里暗里纵容或支持注册假企业，开具假票据，骗取中央政府的出口退税。也有的与不法分子同流合污，大搞走私活动，造成国家税收巨额损失。也不乏像成克杰、胡长清之流的"两面人"，公众场合一副正人君子的样子，慷慨激昂大讲反腐倡廉，私底下包养情妇，生活糜烂，大肆收受贿赂，捞取不义之财。在司法领域，假证词、假鉴定屡见不鲜，某些执法人员诚信缺失造成的审判不公、执法不严，甚至执法犯法问题同样比较严重。公正、神圣的法律也受到了亵渎。在经济领域，市场上出现大量假冒伪劣产品，有些人唯利是图，甚至伤天害理，在老百姓每天过日子不可缺少的常用食品上作假，坑人害人，喂猪用瘦肉精，蔬菜果品残存农药严重超标，油盐酱醋做伪劣，等等。报刊上不时报道的毒油毒米毒盐毒酒事件，让人感到提心吊胆。至于不守合同，恶意赖账，收货不付款，收款不发货，更是司空见惯。为了交易的安全，一些企业已不敢相信书面合同，原始的一手交钱一手交货的方式大量涌现。一些上市公司为了圈钱，蓄意编造财务指标，包装年度利润，一些会计师事务所人员甘愿充当"帮凶"，有些股评家拼命摇唇鼓舌，协助造假、坑害股民。在文化领域，绿茵场上有"黑哨"，刊物上有假新闻，有偿新闻屡禁不止，荧屏上充斥着不少诱人上当的假广告，连一向被认为是净土的学术界也频频爆出丑闻，文凭掺"水"，学历有假，职称有假，还有假造数据编撰论文，甚至整个剽窃、抄袭他人学术成果。还有社会生活其他方面的坑蒙拐骗现象也不胜枚举，金融诈骗、传销抬会、设局坑人都十分猖獗，如此等等。社会生活中某些诚信缺失的现象发展到如此地步，着实令人担忧。

二

诚信缺失对社会生活和社会秩序的危害是多方面的。

首先，诚信缺失就难以建立完备的社会主义市场经济体系。诚信是市场经济的基石。在过去的计划经济时代，国家统一安排生产、流通、交易，资源的配置和产品的交换都是国家在起作用，企业只要按照国家的计划指令行事就可以了，企业之间没有真正意义上的交易。另外，交易双方的所有者都是国家，其利益的归属也是国家，企业在实质上没有自身利益，因此，交易双方的违约对彼此都没有实际意义，违约所带来的问题和损失也由国家来解决和承受。如今，在市场经济体制下，作为生产者，不管是国有还是集体或个人，都成了真正的生产、流通、交易的主体，也是真正的利益主体。作为真正的利益主体，在流通、交易过程中首先要考虑的是安全保证。在现代大生产、大交换的时代，交易安全的保证已不可能把交易对象局限于自然经济条件下那种亲友、熟人的小圈子，也不能限定于小生产者所熟悉的那种"一手交钱一手交货"的原始交易方式，那么，交易双方靠什么来维系其交易关系和利益安全呢？那就是契约。而一纸契约又如何保证其可靠性呢？这就需要信用和法律。当某个交易方不守信用恶意赖账的时候，甚至有些不法分子频繁变换公司注册名称，把合同作为诈骗手段，收货不付款，收款不发货，而法律又难以对其严厉惩处，让其付出高昂代价的时候，契约就失去了其可靠性，交易就无法进行。因此，市场经济就是信用经济，信用是市场经济中一条重要的交易链，信用的缺失将导致交易链的断裂，带来交易成本的提高，市场就不会有秩序，也谈不上有什么效益，任其发展下去甚至会波及整个经济，导致经济的衰退。正如江泽民同志在2001年中央经济工作会议上所说的："没有信用，就没有秩序，市场经济就不能健康发展。"

其次，诚信缺失也难以增强我国经济的国际竞争力。经过十七年艰苦的谈判，我国终于加入了世界贸易组织（WTO）。加入WTO，对我国社会信用体系的建立提出了更加紧迫的要求。我国加入WTO的根本目的是拓展我国经济发展的空间，增强我国经济的国际竞争力和对国外、境外企业的吸引力，从而在国际经济竞争日益激烈的大环境中立于不败之地。要实现以上目标，就必须尽快地规范好我国的市场经济秩序，建立和健全法制、诚信和公平竞争的市场环境。WTO的基本原则包括公平交易原则、透明度原则和非歧视性原则。这些原则无一不蕴含着对诚信的严格要求。世界贸易是诚实信用的交往，而不是投机和假冒伪劣的经济。在国际竞争中，没有信用就没有竞争的资格。我国的企业和产品要更多地走向世界，必须依靠真正的实力和良好的信用，靠投机取巧和假冒伪劣，即使走了出去，也会被人家扫地出门。没有良好的知识产权保护和诚实信用的氛围，也难以吸引更多的国外、海外优秀企业到国内落脚。我国有些不法商贾在国内赚黑钱还嫌不够，还把假冒伪劣产品做到国外、境外，引起了当地消费者的强烈愤慨。海外有些名牌产品进入中国后发现市场上充斥着冒牌它们的伪劣产品，严重损害了它们的声誉和利益，然后不得不撤离。这些情况应该给我们敲响警钟。应当看到，西方一些发达国家市场经济发育比较成熟，社会信用体系的建立也比较完备，而这方面正是我们的弱势。因此，尽快解决诚信缺失问题，建立完备的社会信用体系是加入WTO后应对工作中一项十分重要和紧迫的任务，也是能否真正做到趋利避害的关键之一。

再次，诚信缺失会严重损害党和政府的威信和形象。首先，政治生活中的诚信缺失会直接损害党和政府的形象。改革开放以后，我们恢复了实事求是的思想路线，也大力加强了反腐败斗争的力度，但对目前干部队伍存在的问题，也还不可低估。一些人表里不一、言行不一，一些人弄虚作假、投机取巧，一些人跑官要官，甚至买官卖官，少数干部包括个别高级干部贪图享乐，以权谋私，掉入腐败的泥坑；他们在政治上不讲理想，没有党性，在思想作风上不诚不信。如果这些问题不能得到有效的整治，就会引起人民群众的不满，党和政府的形象就会受到损害，党的执政地位就会动摇。另外，那些存在于经济、文化及其他社会生活中的诚信缺失问题，有的跟官场的风气直接有关，"官"风不正导致民风不淳，正民风必先要正"官"风。有的虽然不是为官者所为，但如果对此整治不力，任其长期泛滥，党和政府的能力就会受到人们的怀疑，也会影响人心的向背。

最后，必须正视诚信缺失对人们精神世界和社会道德体系的破坏作用。我们党一贯重视社会主义精神文明建设，在改革开放和发展社会主义市场经济过程中，邓小平同志一再强调要一手抓改革开放，一手抓打击犯罪；一手抓经济建设，一手抓民主法制；一手抓物质文明，一手抓精神文明。"两手抓，两手都要硬"。江泽民同志在全国宣传部长会议上的讲话中强调："我们在建设有中国特色社会主义，发展社会主义市场经济的过程中，要坚持不懈地加强社会主义法制建设，依法治国，同时也要坚持不懈地加强社会主义道德建设，以德治国。"为什么江泽民同志从法治和德治相结合的角度提出以德治国的方略？因为现代社会在运用法律的权威性和强制性来规范社会成员行为的同时，也必须借助道德的说服力和劝导力来提高社会成员的内在自律意识，从而达到规范行为的目的。人类自结成一定的生产关系，就伴随着产生道德。道德通过社会舆论、风俗习惯、内心信念等特有形式，使人们按照一定的善恶标准抉择行为，维护社会关系的平衡。对于任何一个社会，道德都是不可或缺的。

诚信属于道德的范畴，它不是道德的全部，却是全部道德的基础。"人无信不立。"没有诚信，人就不成其人。试想一下，当一个人所说所为都是虚假的时候，他怎么可能还有其他的美德呢？当人群中彼此的信任都难以建立的时候，还谈得上建立起其他良好的道德规范吗？因此，诚信的严重缺失，无可置疑会导致人们道德的沦丧，甚至整个道德体系的崩溃。必须清醒地看到，目前社会上诚信缺失问题已经导致了人们精神世界和社会道德体系的种种不良后果。社会应当给那些不诚不信者以严厉惩处，让他们付出得不偿失的代价，可人们在现实生活中经常看到一些专事假冒伪劣的人发了财，擅长投机取巧的人升了官，从而使一些人对原有的道德信念产生了怀疑和动摇，对不诚不信逐渐认同，有的甚至走向同流合污。父母从小就教育我们不要说假话，对人要诚实守信，可现在很多父母却不愿这样教育孩子，惧怕孩子太纯真，将来走上社会难以立足。有的父母惧怕拐卖儿童的灾难落到自己头上，不得不教育孩子不要信任任何人，就是自己的亲属、邻居也要注意防备。我们对目前诚信缺失最大的担忧是：如果对此不加以有效的整治，它将毒害一代人甚至几代人的心灵，造成其思想道德观念的迷失。因为道德有其独立性和稳定性的特点，一旦不良道德成为时尚和习俗，拨乱反正就十分艰难。"文化大革命"的教训我们永远都不能忘记，那时候没有人性也谈不上诚信，不讲秩序更不讲文明。改革开放二十多年来，我们不遗余力地对此进行拨乱反正，但至今仍无法完全清除其恶劣影响和痕迹。实际上，目前的诚信缺失，"文化大革命"脱不了干系。

三

呼唤诚信回归,已是民心所向,构建与社会主义市场经济相一致的社会信用秩序已成当务之急,我们应当为之做出不懈的努力。

第一,要整顿和规范市场经济秩序,建立和健全法制、诚信和公平竞争的市场环境。诚信缺失和市场秩序混乱是互相作用的。诚信缺失会导致市场秩序混乱,市场秩序混乱会加剧诚信缺失。从根本上说,存在决定意识,如果经济秩序混乱的情况不能得到根本改观,道德观念的变更必然是贫乏无力的。因此,整顿经济秩序不仅对市场经济建设是必要的,对重建诚信也是必需的。目前,对那些制售假冒伪劣商品的违法犯罪活动,特别是那些严重危害人民生命健康和安全的食品、药品、医疗器械等方面的制假售假行为,对各种偷税、漏税、逃汇、骗汇、传销、走私等违法犯罪活动及伪造单据凭证和做假账等违法行为,对那些金融欺诈、非法集资、操纵证券市场和内幕交易、恶意逃废债务等行为都必须依法查处、严厉打击。最近几年,我们在大力整顿经济秩序方面花了很大力气,并采取了大量措施,为什么成效并不十分显著?为什么经济秩序混乱的情况得不到根本改观?其原因值得我们进行认真的分析和思考。我们的法规还不健全,不法分子有空子可钻。有的地区地方保护主义严重,有的官员为了一时一地的利益对制假售假睁眼闭眼,甚至明里暗里纵容和支持偷税、漏税、逃汇、骗汇、走私等犯罪活动,使这些地方实际上成了犯罪分子的庇护所。有的执法和惩戒机构人员执法不严,放纵坑蒙拐骗、制假售假等违法犯罪活动,甚至为了谋取个人利益,与不法分子沆瀣一气,同流合污,充当他们的保护伞。如此种种原因,使那些不法之徒得不到应有的严厉惩处,使受害者得不到应有的补偿。因此,整顿和规范市场经济秩序不仅要集中整治,而且必须综合治理。

第二,要净化党内政风,让为"官"者树立良好的诚信形象。上行下效,上有所好,下必甚焉,官场的风气对整个社会风气从来都具有示范作用。要使诚实守信成为全社会所认同和遵守的行为准则,各级党政干部首先必须做出表率。让为"官"者树立良好的诚信形象,就是要求各级领导干部要诚实为人,踏实工作,务实求真,坚决摒弃那些虚报浮夸、欺上瞒下的恶劣作风;就是要求各级领导干部一定要把人民群众的安危冷暖时刻放在心上,勤政为民,多为群众办好事,办实事,办得人心的事,为人民群众谋取实实在在的利益,坚决克服误国害民的形式主义、官僚主义,杜绝"形象工程""政绩工程"。让为"官"者树立良好的诚信形象,关键要真正选诚信的人为"官"。决不能让那些到处拉关系、找靠山、跑官要官、买官卖官、造假骗官的人,那些贪图享乐、花天酒地、贪赃枉法的人混入干部队伍,爬上领导岗位。为此,必须在建立科学的选人用人机制上下功夫,大力推进制度改革,完善民主推荐、民主测评、民主评议制度,确保群众能畅所欲言,从制度上保证真正能发现和使用那些埋头苦干、任劳任怨、政绩突出而不事张扬的人,识别和淘汰那些投机取巧、沽名钓誉、弄虚作假的人,真正做到江泽民同志所说的:"绝不能让投机取巧、夸夸其谈的人如愿以偿,也绝不能让勤勤恳恳、踏实工作的人吃亏。"让为"官"者树立良好的诚信形象,还必须继续深入推进反腐败斗争。党内腐败分子虽然只是少数,却极大地损害党和政府的威信和形象,影响干部队伍的声誉,引起人民群众的不满,因此,对腐败分子的查处和严惩任何时候都不能松懈。

第三,大力进行诚实守信的道德教育,逐步在全社会形成诚信为本、操守为重的良好风尚。良好道德风尚的形成,既要靠社会的强制性规范,更要靠长期的宣传教育。因此,要使诚实守信成为大多数人所认同与遵守的行为准则,宣传思想、文化教育战线的同志负有重要的责任。为此,新闻舆论部门首先要规范和检点自己的行为,把诚实守信作为自己的操守,防止出现假新闻,坚决摒弃有偿新闻,坚决不让那些诱人上当受骗的虚假广告走上荧屏和报刊。同时,要坚持正确的舆论导向,勇敢揭露各种欺诈和坑蒙拐骗的恶劣行径,大力宣传那些诚实守信的良好品行。广大文化教育工作者必须以身作则,为人师表,成为诚实守信的模范和榜样。最近,中央已正式颁布《公民道德建设实施纲要》(以下简称《纲要》),诚实守信是《纲要》确定的公民道德建设的一项重要内容,认真贯彻执行这一规定,全社会必须做出共同的努力。诚实守信的道德教育,必须以青少年为重点。青少年是国家的未来,他们的道德素质如何,直接决定着未来社会的风尚。社会、学校和家庭决不能因为目前社会上一些诚信缺失的现象而动摇甚至放弃对他们的诚信教育,不然我们就会犯历史性的错误,造成不可弥补的损失。

第四,加快建立规范的社会信用系统,为社会信用水平的提高提供制度保证。建立社会信用系统主要包括两个方面:一是政府要建立监督机制和惩戒机制，加强对失信欺诈行为的监督惩戒。对失信欺诈者追究其经济、行政责任直至绳之以法，让不讲信用者付出高昂的代价，使受害者得到必要的补偿。二是采用现代化监管手段，建立企业、中介机构和个人的信用档案，把失信欺诈者的不良行为记录下来，并为社会提供信用信息，让消费者、同业竞争者得到应得的信息，知道谁可以做生意，谁不可以做生意，使诚信者获得更多的交易机会，让失信者名誉扫地，成为人人喊打的"过街老鼠"。建立社会信用体系是一个大工程，也必须由全社会做出共同努力。国家和地方政府理所当然负有重要责任，目前，国家有关部门正就着手建立健全信用记录及公布制度方面进行探索，一些地方也已行动，如北京市启动了国内第一个在互联网上公开的企业信用体系，即"不良行为警示记录管理系统"；上海市开通了个人信用联合征信系统；广州市将为全市企业建立户籍式信用档案；深圳市推出《个人信用征信及信用评级管理办法》；等等。同时，国家也应放开民营企业和外资企业经营信用调查、信用评估和信用保险等业务，调动全社会积极性，利用民间和外商的人力物力进行信用管理服务。只有这样，才能满足社会信用评估和信用咨询服务的大量需求。

[本文刊登于《苏州大学学报（哲学社会科学版）》，2002年7月第3期]

市场经济，道德精神不可或缺

中国从计划经济走向市场经济，是一次巨大的历史性变革。社会主义市场经济的不断发展，对包括政治、经济、文化在内的整个社会生活是一次强烈的洗刷和冲击，思想意识和道德观念由此也发生了深刻变化。这种变化总体上呈现积极的态势，但也存在着一些不容忽视的问题。

就积极的一面而言，随着市场配置资源的基础性作用和价格杠杆功能的日益强化，企业独立、自主经营地位被确定，优胜劣汰的竞争越来越激烈，收入也因劳动者素质的差异和贡献的不同而在分配中被逐渐拉开差距。经济领域的这些变革，使那些陈腐的价值观念因失去滋生的土壤而逐渐被人们摒弃。在整个社会生活中，诸如讲究效率和效益、尊重知识和人才、尊重劳动和创造、重视权利和幸福、勇于竞争、敢冒风险等已日益成为普遍的价值取向，热爱祖国、开拓创新、锐意进取、科学文明、团结互助已成为整个社会风貌的主流。正是这些思想价值观念的积极变化使人们的思想获得了解放，使广大人民群众的积极性、创造性得到了极大的发挥，从而推动了经济和社会的进步与发展。

就消极的一面而言，由于市场存在着盲目性、自发性等缺陷，市场经济条件下"经济人"的"私利"向整个社会生活的延伸和扩张带有某种必然性。由于社会主义市场经济体制还不完善，特别是与市场经济相配套的法律法规等制度建设不够完善，社会监督机制不够健全，也由于邓小平一再批评的"一手硬一手软"现象的存在，在进入市场后本应大力加强的思想道德建设实际上有所松懈。在社会主义市场经济发展中，人们价值观念的变化也出现了一些与社会主义思想道德相背离且有害于社会主义市场经济发展的消极现象，其中最突出的是金钱至上、唯利是图的拜金主义，损人利己、欲壑难填的极端个人主义，骄奢淫逸、挥霍无度的享乐主义的价值取向。正是在这些价值观念的支配下，一些人干出种种不合法、不道德的事，社会上出现了种种丑恶的现象。近几年，人们所切齿痛恨的一些问题，如诚信缺失、坑蒙拐骗，特别是直接关系广大人民群众生命健康安全的食品、药品假冒伪劣问题；一些领导干部以权谋私、贪污受贿的腐败问题；黄赌毒沉渣泛起，黑社会日益猖獗，刑事犯罪率居高不下，社会治安情况恶化等问题。这些问题都跟这些价值观念有这样那样的关系。

西方市场经济发展中出现的种种道德败落现象使西方的很多经济学家和伦理学家认识到，市场是有缺陷的，市场经济具有消极因素，在推进市场经济发展过程中必须进行道德精神的构建。斯密在《道德情操论》中提出："自爱、自律、劳动习惯、诚实、公平、正义感、勇气、谦逊、公共精神以及公共道德规范等，所有这些都是人们在前往市场之前必须拥有的。"[1] 1986年诺贝尔经济学奖获得者布坎南认为："道德败落在任何时候都是可悲的。我指的是使社会之为社会的那些道德共识，他们构成了一个社会制度的基础。同样，一个新的社会要想站得住，也必须找到自己的道德基础。"[2] 改革开放以来，我们党一直都强调要抓好思想道德建设。改革开放总设计师邓小平一再提醒我们："不仅经济要上去，社会秩序、社会风气也要搞好"[3]"抓精神文明建设，抓党风、社会风气好转，必须狠狠地抓，一天不放松地抓，从具体事件抓起"[4]，"风气如果坏下去，经济搞成功又有什么意义"[5]。但是在具体工作中，有所松懈的问题是存在的。目前，社会风气方面所出现的问题提醒我们，对市场经济的消极因素和市场经济条件下思想道德建设的重要性和必要性的认识还需不断深化，当前思想道德建设的任务还十分繁重。

那么，在社会主义市场经济条件下，如何加强思想道德建设？我们认为，根据目前时代的特点和社会风气的状况，社会责任、诚实守信、团结互助、和谐共赢、遵纪守法五个方面道德精神的确立应该作为重点。

一、社会责任

在市场经济条件下，个人的独立性、选择性及民主、自由等权利大大增

---

[1] 余源培. 抓好市场经济条件下的社会风气 [N]. 文汇报，2006-05-12.
[2] 余源培. 抓好市场经济条件下的社会风气 [N]. 文汇报，2006-05-12.
[3] 邓小平. 邓小平文选：第3卷 [M]. 北京：人民出版社，1993：378.
[4] 邓小平. 邓小平文选：第3卷 [M]. 北京：人民出版社，1993：152.
[5] 邓小平. 邓小平文选：第3卷 [M]. 北京：人民出版社，1993：154.

强，企业自主经营的主体地位被确定，在合乎道德和法规的前提下，追求并获取自身的利益已为社会所认同和保护，所有这些，都是社会进步的表现。但在现实生活中，一些企业和个人醉心于追逐自身的最大利益，而不愿承担必要的社会责任，甚至以损害他人和社会的不道德、不法行为来谋取自身利益，责任缺失问题也就越来越突出。正如美国著名伦理学家乔治·恩德勒教授在上海社科院演讲时所说："行为者的责任程度与其具有的自由程度应该是一致的，换句话说，自由空间愈大，责任也就愈大。""不幸的是，自由与责任之间的这种基本联系，经常被人们忽略甚至拒斥。人们想要拥有更多的自由，却不愿意承担更多的责任。"[1]

追求自由、权利和责任、义务的统一，应该是市场经济条件下道德建设的一个基本要求。我们党提出以人为本，就是强调社会要不断满足人的需要，尊重和保障人的权利，充分发挥人的力量和作用，努力促进人的全面发展。一句话，在社会主义社会，必须要充分体现社会对人的关心、爱护和尊重，实现好、维护好、发展好最广大人民群众的根本利益，以体现马克思主义执政党的根本宗旨。同时，对于个人而言，也必须要强调自由和责任、权利和义务等方面的统一。人是全部社会关系的总和，人生存于自然和社会之中，个人离不开他人和社会。社会要关爱每一个人，而个人也要关爱他人、尽职尽责于社会，只有在这种良性互动、融洽和谐的人际关系中，社会的进步与发展、每个人全面自由的发展才可能真正的实现。对于企业而言，道理也一样。在市场经济条件下，作为"经济人"的企业追求利润、获取效益、实现自身价值、实现股东利益的最大化无可厚非，但现代管理理论越来越明确强调，企业仅仅做到这一点是不够的，企业在为社会提供经济价值的同时，必须向社会显示它们应当承担的社会责任；企业在获取经济利益的同时，要通过各种方式回报社会。企业的社会责任主要体现在两个方面：一是承担法律规定的责任，包括为市场提供产品和服务，为社会提供就业机会，向政府缴纳税收，维护职工的权益，遵守市场竞争秩序等；二是承担道德责任，包括遵守商业道德和诚信建设，以自身行为证明其产品是在符合道德的条件下生产出来的，不以浪费资源、污染环境等牺牲社会长远利益来获取暂时和局部利益；必须关照受企业决策行为影响的人，包括员工、供应商、消费者等的利益；支持社会的公益活动，如福利事业、慈善事业、社区建设；

---

[1] 恩德勒. 公司社会责任究竟意味着什么 [N]. 文汇报. 2006-02-19.

等等。需要指出的是，所有这些要求都不是游离于企业的自身利益之外的，其实都跟企业的生存和发展紧密相关，"当然，经济目的是公司的一个基本目的；然而，企业组织也应当有其社会目的和环境目的。关键问题在于，要认识到每个目的都具有天然的价值，以相互关联的方式与其他目的联系在一起"[1]。

二、诚实守信

诚信是一个社会最基本的道德规范，也是社会活动得以正常开展的基础。在由无数个人和各种社会组织所构成的庞大社会体系中，如果人与人之间、社会组织与社会组织之间不讲信用，互相不能信任，经济、政治、文化活动都无法开展。

市场经济最需要诚信。在经济活动中，单个的企业都是微观的主体，即使是富可敌国的跨国公司，也只是整个经济链条中小小的一节，在生产活动中既要有内部的合作，又必须与外部进行大量的交换。在现代科学技术高速发展和经济全球化时代，分工越来越细化，专门化程度越来越高，合作的必然性和必要性进一步增强。在计划经济时期，国家投资办企业，企业活动从投入、生产到流通、销售，都按国家计划进行，企业之间联系和合作的必要性减弱。进入市场经济以后，如果没有交换和合作，企业的生产经营活动就寸步难行，而且这种交换和合作必须由企业自主进行。那么，维系这种交换和合作的基础是什么呢？那就是信用。信用是成功合作的前提和纽带，如果纽带断裂，合作就丧失可能，因此，有人说市场经济就是信用经济。然而，在市场经济条件下，诚信也往往容易被一些人丢失。市场经济体制下的经济活动具有开放性，在"经济人"追求利益的欲望越来越强，竞争也越来越激烈的情况下，总有一些不法者、不道德者试图钻法律的空子，走欺诈的邪路，把市场秩序搞乱，浑水摸鱼捞一把就走，从而出现"劣币驱逐良币"的现象。由于市场经济体制的确立必然是一个逐步完善的过程，对这种"劣币"持有者的打击往往难以做到疏而不漏，此种行为就有可能蔓延，导致市场秩序严重混乱。

由于我国的市场经济体制还在不断完善之中，体制内部的张力还不够，

---

[1] 恩德勒. 公司社会责任究竟意味着什么[N]. 文汇报. 2006-02-19.

相关的法律制度还不健全,信用监控体系的建立和完备还需要一个过程。目前,诚信缺失问题较为严重,突出表现为坑蒙拐骗、肆意造假盛行,市场秩序混乱,特别是关系人民生命健康安全的食品、医药领域,假冒伪劣产品不断出现,人民群众十分痛恨。诚信缺失,不仅使经济活动中的交易成本增加,浪费了大量宝贵的资源,甚至直接造成交易障碍,使许多合作无法进行,损害了经济活动的效率。要解决好这一问题,一方面必须完善相关的法律法规,建立健全诚信监控体系,并强化政府对市场的监管,加大力度整顿市场秩序,打击欺诈行为,不仅要让那些恶意欺诈牟取暴利者无法得逞,更要让他们血本无归,以儆效尤。另一方面必须弘扬诚实守信的道德精神,构建好坚实的道德基础,把公民道德建设提高到一个新水平,让扎根内心的道德良知约束人们外在的行为,对不法、不道德行为不愿为、不屑为,从而净化社会风气,维护市场良好秩序。

三、团结互助

经过二十多年的改革开放和市场化进程,目前我国社会出现的一个突出问题是利益分化加剧,贫富差距拉大,社会公平矛盾较为突出。改革是对利益关系的重新调整,在体制转换过程中有人得益,有人受损;在市场经济条件下,竞争加剧,在竞争中必然出现失败者;我国尚处于由长期落后的农业国向工业国转变的过程之中,由于农业生产方式落后及城乡经济二元结构等原因,农村发展相对滞后,还存在相当数量的绝对贫困人口……由于种种原因,目前我国社会的困难群众和特殊群体的人口数量还相当庞大,根据民政部发布的数据,我国每年有 6 000 万以上的灾民需要救济,有 2 200 多万城市低收入人口享受低保,有 7 500 多万农村绝对贫困人口和低收入人口需要救助。另外,还有 6 000 万残疾人、1.4 亿 60 岁以上的老年人口需要社会提供帮助。

为了实现全面建设小康社会的目标,为了构建社会主义和谐社会,我们必须认真解决好这一问题。解决这一问题,最重要的是政府要通过完善相关制度进行有效的调节。近年来,中央已明确更加注重社会公平的指导方针,正在进一步改革完善收入分配制度,加大调节收入分配的力度,强化对收入分配结果的监管。比如,以抽肥补瘦为指向调整税收政策;财政转移支付向相对落后地区、国民经济薄弱环节和弱势群体倾斜;增加财政的社会保障投入，逐步完善职工养老、医疗、失业、工伤、生育等保险制度，建立健全社会保障体系；规定并逐步提高最低生活保障和最低工资标准，对低收入群众的住房、医疗和子女就学等困难问题进行国家救助；等等。这些措施非常必要，也已经取得良好的成效，但仅此是不够的。根据一些市场经济国家的经验，动员社会力量，调动社会资源，开展社会慈善、社会捐助、群众互助等社会扶助活动，建立社会救助体系，是帮助困难群体，缓解社会公平矛盾的一条重要路径，也是市场经济条件下构建和谐社会的必然需要。但是，总的说来，目前我国的社会慈善捐助事业还很不发达，表现为慈善公益组织机构偏少，慈善公益活动开展不够，社会捐助的数额十分有限。据有关资料显示，美国的慈善捐助占 GDP 的 9%，而我国目前每年仅有 10 亿多人民币，只占 GDP 的 0.01%。其重要原因是整个社会的捐助帮困意识和社会责任意识还不强，为此，就必须在全社会大力提倡团结互助、扶贫济困的良好风尚，倡导人与人之间的互帮互爱，倡导发达地区和先富群体关心、帮助、带动欠发达地区和困难群体，努力营造平等友爱、融洽和谐的环境和氛围。

四、和谐共赢

市场经济的一个重要特点是竞争，竞争也是资源合理配置的重要手段。在市场经济条件下，不管是人与人之间，还是企业与企业之间都存在竞争。但是，当代社会对竞争内涵的理解和把握已经发生了质的飞跃。在管理理论方面，许多管理学家强调，竞争不是你死我活的争斗和残杀，合作是竞争的前提和基础，寻求"双赢""多赢""共赢"是竞争的最高境界。现代科学管理之父泰罗说："科学管理就是沿着完全改变双方的心理态度的路线，用和平代替战争，用真诚的兄弟般的合作代替斗争和冲突，用齐心协力走同一方向代替彼此背离，用相互信任代替猜疑戒备，由敌人渐渐变成朋友。"[1] 彼得·圣吉在《第五项修炼》中提出："寻求一个双赢政策，将对方的目标也纳入自己的决策考量。在许多例证中，一方积极采取平和行动，会使对方感觉威胁降低，能够倒转对立局势升高的情势。"[2] 在管理的实践方面，各种

---

[1] 宋煜萍，高伟江. 领导决策概论 [M]. 徐州：中国矿业大学出版社，2004：13.
[2] 圣吉. 第五项修炼：学习型组织的艺术与实务 [M]. 郭进隆，译. 2 版. 上海：上海三联书店，1998：75-76.

社会团队和组织都十分注重培养团队精神,增强内部的凝聚力。就连以血腥的剥削积累财富而繁荣起来的资本主义社会,资产阶级也在寻求各种新的制度,赋予管理和生产岗位上的员工一定的权利和机会,使他们的生活需要得到一定程度的满足,虽然主观上还是为了自己更多地积累财富,但客观上也缓和了阶级矛盾,现代企业制度就是在这种情况下产生的。由此可见,强调和谐合作,追求"双赢""多赢""共赢"已是当今时代的主流,而这种趋势对社会的进步和发展显然是有益的。

市场经济时代是利益主体多元化的时代。客观地说,社会生活中的矛盾是难以避免的,特别是由利益关系引发的矛盾甚至冲突会随时发生。因此,大力提倡和谐共赢的道德精神,改变"冷战"性思维方式,让更多的社会成员和社会组织能放眼于共同的目标和愿景,懂得必要的让步和延迟满足,遵守共同规则,通过正确的渠道和途径化解矛盾和冲突显得尤为重要和必要。

五、遵纪守法

法律是社会公器,是规范和约束社会主体行为,保证社会正常运转的必要规则,也是社会大部分人意志的体现。一般认为,市场经济是法治经济,只有在真正法治的条件下,市场经济体制才能真正的完善和成熟。因为在市场经济条件下,政府已基本退出对微观经济活动的直接干预,其宏观调控以经济和法律手段为主,政府对市场的监管也主要通过法律的手段,市场主体之间的交往、产品交换、商品流通过程中大量的交易行为,除了经济人的道德自律的约束外,主要必须通过法律制度的约束来维系。因此,如果不能形成良好的法治环境,就不可能有良好的市场秩序。

改革开放以来,我们明确了依法治国,建设法治国家的指导思想,法律法规不断健全,全民法律意识普遍增强,但我们必须看到,我国的法治环境还存在许多问题,有法不依、执法不严、违法不究,甚至亵渎法律的问题还大量存在。因此,必须大力开展社会主义法治理念教育,让法治精神融入每个社会成员的血脉,努力形成人人遵纪守法的社会环境。

[本文刊登于《苏州大学学报(哲学社会科学版)》,2007年7月第4期]

大学精神探微

——兼谈苏州大学精神

大学之大，在于精神之立。大学精神之于大学，犹如人的灵魂之于身体。国学大师汤用彤曾这样陈述大学精神："世界著名大学，类必有特殊之精神及其在学术上之贡献。若一大学精神腐化，学术上了无长处，则失去具有存在之价值。"[1]美国著名教育家亚伯拉罕·弗莱克斯纳也把大学精神提到了非常高的地位，在其名著《现代大学论：美英德大学研究》中，他断言："在保障大学的高水准方面，大学精神比任何设施、任何组织都更有效。"[2]

一、大学精神的生成与演进

列宁曾经指出，为了科学地解决社会科学的问题，最可靠、最必须、最重要的就是"不要忘记基本的历史联系，考察每个问题都要看某种现象在历史上怎样产生、在发展中经过了哪些主要阶段，并根据它的这种发展去考察这一事物现在是怎样的"[3]。因此，为了准确地把握大学精神的内涵，我们必须对大学精神的产生与发展的历史做一简要的回顾和梳理。

（一）从经院走向开放的西方大学精神

大学精神源于欧洲中世纪大学，随西方现代大学的产生而生成，因大学职能的扩展而发展，可以说，现代大学的发展史也是大学精神不断积淀和发

---

[1] 汤一介，赵建永. 汤用彤学记[M]. 北京：生活·读书·新知三联书店，2011：270.
[2] 弗莱克斯纳. 现代大学论：美英德大学研究[M]. 徐辉，陈晓菲，译. 杭州：浙江教育出版社，2001：305.
[3] 列宁. 列宁选集：第4卷[M]. 3版. 北京：人民出版社，1995：26.

展的历史。雅可·勒戈夫形象地形容中世纪的大学是由精神的手工业者自发组织起来的一个社团,采取组织性烙印鲜明的行会形式和远离社会政治漩涡的修道院模式,使大学确立了理性、辩论的学术传统和社团自治、自由、国际化的精神,这就是大学精神的原初形态,尽管这时的大学精神带有浓厚的经院气息。

到了19世纪,在摆脱了教会的附庸地位之后,大学逐渐成为学者自治和自足的学术机构,以牛津大学为代表的一些大学开始"重视教学和知识的传授",英国著名教育家纽曼在《大学的理念》一书中提出"大学是传授普遍知识的地方""知识本身即为目的",主张非功利的"自由教育",代表了一种古典人文主义的大学精神,这种专注于人文的倾向也是对中世纪大学传统的继承和提升。

1810年,德国教育家洪堡创立柏林大学,将科学精神有选择地纳入了大学精神,大力提倡科学研究与教学相结合的原则,大学教育是为了培养完全的人,使大学真正成为研究高深学问的机构,成为科学与学术的中心。他奠定了"学术自由"的价值,并具体实现了教授的"教学自由"和学生的"学习自由",代表了一种新人文主义的大学精神,这彻底动摇了中世纪大学的传统,开创了世界现代高等教育的新篇章。

19世纪末20世纪初,以美国高等教育为代表的密切关注社会现实生活,以服务社会为宗旨的大学理念正式出现。它一方面在教育与职业之间建立了直接的联系,将技术引入了教育内容;另一方面,确认了教育所能达到的实用的、功利的目的。它体现了大学精神人文主义和功利主义的融合。克拉克·克尔则在《大学的功用》中把大学比作五光十色的城市,提出了"多元化巨型大学"(Multiversity)的概念,主张大学应为社会服务,成为国家目的的工具。时至今日,大学精神在继承历史的基础之上,更加突显其"开放性",不仅要走出"象牙塔",还要超越"象牙塔"。

从西方大学精神的发展轨迹中,我们可以看出,西方大学具有与社会保持一定距离以维护其学术研究自由和教学自由的历史传统,并且能够随着历史的发展演进而不断进行变革以适应时代发展的趋势。在不断的斗争演变中,大学坚守其自由、独立品格,并合乎历史发展规律,把时代精神与传统精神较好地融合了起来。

（二）移植与融合中的中国大学精神

近代以降，洋务运动、维新变法和资产阶级民主革命蜂拥而起。清政府"上法三代，旁采泰西"，秉持"中学为体，西学为用"，兴建了京师同文馆、中西学堂、南洋公学等中国最早的近代意义上的大学。大学精神也随现代大学的出现而萌生和发展起来。蔡元培、郭秉文、陶行知、蒋梦麟、张伯苓、梅贻琦、竺可桢等一批学贯中西、具有独立意识的教育家融合中西文化、结合当时大学实践进行了探索创新。

蔡元培执掌北大十年，通过系统改制，奠定了北大兼容并蓄、学术独立、思想自由的精神。"大学者，'囊括大典，网罗众家'之学府也""万物并育而不相害，道并行而不相悖"成了对大学精神的经典描述。清华大学"自强不息，厚德载物"的精神、南开大学"允公允能"的精神、浙江大学"求是"及"创新"的精神都是那一时期大学人的内心关照、执着追求。抗战时期的"西南联大"更是创造了我国高等教育发展史上的奇迹，它在炮火中诞生，却在创建中得到了永恒，其"刚毅坚卓""民主治校""兼容并包"等精神培育了一大批蜚声中外的科学家和国学大师，成为我国现代大学精神的极致、弘扬的典型。

中华人民共和国成立以后，我国以苏联模式为蓝本对旧的高等教育进行社会主义改造。一方面使大学为我国培养了一批批专业人才；另一方面也否定了大学精神中相当多的积极内容。虽然此期间所提倡的"破除迷信、解放思想、发扬创造精神""教育与生产劳动相结合"等在一定程度上丰富了大学精神的内容，但是从总体上看，中国现代大学精神并没有得到很好的继承和发扬，特别是"文化大革命"的浩劫，大学精神几乎被冲击殆尽。十一届三中全会以后，随着高等教育思想的解放、科教兴国战略的确立，大学精神又重获生机。但历史根基薄弱、学术传统根基不牢等因素成为制约大学精神持续发展的障碍和阻力。

中国近代大学精神形成的文化渊源，产生于中国近代大学展现的大学精神与西方大学精神在中华传统文化的土壤中的相互融合、相互联系。中国大学发展的近百年大多处于列强侵略、社会动荡、政权更迭、经济衰败、文化落后的状态之中，因此，中国的大学精神具有强烈的社会责任感、使命感和社会忧患意识。

二、大学精神的内涵与逻辑

实际上，自大学出现以来，关于"大学及大学精神是什么"的追问和省思从未停歇。尤其近年，"大学精神"日渐成为学界和报章媒体上的热门词汇，高等教育理论和实践者乃至社会各界的人们从不同的角度对其加以解读，并试图构建一个较为明晰的"大学精神"概念系统。

从国外来看，许多高等教育专家对大学精神进行了研究，但并未明确提出何谓大学精神。纽曼、弗莱克斯纳、赫钦斯、克尔、雅斯贝尔斯在其各自的著作中阐述了大学是一个怎样的组织机构。纽曼在其著作《大学的理想》中指出，大学"是一个传授普遍知识的地方。这意味着，一方面，大学的目的是理智的而非道德的；另一方面，它以传播和推广知识而非增扩知识为目的"[1]。在《现代大学论：美英德大学研究》中，弗莱克斯纳指出："大学不是风向标，不能什么流行就迎合什么。大学应不断满足社会的需要，而不是它的欲望"[2]。在《大学的功用》一书中，克尔指出："大学不是某个时代一般社会组织之外的东西，而是在社会组织之内的东西。它不是与世隔绝的东西、历史的东西、尽可能不屈服于某种新的压力的东西。恰恰相反，它是时代的表现，并对当时和将来都产生影响。"[3]德国教育理论家雅斯贝尔斯认为："大学是一个由学者与学生组成的、致力于寻求真理之事业的共同体。人们出于寻求真理的惟一目的而群居于此。"他同时又说："创立大学的初衷不仅只是把它作为一个传授学问的场所，更重要的是，在大学里面，学生可以积极主动地参与科学研究，并且凭借这个经验获得终生受用的学术训练和指导。"[4]他们从不同的角度阐述大学是什么、大学的作用，普遍认同大学是探索、传授高深学问的场所。

国内对大学精神的研究起步较晚，其源头可追溯到1923年，代理北大校长的蒋梦麟先生做过题为"北大之精神"的演讲，在其中他将"大度包容"和

---

[1] 纽曼. 大学的理想 [M]. 徐辉，顾建新，何曙荣，译. 杭州：浙江教育出版社，2001：1.
[2] 弗莱克斯纳. 现代大学论：美英德大学研究 [M]. 徐辉，陈晓菲，译. 杭州：浙江教育出版社，2001：3.
[3] 克尔. 大学的功用 [M]. 陈学飞，等译. 南昌：江西教育出版社，1993：3.
[4] 雅斯贝尔斯. 大学之理念 [M]. 邱立波，译. 上海：上海人民出版社，2007：19-20.

"思想自由"列为北大精神。[1] 此后较长一段时期都鲜见"大学精神"的著述，直到1998年北京大学100年校庆前夕，陈平原、杨东平等人又用"大学精神"这一概念写文编书，逐步带来大学精神研究的热潮。王冀生指出："大学精神，是一种科学理论，它是建立在对办学规律和时代特征深刻认识的基础之上的。"[2] 刘宝存认为："从普遍的意义上讲，大学精神包括自由精神、独立精神、人文精神、科学精神、创新精神和批判精神等几个相互联系的方面。""大学精神发挥着凝聚、激励、导向、保障和环境营造作用。"[3] 徐显明将大学比作社会的灯塔，是社会的精神高地。[4] 杨玉良认为大学要在"坚守"和"创造"之间维持一种张力，只有把"坚守性"和"创造性"结合起来，方能构成"大学之魂"。[5] 关于大学精神的构建，陈平原就指出："只要大学存在，她就永远只能是一个未完成时——有大致的发展方向，但更需要一代代人的添砖加瓦；而后人的努力，必定对原有的方向有所修正。所以，我更愿意说大学传统，她比大学精神更实在些，也更好把握。"[6]

通过国内外学者与大学领导人物的论述，我们可以发现关于大学精神虽未有统一的界定，研究视角和话语方式也不尽相同，但都与办学理念、历史传统、大学功用、文化、自由自治、时代与社会精神等相联系和关照，实则中西方孕育和包容着大体相通的大学精神，诚如梅贻琦先生所言："今日中国之大学教育，溯其源流，实自西洋移植而来，顾制度为一事，而精神又为一事。就制度言，中国教育史中固不见有形式相似之组织，就精神言，则文明人类之经验大致相同，而事有可通者。"[7] 多数学者从大学精神的历史发展出发，结合时代背景提出了大学精神的应有内涵，其中人文精神、科学精神、自由精神、独立精神、批判精神、创新精神等得到了多数学者的赞同。

对于作为个体的特定的某所大学而言，大学精神是指一所大学在某种大学理念的指导下，经过大学人的努力，在长期办学实践中不断积淀，并随时

---

[1] 蒋梦麟. 北大之精神 [M] //杨东平. 大学精神. 沈阳：辽海出版社，2000：23.
[2] 王冀生. 大学精神与制度创新 [J]. 有色金属高教研究，2001 (1)：6-11.
[3] 刘宝存. 论大学精神及其在大学发展中的作用 [J]. 青海师范大学学报（哲学社会科学版），2002 (2)：90-93.
[4] 徐显明. 大学的精神旨趣 [J]. 法制资讯，2010 (8)：75-78.
[5] 杨玉良. 大学不能没有"精神围墙"[J]. 成才之路，2009 (22)：7-8.
[6] 陈平原. 大学以精神为最上 [J]. 大学（学术版），2009 (11)：90-93.
[7] 梅贻琦. 大学一解 [M] //刘述礼，黄延复. 梅贻琦教育论著选. 北京：人民教育出版社，1993：99.

代发展不断充实而成的稳定的共同的追求、理想和信念,它是大学的灵魂,是大学文化的精髓和核心之所在,是对大学的生存起决定性作用的思想导向。[1] 罗伯特·赫钦斯曾强调:大学之道首先在于所有不同科系、不同专业之间必须具有共同的精神文化基础。[2] 发表于1945年的著名的《哈佛红皮书》将具有共同精神文化基础的群体称作"文明共同体","文明共同体"的成员正因为有共同的精神文化,才能体验和感受共同的过去、现在和未来,才能肩负共同的责任。"一所大学的'精神'同这所大学独特的历史、地理、文化环境有密切关联。"[3] 譬如北大之创新,清华之严谨,南开之笃实,浙大之坚韧,便是人们对这些国内著名学府所特有精神的概括。

三、"开放融合,养正至善"的苏大精神

苏州大学是一所百年老校,从其主要的前身东吴大学1900年建校算起,至今已经超过一百一十个年头了。一百一十多年来,伴随着社会的变迁,大学的校名有过变化,内部结构也有过几度的调整和拆并,当前的发展规模已经大大超过了当年的东吴大学。不过,不管其历史如何变迁,其文化的经络始终一脉相承,也就是说,苏州大学的文化底蕴是深厚的,有些血脉是连贯相通的。那么,苏州大学是否生成了自己的精神呢?回答是肯定的。在学校的各项日常工作中,特别是在学校改革发展的重大关头,不管是面临机遇还是遭到挑战,我们都能感受到这种精神的存在及其作用的发挥,正是由于这种精神的引领,才使学校一路披荆斩棘、乘风破浪,不断发展壮大。但遗憾的是,由于缺乏必要的文化自觉,不时陷入一些问题的争议,至今仍未能提炼出为苏大人集体所认可的"苏大精神"。今天,党的十七届六中全会已经对推动文化大发展大繁荣做出了总体战略部署,这是一股强劲的东风。学校也已经提出了文化强校的发展战略,目前正在制定大学章程,这是良好的时机。我们理应借东风,抓时机,对"苏大精神"进行广泛深入的讨论和整理,努力达成共识,以引领学校的文化建设、培养优秀人才。

出于对学校文化建设的热情和人才培养事业的执着,也为了引发大家的

---

[1] 刘亚敏. 大学精神探论[J]. 未来与发展,2000(12):61-64.
[2] 胡显章,曹莉. 大学理念与人文精神[M]. 北京:清华大学出版社,2006:224.
[3] 徐葆耕. 大学精神与清华精神[N]. 人民日报,2001-04-24.

讨论，下面就"苏大精神"这个话题谈谈笔者的一孔之见，期望能起到抛砖引玉的作用。苏州大学精神包含着哪些内涵？笔者认为可以用八个字来予以概括，那就是"开放融合，养正至善"。

"开放融合"：开放融合为苏州大学精神，笔者所见的最早的文字论述者是苏州大学校友、民进中央副主席朱永新先生。他认为："苏州大学的发展历史，就是一部开放融合的历史。如果说开放体现了苏州大学的一种精神、一种气概、一种胸怀的话，那么，融合则展示了她另外的一种精神、一种姿态、一种风情。开放与融合，既体现了苏州大学的精神气质，也彰显了苏州大学的活力魅力。"[1]

庞朴曾经说过："为了走向未来，需要的不是同过去的一切彻底决裂，甚至将过去彻底砸烂；而应该妥善地利用过去，在过去这块既定的地基上构筑未来大厦。"[2]大学精神的重塑同样也不是无中生有，而是建立在一定的历史文化基础之上的。对大学精神的守望就是对大学的优良传统品格的守护，以使其不至于在熙熙攘攘的现代社会中被丢弃或忽视。因此，我们仍然从办学历史的沿革中来找寻、探讨苏大的精神。

关于"开放"，苏州大学的主要前身东吴大学的诞生本身就是开放的产物。东吴大学最初在美国的田纳西州注册，专业设置、课程设置、师资聘用、教材选用、学校管理等都以开放的模式实施。东吴大学的不少学科，如法学、生物学等在较短的时间里就能声名鹊起，在国内处于领先地位，最重要的就是得益于开放的办学模式。20世纪80年代以来，在中国改革开放大潮的推动下，苏州大学延续了开放的传统，而且加大了开放的广度、力度和深度。学校邀请国外著名专家、教授来校讲学，先后与100多所高校建立了校际交流关系，近年来，学校还与加拿大滑铁卢大学等一些国外著名大学共建科研平台，2011年，由苏州大学举办的老挝苏州大学也获得教育部批准，苏州大学成为全国首家走出国门办学的大学。

关于"融合"，则鲜明地体现在三个方面：一是学校发展历程中的不断融合。苏州大学的办学历史，是一部融合发展的历史。1952年，全国范围院系调整时，东吴大学文理学院与苏南文化教育学院、江南大学数理系等合并

---

[1] 朱永新. 百年东吴仍青春 [M] // 朱永新. 朱永新教育作品：中国教育观察（卷十三）. 北京：中国人民大学出版社，2012：242.
[2] 庞朴. 文化传统与传统文化 [J]. 中国社会科学季刊，1993（8）.

组建了苏南师范学院,两个月后改名为江苏师范学院。1995年开始,中国高校新一轮重组,苏州大学先后与苏州蚕桑专科学校、苏州丝绸工学院和苏州医学院合并办学。另外,从20世纪80年代以来,还有苏州财经学校、苏州化工职大等相继并入苏州大学。这些调整、拆分、合并,有的是机遇,有的是挑战,每一次都会遇到新的困难、矛盾和问题。但是,苏州大学始终保有强大的融合功能,以敏锐的目光抓住发展机遇,用博大的胸怀迎接种种挑战,用强大的凝聚力化解各种矛盾。如今,我们再回顾走过的历程去思考后可以得出一个基本结论,强大的融合功能是苏州大学不断发展壮大的力量源泉之一。二是中西文化在学校的融合。东吴大学是我国最早的以西方现代大学模式建立的大学之一,它一落户苏州,就带来了西方文化,这些文化的印记至今还深深地镌刻在苏州大学的各个方面。东吴大学创办了国内大学的第一家学报,授予国内大学最早的化学、生物学硕士学位,这些都是西方办学模式影响的结果。东吴大学校园的建筑基本都是西方建筑的风格,陈平原曾说老房子是大学精神的见证人与守护者,著名作家范小青也曾以生动笔触来描写她的母校苏州大学的老建筑。在改革开放的大潮之下,中西文化融合的广度、深度也已远远超过了当年的东吴大学。而这种文化的交融无论是对于学校的发展而言还是对于优秀人才的培养而言,都是大有裨益的。三是学校和地方经济社会发展的融合。从20世纪80年代开始,苏州大学秉持"以服务求支持,以贡献促发展,以合作谋共赢"的办学理念,一方面,围绕地方经济与社会发展,进行了专业布局和结构调整,增设了苏州急需的经济管理、国际贸易、经济法、国际法等外向型的专业;另一方面,积极推进产学研结合,发展光机电技术、辐照技术、生物医药、化工技术、新材料等学科,以科研成果为依托,创立了若干高科技公司。在人文社会科学方面,先后成立了苏南发展研究院、中国昆曲研究中心、吴文化国际研究中心、苏州基层党建研究所、廉政建设与行政效能研究所、人力资源研究所、社会公共文明研究所等研究机构,主动为地方提供智力支持。学校还与苏州市及其下属的一些市、区签订了全面合作协议,通过发挥自身的人才、科技、智力和文化的优势,大力为地方经济社会发展做贡献。地方政府也用自己的资源优势,积极支持和推动苏州大学的发展,校地合作关系实现前所未有的融洽、牢固。

"养正至善":养正至善是中华民族传统文化的精华。"养正"即"养天地之正气",其说源于《孟子·公孙丑上》:"我善养吾浩然之气"。及至宋代，文天祥作《正气歌》使"正气"的内涵得到了充分的扩展,"天地正气"被赋予了高尚品德、坚贞气节、疾恶如仇、维护正义、为民效力等人格化内涵。所谓"养正",就是要修身养性立德,培养高尚的品德和人格,并匡扶社会之正义和正气,实现美好的社会理想。大学是任何一个社会道德与理性的凝聚之所,大学应该是社会思想的中流砥柱,尤其在民族危难和社会失范的时候,大学对精神的坚守显得尤为重要。"至善"出自儒家经典《大学》:"大学之道,在明明德,在亲民,在止于至善。"[1] 所谓"至善",就是不断追求完整、完美、完善,追求尽善尽美的个人道德情操。大学不仅以自身纯洁的德性潜移默化地影响着社会,更以积极的姿态投入到改造社会、重塑德性的潮流中,成为社会德性的捍卫者与提升者,领导着社会德性的发展方向。养正至善作为苏州大学精神,至今未见有人正式提出过,但其基本内涵来源于东吴大学的校训。早期,东吴大学只有英文校训"UNTO A FULL GROWN MAN",其意为"造就完美的人格"。1929 年 3 月 31 日,东吴大学校政部召开会议,通过第六十议案,会议决定接受杨永清校长所提议的中文校训——"养天地正气,法古今完人"。对这一校训的来历等问题我们暂且不做讨论和争论,但东吴大学校训所秉持的养正至善的精神,对学校办学指向的深刻影响,对数代苏州大学人人格培养指向的深刻影响则是一个基本的事实。从一百一十余年苏州大学一代代人为推动学校的发展所做的孜孜不倦的努力中,从老一辈的杰出校友身上,我们可以看到这种精神的影响。费孝通、雷洁琼、赵朴初、孙起孟、谈家桢等东吴校友,不仅有杰出的才华,更有高尚的人品人格和敬业精神。如今,经过若干代人的努力,苏州大学的发展已经进入了新的历史时期,按照国家教育方针的指导,我们要不断地培养更多的德、智、体、美全面发展的人才,学校的发展也要不断地进入更高的层次和境界,倡导养正至善精神同样具有重要的现实意义。正如苏州大学党委书记王卓君所说:"将科学教育与人文教育有机地结合起来,使大学教育真正成为一种具有时代精神的完整的教育,成为培养'完整人'的教育。从这一意义上说,以人为本,培养对社会有创造性贡献的人才,并把人的全面发展、人的个性发展以及人的科学发展三者统一起来,应该成为新世纪我国大学精神建构的目标。"[2]

大学精神的确立是一项动态的系统工程,它在历史传统的传承下和时代主题

---

[1] 杨洪. 中庸·大学 [M]. 合肥:安徽人民出版社,2002:72.
[2] 王卓君. 走进苏州大学 [N]. 光明日报,2008-11-07.

的感召下，经由世代大学人积累、共同建构、不断创造而成，因而兼具厚重的历史感和鲜明的时代感。"并不是每所大学都具有自己独立的大学精神，只有那些在长期的办学历史中，通过对自己办学理念的倡导、践行、提炼和升华的过程，并在这个过程中形成了独特的价值判断和理性诉求的大学，才名副其实地具有自己的大学精神。"[1] 大学要适应不断发展的社会需要，承担"亲民"的社会责任，培养具有科学精神、人文精神和创新精神三者统一的高素质人才，就必须自觉地建构和培育起能够引导大学发展的独立的精神文化，探索大学独立的精神文化应当是全方位、多角度的。对于当前大学精神的失落，有学者从现代社会中突显的科层制、专业化、功能主义、技术统治等方面论证了失落的原因所在。[2] 还有许多学者从政府与大学、市场与大学的关系等视角对大学精神的失落进行了详细的论证。对于大学精神的重塑，多数学者从协调大学与外部关系、理顺大学内部管理体制、构建现代大学制度、强化思想德育建设、加强校园文化建设等方面来实施重塑。[3] 但关键是在自由保守与开放因应社会需要之间保留适当的张力。著名学者钱理群在北京大学110周年校庆来临之际强调，大学教育担负着民族文化与人类文明的积淀和传承的任务。这又包含相互依存的两个侧面，一是知识的传授，也就是将思想文化转化为知识、学术，并将其规范化和体制化；二是精神的传递。这就决定了大学的"保守性"特质。"保守"也就是"坚守"。大学在民族、国家、社会的总体结构中，是一个民族文化传统，民族精神的象征，是坚守、保守文化传统、民族精神的堡垒。在这个意义上，大学精神就是"坚守（保守）精神"。大学诚然不能脱离现实，但又必须和世风流俗保持一定的距离，它不但不能随波逐流，更不能对歪风恶俗推波助澜，而是应该起到社会清洁剂、清醒剂、中流砥柱的作用。尤其是在民族危难和社会失范的时期，大学的这种坚守精神就显得特别重要。[4]

[本文刊登于《苏州大学学报（哲学社会科学版）》，2012年5月第3期]

---

[1] 教育部中外大学校长论坛领导小组. 大学校长视野中的大学教育：第二辑 [M]. 北京：中国人民大学出版社，2005：108.

[2] 张应强. 现代大学精神的批判与重建：为刘亚敏《大学精神探论》而作 [J]. 高等教育研究，2006（7）：11-26.

[3] 刘宝存. 大学精神的失落与重塑 [J]. 学术界，2004（1）：193-199.

[4] 钱理群. 寻找失去的"大学精神"——北大110周年民间纪念会上的讲话 [EB/OL]. http://dushu.qq.com/read.html?bid=857068&cid=3.

坚持以人为本　发展网络文化

网络文化是社会主义文化的重要组成部分。发展健康向上的网络文化，应坚持以人为本，实现网络文化发展为了人民、网络文化发展依靠人民、网络文化发展成果由人民共享。

坚持网络文化发展为了人民。作为一种新兴文化形态，网络文化是建立在计算机、网络等基础上的精神创造活动及其成果，它的产生、发展、变化、创新都须以促进人和社会的全面发展为目的。因此，网络文化的发展必须牢固树立以人为本理念，以为人民服务为出发点和落脚点。应牢牢把握网络意识形态的主导权和主动权，用先进文化抵御消极腐朽文化，发挥网络文化引领风尚、教育人民、服务社会、推动发展的作用，促进人的全面发展；积极搭建网络议事平台，让人民群众积极参与社会管理，充分表达合理诉求，尊重和保障人民群众的网络话语权、知情权、监督权等各项权益；完善法律法规，引导网民文明上网、打击网络犯罪，为人民群众提供稳定、安全、规范的网络环境。

坚持网络文化发展依靠人民。人民群众是历史的主人，是社会发展的主体力量。发展网络文化，应紧紧依靠人民群众。依靠人民创作和生产网络文化产品：充分发挥广大人民群众的积极性，进一步完善政策、拓宽渠道、活跃形式，鼓励和支持人民群众参与网络文化建设，创作更多更好的网络文化作品；加大知识产权保护力度，保护网络作品版权和产品专利，依法惩处侵权行为，维护著作权人合法权益，切实保护创作者的积极性。依靠人民评判网络文化产品：建立群众评判机制，把人民群众满意不满意作为评判网络文化产品的重要标尺，把群众评价和专家评价结合起来，形成科学的评价体系；建立公开、公平、公正的网络文化产品评奖机制，改进评奖办法，提高权威性和公信度。依靠人民开展网络文化交流：鼓励人们利用网络平台开展国际文化交流，广泛参与世界文明对话，把国外先进技术和文化产品引进来，把中华民族优秀文化传播出去，展现我国民主、开放、进步的良好形象和中华民族光辉灿烂的悠久历史与现代文明,增强中华文化在世界上的感召力和影响力,促进中外文化相互借鉴,维护世界文化多样性。依靠人民加强网络文化管理:鼓励民间组织参与网络文化管理;建立网络举报奖励机制,鼓励网民举报非法网站和有害信息,调动人民群众的积极性,共同维护网络环境的洁净和安全。

坚持网络文化发展成果由人民共享。发展网络文化的最终目的,是让人民共享网络文化发展成果。为此,应提高网络的覆盖率,让人民共享信息化成果。把发展网络文化作为保障和改善民生的重要内容,加快构建覆盖城乡的公共网络文化服务体系,推动更多的资源和服务投向基层、投向农村、投向中西部,特别要加大对革命老区、民族地区、边疆地区、贫困地区网络文化服务建设的支持和帮扶力度。实施网络普及工程,让人民共享网络便捷化的成果。明确网络设施是公共服务的一个重要部分,不能完全商业化,政府应加大投入和补贴力度;鼓励网络运营商开发更多低收费业务,为文化消费提供便利;鼓励教育机构和文化单位等开展公益性网络文化活动,为群众开放各类网络文化活动场所;依托科技馆、工人文化宫、少年宫等公共文化服务基地,开展网络文化技术和能力的免费培训,普及网络知识,提高人民群众使用网络的技能。推动网络文化大发展大繁荣,让人民共享网络文化成果。实施网络内容建设工程,精心培育植根群众、服务群众的网络文化优秀成果,大力鼓励作家、艺术家、理论工作者从事网络文化作品创作,创作生产思想性、艺术性、观赏性相统一,人民喜闻乐见同时又适合互联网和手机等新兴媒体传播的精品佳作;加强哲学社会科学信息化建设,支持理论工作者开设博客、微博等,参与社会热点、难点问题讨论,加强与网民的沟通联系;支持群众依法兴办网络文化团体和平台,组织开展群众网络文化活动,鼓励广大网民创作格调健康的网络文化作品。

(本文刊登于《人民日报》,2012年11月27日第7版)

第六部分
社会治理创新研究

建设校地相互作用大学的实践探索

在经济区域化和国际高等教育体制改革的大环境下,实现高等教育与区域经济社会的互动发展已成为人们的共识。近年来,苏州大学坚持"以服务求支持,以贡献求发展,以合作求共赢",确立开放融合的办学理念,一方面积极引入地方优质资源推进自身的建设与发展;另一方面深入推进科技创新和产学研结合,拓展服务功能,提升服务能力,成为地方经济社会发展的智力库和动力源,学校与地方互动互赢取得了突出成效,初步成为一所真正意义上的学校与社会、与地方相互作用大学。

一、相互作用大学:地方高校与地方共生发展的大学模式

对高等教育史的简要考察表明,国外高校与地方经济社会发展的主要互动模式经历了"威斯康星"为代表的高校主导模式——以"硅谷"为代表的产学研三结合模式——以"相互作用大学"(Interactive University)为代表的地方大学与地方经济共生模式[1]。威斯康星大学与地方经济建设互动模式的主要特征是高校积极为地方经济建设提供服务,其核心特征是以高校为地方经济的单向服务为主导;以"硅谷"为代表的产学研三结合模式把高校的教学、科研、生产整合协调起来,形成了独具特色的产学研联合体,高校与地方经济实体、政府等达成了休戚与共的伙伴与兄弟关系。作为20世纪90年代在美国产生的一种新型大学模式,相互作用大学的基本发展战略是使学校与所在社区的企业界、公众及政界的领导建立一种积极的、双向作用的伙伴关系,为实现社区经济繁荣和社会公正的共同目标而努力,相互作用大学的主导方针是以他方为中心的[2]。

---

[1] 吕京. 地方高校与地方经济共生发展研究 [J]. 特区经济, 2008 (4): 138-140.
[2] 葛守勤, 周式中. 美国州立大学与地方经济发展 [M]. 西安: 西北大学出版社, 1993.

相互作用大学在形成过程中有五个标志：确立大学的基本结构、大学与社区相结合、大学获得社区的尊重、社区的尊重对大学的挑战、以他方为中心的积极态度。确立大学的基本结构，就是大学要具有合理的规模和相当完全的专业设置；大学与社区相结合，就是大学要致力于社区的重要发展，解决社区面临的问题；大学获得社区的尊重，就是要看社区各界的领导人是否愿意把他们自己的孩子送来上学，或建议他们的朋友或助手的孩子来上学，尤其是看那些有条件去外地任何大学上学的社区上层人士的孩子，是否会以选择这所社区的大学而感到自豪；社区的尊重对大学的挑战，就是大学要应对社区提出的新要求，发挥大学在繁荣社区经济、提高人民生活质量方面的作用；以他方为中心的积极态度，就是大学不仅愿意而且能够吸收社区公民成为学校发展的"利益相关者"或"共同产权人"。

相互作用大学的生长机制是与当地经济社会发展紧密结合并谋求共同的利益，其内容包括五项基本原则：校长们致力于发挥学校的优势与潜力去解决社区的问题，从而使学校成为社区发展的一支生力军；学校与社区建立合作关系，联合解决当地的具体问题；学校重视研究与解决全国性的重大社会问题，如经济发展、环境保护、失业与贫困等；学校的行政领导人与教师确立"以他方为中心"的新观念，克服仅仅考虑学校的需要与利益的旧观念；学校制定了一项周密的、明确的、与社区相互作用的战略，经过一段时间的实践，使之成为一种新的传统并持之以恒。

美国相互作用大学与社区建立了一种新型关系，一方面社区的经济、文化、科技等得到了巨大发展，另一方面学校得到了社区的支持，自身有了很大提高。如果说"相互作用大学"思想的提出有价值的话，恐怕最突出的一点在于从理论上对社会服务的职能给予了概括与总结，把它升华为一种模式[1]。美国相互作用大学的出现，使地方高校从"自我中心"模式走向了"社会中心"模式。

二、建设相互作用大学的初步实践探索

作为一所重点地方大学，苏州大学始终坚持融入发展促发展的办学理

---

[1] 唐斌，尹艳秋. 走出象牙塔：从"威斯康星思想"到"相互作用大学"[J]. 辽宁高等教育研究，1997（4）：92-93，126.

念，深深扎根于地方经济社会发展的现实需求，充分发挥自身的学科优势、人才优势、科技优势、信息优势和智力优势，在区域和行业创新体系中发挥了重要骨干和引领作用，在关系地方经济社会发展重大方略的制定过程中发挥了决策支持和智囊作用，初步成为一所相互作用大学。

（一）牢固树立"以他方为中心"的观念，与地方建立积极的战略伙伴关系

《苏州市国民经济和社会发展第十二个五年规划纲要》明确提出，在新的起点上，积极推进国家创新型城市建设，抢占经济发展的制高点，大力推进产业、人才、文化、城市功能、科技路径和体制机制创新，已成为苏州解决经济领域结构性矛盾，提高社会协调发展水平的必然选择。为此，必须坚持创新发展，把科技进步和创新作为转变经济发展方式的重要支撑，把人才资源作为第一资源，以人才优势赢得创新优势、竞争优势和发展优势。根据上述战略定位，苏州大学在"以他方为中心"观念指导下，从地方的需要出发来思考校地合作问题，先后与苏州市、苏州工业园区、张家港市、常熟市等签订了全面合作协议，从学科建设、人才培养、科学研究、社会服务等方面全方位接轨苏州，建立起了与地方密切合作的运行机制，将学校的发展融入区域经济社会发展之中，使学校与社会融合成为相互依存、相互制约、密不可分的有机整体。

（二）调整优化学科专业结构，为地方经济社会发展提供坚实的人才支撑

20世纪80年代初，苏州大学抓住由师范院校改办为综合性大学的历史机遇，进行了专业布局和结构的调整，先后增设了诸多的应用型专业，全面拓展学校的服务领域，开辟了多学科人才的培养新路。进入21世纪以来，学校主动适应苏南地区经济结构战略性调整和人才需求的变化，按照"保老、改特、创新"的思路再次对专业结构与布局进行了调整：增设了旅游管理、高分子材料与工程、电子信息科学与技术、微电子学、光信息科学与技术、冶金工程、传感网技术、生物功能材料、城市规划、新能源材料与器件、纳米材料与技术、物联网工程等专业，应用型专业数占本科专业总数80%以上，培养了数以万计的高层次应用型人才，为地方经济社会发展提供

了坚实的人才支撑。

（三）积极引入社会优质资源，改善和优化人才培养条件

随着高等教育大众化进程的深入推进，学校办学规模急剧增长，办学资源不足成为制约学校发展的根本瓶颈。学校发挥地处苏南的地域优势，充分利用社会参与办学的积极性，大力探索吸纳社会资源参与学校办学的特色发展之路。20世纪90年代中期，学校先后与原锡山市、原通州市、昆山市、太仓市人民政府签订协议，5年内共为各市定向培养1 300名紧缺人才，有关地方政府出资在学校建造了昆山游泳馆、锡山公寓、通州公寓等教学和生活设施，改善了学校的办学条件。学校先后与两家企业合作共建了两个独立学院，有效扩大了学校的办学规模。进入21世纪以来，本着互惠互利、共同发展的原则，学校全力推进与企业的合作，与东吴证券有限责任公司合作共建了金融工程教学与科研基地，与有关企业合作共建了SMT实验室、科达程控与网络实验室、Wind River嵌入式系统联合实验室、诺基亚通信实验室、无线通信辐射测试研究中心、XILINX先进媒体处理联合实验室等；与旺宏电子股份有限公司签订了合作培养微电子学专业技术人才的协议，制订了微电子学专业人才一体化培养方案，成立了微电子学专业指导委员会，并与摩托罗拉、诺基亚、安德鲁电信、华硕电脑、明基电脑等在苏通信电子类企业联合，成立了IT专业企业指导委员会，在实验设备、科研基金、奖学金、实践实习、人才培养、学术交流等方面进行合作，促进了包括微电子学专业在内的IT专业的建设与发展。

与此同时，学校不断创新校企合作的办学模式：为适应长三角地区尤其是苏州市城市轨道交通的发展，学校与苏州市轨道交通建设有限公司联合组建了城市轨道交通学院，重点建设和发展轨道交通相关专业，培养轨道交通方面的专业人才；与苏州金螳螂建筑装饰股份有限公司合作共建金螳螂建筑与城市环境学院，探索"集产学研优势为一身，具有中国特色校企合作双赢"的办学新路；与香港凤凰卫视集团合作共建凤凰传媒学院，借鉴国际先进传媒教育经验，培养具有国际视野和专业技能的新闻传媒人才，并把凤凰卫视节目资源导入学院教学科研中，打造独具特色的产学研一体化的节目制作基地和文化传媒产业孵化基地；等等。

（四）推进科技创新和产学研结合，为地方经济社会发展提供源源动力

经过多年的建设和发展，学校在光机电技术、辐照技术、生物医药、化工技术、新材料等方面形成了优势和特色。以科技成果为依托，学校先后成立了维格数码光学有限公司、赛尔免疫生物技术有限公司、苏豪生命科学技术有限公司等16家高新技术公司，产值连续多年位居江苏高校前列。其中，作为产学研一体化标志项目的维格数码光学有限公司，成功开发了微纳米结构数字激光图像光刻系统和相关技术，其成果具有原始创新性和自主知识产权。作为我国精密激光图像行业的关键核心技术，它有着每年超过200亿元的巨大市场前景和产业化价值。

学校以国家大学科技园为载体，充分释放自身的科技资源和机制优势，加快科技成果转化和高新技术产业化步伐，增强自主创新能力，服务苏州产业结构的升级和转型。成立于2007年的大学科技园已有50余家企业入驻；成立了技术转移中心，为周边地区的高新科技成果寻求市场对接，目前已洽谈项目近40个，成功签约4个；成立了化学电源公共技术服务中心、丝绸技术服务中心、医疗器械临床前研究与评价公共技术服务中心等省级科技公共服务平台和江苏省纺织印染节能减排与清洁生产工程中心等，为技术成果转化打开了更为广阔的空间；开发了包括"863"重大专项研究项目"阳光自动导入系统"等在内的50余项节能研究项目，与苏州市联建了苏州节能技术研究所、交通工程研究中心、低碳经济研究中心；集中科研力量对太湖水体修复进行研究，以原位生物治理与生态修复水体为主的新技术已研发成功并投入应用；与苏州工业园区加强对接，引进中科院李述汤院士及其团队，成立功能纳米与软物质研究院，积极参与生物纳米园项目；等等。

（五）充分发挥人文社会科学优势，服务地方文化建设和社会发展

作为地处具有深厚历史文化底蕴之古城的高等学府，学校有效整合其人文社会科学方面的力量，积极投身于苏州的文化建设和社会发展，取得了较为显著的成绩。学校根据苏南文化特色和自己的学科基础，先后成立了吴文化国际研究中心、昆曲研究中心、非物质文化遗产研究中心、园林文化研究室、苏州园林遗产保护研究所等，切实加强对吴文化、园林文化、昆曲评弹的研究，并在《苏州大学学报（哲学社会科学版）》开设了吴文化研究专

栏，在吴文化研究方面产生了明显的凝聚效应，使学校成为吴文化研究的重镇。学校充分发挥丰富的人才资源和知识资源优势，不断加强对苏州地区社会现实问题和经济发展前沿课题的研究与探索，有多名专家被聘请为苏州市政府决策智囊团成员，为苏州市委、市政府的重大决策起参谋作用和助手作用。成立了乡镇经济研究所，切实加强对乡镇企业的研究，为苏南模式的提出做出了贡献；随着中新合作苏州工业园区的成立，学校适时成立了中国-新加坡比较研究中心，加强对新加坡经验的解读和剖析，为工业园区借鉴新加坡管理模式提供了理论指导；和着苏南模式转型和城镇化推进的节拍，学校先后成立了苏南发展研究院和中国特色城镇化研究中心，将全球化背景下区域发展道路和区域公共管理研究进一步推向前进。近年来，学校先后与苏州市有关部门合作组建了人口研究所、人力资源研究所、基层党建研究所、社会公共文明研究所、廉政建设与行政效能建设研究所、台商投资与发展研究所等研究机构，与企业合作共建了社会发展研究院，全方位对接苏州经济社会发展的需求，将理论创新与工作创新有机结合起来，推动了苏州经济、政治、社会、文化的协同发展。

三、建设相互作用大学的对策建议：基于既有实践的思考

建设相互作用大学是一个不断实践、不断探索的过程，建成真正意义上的相互作用大学必然是一个长期的过程。学校的实践和探索还在不断地深入，而已有的实践可以给地方高校诸多的启示。

（一）创新理念，强化校地互动、合作共赢的意识

建设相互作用大学所要求的观念变革的责任主体包含了大学和地方两个方面，且必须通过双方的互动来实现，但最主要的责任在大学。大学管理者和教师要转变观念，真正从"象牙塔"中走出来，树立以下理念：一是"以他方为中心"的理念。真正从地方经济社会发展的需要出发来思考问题，主动拓展合作的途径，积极投身于校地合作，热心为地方解决实际问题，做出实质性的贡献。二是校地合作互利双赢的理念。大学为地方服务，当然是为地方做贡献，但也绝不是地方的单方面受益，而是地方和大学的互利双赢。大学在为地方服务中，可以获取更多的社会办学资源，破解办学资源紧缺的

瓶颈问题。同时可以有效改进教育教学工作，提高人才培养的质量。

（二）深化学校内部改革，完善政策导向和运行机制

地方大学不仅要以各种方式强化校地合作的意识，更要通过各种政策导向和运行机制引导和激励广大教职工投身于校地合作。大学现有的内部结构和一些制度是传统办学理念指导下的产物，不利于校地合作的开展，必须深化改革。一是以保护好教师利益为出发点，制定与完善校内保护和激励政策，让更多优秀教师积极参与地方服务工作。改革现有对教师考核的评估体系和职称职务聘任制度，坚持基础研究与应用研究同等重要、科技创新与成果转化同等重要的原则，彻底改变重论文、轻专利，重纵向科研、轻横向科研，重数量指标、忽视实际创新贡献的做法。二是组织落实。改革机构配置，成立地方服务与合作工作的专门机构，专司与地方沟通联络之职，加强对与地方合作工作的领导和管理。三是创新人才培养模式，建立与重点企业人力资源的共享机制。

（三）搭建各种互动平台，促进校地合作常态运行

一是搭建科技合作平台。大学科技园可以吸收优秀的企业、优秀的人才入驻，转化高校科技成果。大学以科技项目为依托，与地方合作成立股份公司，可以发挥各自的优势，加快推动大学科技成果产业化。江苏省建立的由高校向地方乡镇选送科技特派员制度，有力地加强了高校与地方基层的沟通和联系，对协调高校的科技人才为中小企业解决技术难题，促进技术进步发挥了良好的作用。二是搭建积极参与地方文化和社会建设的平台。针对地方经济社会发展中的热点、难点问题，地方高校与地方政府全方位对接，合作组建各种研究所，将理论创新与工作创新有机结合起来，为破解难题出谋划策，合力推动地方经济社会的协同发展。三是搭建吸纳人才资源参与学校教学科研，地方和企业参与学校建设的平台。地方、企业集聚着诸多优秀人才，他们一般也乐意参与高校的工作。高校应按照不求所有、但求所用的原则，创新制度设置，以聘请担任兼职教师、兼职导师等形式把他们吸纳进来，发挥作用。

(四）整合地方和高校资源优势，在交叉、渗透、融合、互补中迸发最大效能

地方和高校都拥有自己的优势资源，但往往因为体制分割而各自为政、分散使用，利用效率不高，浪费严重。因此，整合地方和高校的资源优势，在交叉、渗透、融合、互补中发挥最大效能，是建设相互作用大学所要解决的一个重大课题。高校具有学科建设、人才队伍、人才培养、科学研究等方面的资源优势，其中人才资源是最重要的资源。建设相互作用大学，高校就是要把所拥有的资源引入到为地方服务中去，为地方经济社会发展做贡献，将高校的优势转化为地方发展的优势。具体的办法有：一是可根据地区的发展要求，统筹利用地方高校教育资源进行非学历教育培训，如干部职工岗位培训、农民实用技术培训和农村应用型人才培养等，使地方高校成为本地区继续教育的阵地。二是大力推动高校的技术成果向地方转化，推动高新技术产业化，增强地方的自主知识产权的创新能力。鼓励与支持高校的科技人员承接地方和企业的研究课题，为其解决生产中的难题，推动企业的技术进步。三是整合各类资源实行共享。高校的资源投向地方，地方的优势资源也在引入学校。每个地方具有其得天独厚的资源，很多资源正是高校所紧缺的。以苏州大学所坐落的城市苏州为例，该市经济发展快，在国内外的知名度高，财政实力强，老百姓比较富裕；优秀的企业多，技术、管理等各方面的人才高度集聚；有深厚的文化底蕴，老百姓普遍重教育、重人才、重和谐。如何用好这些资源，对地方高校自身的发展具有非常重要的意义。对于大学来说，只有求合作，促服务，做贡献，通过自身的努力更多地展示大学对地方的价值，从而同地方达成一种休戚与共的伙伴与兄弟关系，在共赢中地方才会源源不断将资源投向高校，高校就有了永不枯竭的发展动力。

（五）夯实自身基础，增强服务地方的本领

建设好相互作用大学，最重要的基础是地方大学自身的实力、影响力和吸引力，即能否成为地方和当地民众所尊敬的大学。要赢得尊敬，决定性因素是自身建设和发展的状况，主要体现在两个方面：一是增强办学实力。地方大学必须大力加强学科建设、人才队伍建设，搞好教学科研，切实提高人才培养质量，上水平，上层次，其中特别重要的是要办出特色，形成鲜明的

个性。二是建设好校园文化。地方大学长期扎根于一个区域，接受地方文化的熏陶，在校园文化建设方面可以形成自己鲜明的特色，这种带有地方色彩的校园文化一旦养成，因为其与地方有明显的血缘关系，必然更会得到地方和当地民众的青睐，更会对地方文化建设产生良好的强大的辐射作用。可以相信，只要地方、大学两方面的建设取得良好的成效，就一定会获得尊重，而当地方的许多民众为孩子选择这所当地大学而感到自豪的时候，也可以说是该校相互作用大学建成的时候。

（本文刊登于《中国高等教育》，2011年12月第24期）

虚拟养老 居家养老服务的新探索

"虚拟养老院"实现了养老需求的有效服务，政府援助政策的有效落实，服务员工的有效管理，成功探索了一种适合中国国情、能满足老年人多元化养老需求的养老新模式。

居家养老是近十年来发展起来的一种政府主导的社区养老模式，它将家庭养老和机构养老的合理要素结合起来，通过有效整合社会、市场、政府、社区和家庭的养老功能，建立起新型的社会服务体系。从2000年开始，全国各地陆续进行了不同形式的社区居家养老试点探索。处于"两个率先"进程中的苏州，也从2003年起进行了社会化居家养老服务的探索，并于2007年10月在全国率先将信息化引入居家养老服务，在国内首先提出了"虚拟养老"的概念。

一、探索居家养老新模式

所谓虚拟养老，就是将政府援助的养老对象根据一定的标准进行分类，并将养老补助的标准转化为服务，通过详细的上门调查，签订协议，落实服务内容、服务时间、服务人员、服务频次，进而形成强大的有效的数据库；凭借自主研发信息化的服务系统，进行专业化、标准化、规范化、流程化的养老服务与管理；在养老对象充分体验并依赖系统养老服务的情况下，拓展养老对象的自费服务和其他老年人的生活服务，实现居家养老的机构化管理和人性化关怀，推进居家养老服务的规范化发展。基于上述理念而创建的"虚拟养老院"，以"数据向上集中，服务向下延伸"为服务宗旨，以"初期体验，产生依赖，形成需求，市场运作，产业发展"为运作原则，以电信通信网络为依托，以现代信息管理技术为支持，在以下三个方面进行了卓有成效的探索和创新。

第一，观念创新，实现管理的信息化、虚拟化。"虚拟养老院"主要通过"居家乐221服务系统"这一信息中心和技术平台，对居家养老服务对象实行会员制客户准入管理。"虚拟养老院"把服务对象的各类信息资料，如基本信息、健康信息、配偶信息、社会关系、服务需求等都录入系统数据库，实现服务管理的信息化。该系统依托信息化技术，通过对居家养老服务的需求者和提供者的信息整合与合理调度，实现超前计划、按需配置、自动派工的主动式亲情服务，并从客户确认服务开始便对服务过程进行全程跟踪、回访、咨询意见，以客户满意度来考核服务质量，实行考核结果与效能挂钩，提高服务水平。

第二，模式创新，实现运作的市场化、社会化。"虚拟养老院"的运营由具备独立法人资格的民办非企业单位——"居家乐"养老服务中心负责。该中心设窗口接待中心、服务呼叫中心和职业培训中心，内设综合管理部、家政服务部、医疗保健部、职业培训部、物业维修部、法律维权部、项目开发部等服务管理职能部门，利用24小时服务管理的优势，为老人提供24小时主动、快捷的服务。该中心还吸收具有一定服务实力、管理水平和良好信誉的社区服务小企业加盟，组建了一个紧密型的社会化养老服务体系，共同为居家老人提供全面的生活服务，促进了社区养老服务的产业化发展。

第三，内容创新，实现服务的专业化、规范化。"虚拟养老院"的服务对象重点为75周岁以上居家空巢、生活自理能力逐步下降的老人群体，从服务收费层面分为政府援助对象和自费服务对象，从服务需求层面分为政府重点援助对象、低偿普惠服务对象和普通自费服务对象。"虚拟养老院"推行家政便民、生活配送、物业维修、医疗保健、人文关怀、娱乐学习六大类53项菜单式个性化自选服务项目，基本涵盖了居家养老的日常需求。下一步，"虚拟养老院"还将拓展服务功能，通过稳固生活基础服务、发展商务增值服务、探索健康物联服务，推动虚拟养老服务的产业化发展。"虚拟养老院"造就了一支98%拥有家政技能证书和养老护理员证书的专业队伍，为老人提供职业化、专业化的居家养老服务。

二、政府推动、社会协同的服务体系

由此，我们可将"虚拟养老院"的运作机制概括为"政府推动、社会化运作、信息化管理、专业化服务"。政府在"虚拟养老院"的创建和发展过程中，始终发挥着推动者、扶持者、协调者和管理者的重要作用。政府将养老服务纳入苏州社会发展总体规划，先后制定了全面推广虚拟养老的实施方案、社会养老服务组织资金补贴实施办法等制度，将虚拟养老纳入养老服务组织，享受政府开办经费补贴和运营经费补贴。"虚拟养老院"的运作经费主要来自政府的财政支持、服务项目的收费和社会募集。但是，政府的有效推动并不意味着政府必须"大包大揽"，而是形成各方各司其职、相互协同的服务体系：政府定位于养老服务的规划者及购买者，社会组织定位于养老服务的生产者及提供者，居家老人则是养老服务的消费者及使用者。"虚拟养老院"通过政府搭建信息平台、社区组织及加盟企业提供专业服务的形式，利用现代信息与管理优势，实行分类服务、分层管理和市场运作，实行统一品牌、统一管理、统一服务和统一调度，从而形成有品牌、有特色的"第四种社会养老模式"。

可见，"虚拟养老院"是把信息化的手段和技术运用于居家养老的服务与管理，通过市场化、社会化的运行，对服务对象实行会员制组织，对服务队伍实行员工制管理，为老人提供规范化、标准化、人性化、个性化、专业化的爱心亲情主动式服务，为居住在家里的老人打造一个没有围墙的养老院。"虚拟养老院"实现了养老需求的有效服务，政府援助政策的有效落实，服务员工的有效管理，成功探索了一种适合中国国情，能满足老年人多元化养老需求的养老新模式。它将政府发现公共偏好和获取资源的优势同市场与社会组织生产及递送服务的优势结合起来，创造性地在居家养老中建立了财政资金购买服务、服务组织提供服务、居家老人享受服务的政府购买养老服务政策，构建了政府牵头、社区和社会组织承接并吸纳商业组织参与、集合多种服务的老年服务体系，有效缓解了政府供给不足、市场不愿提供公共服务的问题，实现了居家养老服务工作的便捷性、实效性、针对性。同时，"虚拟养老院"又因其服务标准明确化、服务管理规范化、服务理念民本化、可操作性强、可控性强而极具实践推广价值，如今"虚拟养老院"已经在上海、浙江、山西、辽宁、广东、山东等地陆续推广，江苏也将在"十二五"规划后期实现虚拟养老的全覆盖。

（本文刊登于《中国社会科学报》，2012年11月16日第2版）

政府主导下的官民共治

——我国社会管理模式的转型方向

随着改革开放的深入推进,我国在面临重要发展战略机遇的同时,也步入社会转型和矛盾突显期,社会管理面临着新情况、新问题,原有的管理模式已无法适应新形势变化。20世纪90年代以来,新治理理论在西方兴起。通过对之予以扬弃,并根据中国现实国情来看,政府主导下的官民共治应当成为我国社会管理模式的转型方向。

一、政府主导下官民共治的理论渊源及其中国场域中的扬弃

"治理"一词源于拉丁文和古希腊语,原意是控制、操纵和引导,长期以来与"统治"一词交叉使用,并主要用于与国家公共事务相关的管理活动和政治活动中。20世纪90年代以来,西方学者赋予"治理"新的含义,其不再只局限于政治学领域,还被广泛应用于社会经济管理领域。

作为治理理论创始人之一的美国学者詹姆斯·罗西瑙(James N. Rosenau)在其代表作《没有政府的治理》一书中把"治理"界定为:一系列活动领域的管理机制,它们虽未得到正式授权,却能发挥作用。治理,不等同于统治,指一种由共同目标支持的活动,这些活动的主体不一定是政府,也并不完全靠国家的强制力来实现治理的目标。[1] 英国学者格里·斯托克(Gerry Stoker)则在其《作为理论的治理:五个论点》一文中将各国学者关于治理的观点归纳为五个方面:第一,治理出自政府,但又不限于政府的一套社会公共机构和行为者;第二,治理明确指出在为社会和经济问题寻求解答的过程中,存在着界限和责任方面的模糊之点;第三,治理明确肯定涉

---

[1] 罗西瑙. 没有政府的治理[M]. 张胜军, 刘小林, 等译. 南昌: 江西人民出版社, 2001: 4-5.

及集体行为的各个社会公共机构之间存在着权力依赖;第四,治理指行为者网络的自主自治;第五,治理认定,办好事情的能力并不在于政府的权力,不在于政府下命令或运用其权威,政府可以动用新的工具和技术来控制和指引,而政府的能力和责任均在于此。[1] 全球治理委员会在 1995 年《我们的全球伙伴关系》中对治理概念给出的界定较为权威:治理是各种机构或个人管理其共同事务多方面的总和,调解不同利益主体并相互合作实现目标的持续过程。既包括迫使人们服从的正式制度和规则,也包括各种人们为实现共同目标而达成的非正式的制度。其特征是:治理不是一整套固定的规则,也不是一种活动,而是相互协调的过程;治理过程不是建立在控制之上,而是协调;治理不仅涉及公共部门,也包括私人部门;治理不是一种政治制度,而是持续的互动。[2]

与传统的社会管理相对比,治理与之差异十分明显。最本质的差异就在于,在传统社会管理中,非政府组织、企事业单位及公民个人是管理的客体,管理的主体是唯一的,就是政府。但是在治理中,前述客体变客为主,成为与政府平等的治理主体。这就决定了两种模式下管理方式的差异。在传统社会管理中,政府和管理客体之间是管理与被管理的单向度关系,政府通过不断强化自身权力,依靠自上而下的行政手段通过管、控、压、罚实施对客体的管理。而在治理中,各治理主体地位平等、各司其职,为了共同的社会利益,通过协商对话取得共识、达成善治。上述差异决定了,在管理成效上,传统社会管理可能在短期内获得社会稳定,但这往往只是表面现象、一时之效,从长期来看,容易造成社会僵化,抑制社会组织及个人激情活力,社会难以持续性发展。而治理能有效激发社会各类主体的创造积极性,极大促进整体社会活力,顺应社会潮流和民众需求,实现社会长期繁荣稳定。

要强调的是,本文认为,对于西方治理理论,我们切不可采取简单的"拿来主义"。因此,考虑到我国具体国情,我们认为,对西方治理理论应当予以扬弃,即应当改变将非政府组织、企事业单位及公民个人视为被管理对象的观念,突显其在社会管理中的主体地位,激发他们主动参与到社会管理中来的积极性。这也是本文之所以提出"官民共治",而不采纳"公民参与

---

[1] 斯托克. 作为理论的治理:五个论点 [J]. 国际社会科学杂志(中文版),1999,16(1):19-30.

[2] 俞可平. 全球化:全球治理 [M]. 北京:社会科学文献出版社,2003:9.

社会管理"提法的动机。胡锦涛同志在2011年2月举办的省部级主要领导干部社会管理及其创新专题研讨班上也强调了要坚持人民主体地位:"社会管理,说到底是对人的管理和服务,涉及广大人民群众切身利益,必须始终坚持以人为本、执政为民,切实贯彻党的全心全意为人民服务的根本宗旨,不断实现好、维护好、发展好最广大人民根本利益。要坚持贯彻党的群众路线,坚持人民主体地位,发挥人民首创精神,紧紧依靠人民群众开创新形势下社会管理新局面。"[1] 必须明确,在相当长时间内,在我国社会管理体制中,政府仍然应当占据主导地位,我们应以政府主导下的官民共治为社会管理模式的转型方向。2004年,党的十六届四中全会提出,要加强社会建设和管理,推进社会管理体制创新,建立健全党委领导、政府负责、社会协同、公众参与的社会管理格局。有学者就指出,这实际上是一种国家(执政党和政府)主导、社会协同和公民参与的多主体合作管理模式。从国家全面控制和包办代替的社会管理模式转变为国家主导、社会协同和公民参与的社会管理模式,既符合我国目前的国情,又是一种社会管理上的进步,因为它为多主体协商、合作与共治指明了方向。[2]

二、实现政府主导下官民共治转型的必要性和社会基础

市场经济改革的深入推进催生了多元利益主体,经济社会形势发生了深刻变化,原有的一元化社会管理格局受到严峻挑战,难以为继,实现政府主导下官民共治的转型势在必行。近年来,我国公民社会的孕育和发展为实现这种转型提供了社会基础。

(一)市场经济催生多元利益主体,政府作为社会管理唯一主体的局面难以为继

中华人民共和国成立以后,在高度集权的政治体制和计划经济体制的基础上,我国建立了"国家—单位—个人"的一元化社会管理格局。国家成为无所不管、无所不包的"全能国家"。随着市场化改革的深入推进,社会经济成分、组织形式、分配方式、利益关系多样化趋势不断发展,原有的整体

---

[1] 胡锦涛. 扎扎实实提高社会管理科学化水平 [N]. 人民日报,2011-02-20.
[2] 何增科. 我国社会管理体制的现状分析 [J]. 甘肃行政学院学报,2009 (4):101-107,127.

性和平均化的社会利益结构被打破,人们的利益意识空前觉醒,各类利益主体不断涌现,利益分化呈现加速发展态势。随着社会结构的分化不断加深,新的社会阶层不断出现,不同的阶层和社会群体开始拥有不同的利益,利益主体日趋多元化。利益获得和利益协调的机制与传统体制相比发生了很大变化,新的利益结构实际上已经形成,利益调整及由此带来的阶层分化已经成为不争的事实。[1] 面对不同群体的利益诉求,政府作为社会管理唯一主体的格局难以为继,需要构建官民共同治理的体制机制,构建不同利益的表达和博弈机制,以实现不同利益的大致平衡。

(二)面对深刻变化的经济社会形势,政府社会管理的能力受到严峻挑战

随着现代化进程的加快和市场经济改革的深入推进,我国正处于一个大发展、大变革、大转型的时期。市场化的推进在有效配置资源的同时,也产生了收入分配不公、两极分化等社会问题;工业化的推进在极大发展生产力的同时,也产生了失业、环境污染、职业病、心理障碍等问题;城镇化的大力推进在改善城乡面貌的同时,也产生了失地农民、城市犯罪率居高不下等问题;信息化的迅猛发展在方便我们获取信息的同时,也产生了网瘾、网络色情暴力、网络诈骗、新的"数字鸿沟"等问题;全球化的演进在实现资源全球配置流动的同时,也使本来地区性的危险可能演化为全球性危机……同时,新的社会事务大量产生:互联网管理、物业管理、社区管理、失业保障、疾病防控……面对着利益格局日益分化、社会需求日益多元、社会事务日益繁杂、社会问题日益增多、社会矛盾日益突显的经济社会形势,习惯于包揽一切的政府,其社会管理能力受到严峻挑战,明显力不从心。只有借助于非政府的专业性组织、企事业单位乃至公民个人,在经充分协商寻找到共同利益的基础上,实现合作治理、共同治理。

(三)公民社会的孕育和发展,为官民共同治理提供了社会基础

现代化和市场化的过程,促使传统的管理与被管理的臣民社会或群众社会向现代公民社会转变。随着经济社会发展,中间阶层不断壮大,国家和社

---

[1] 杨发祥. 新时期我国社会管理的创新之维 [J]. 华东理工大学学报(社会科学版),2011,26(1):1-7,17.

会逐步分离开来，一个相对独立于国家和企业的公民自由交往与自主结社的社会生活领域，即公民社会悄然出现，公民社会组织（民间组织）和民间公共领域成为公民社会的重要组成部分。民间组织从无到有，从少到多，根据民政部对各类社会组织、团体等进行的最新统计，截至2011年年底，全国共有社会组织46.2万个、社会团体25.5万个、民办非企业单位20.4万个、基层群众自治组织67.9万个。[1] 特别是随着信息技术的迅猛发展，以互联网为主阵地的公民对公共事务和公共人物进行自由的、平等的讨论、辩论、评论的民间公共领域已经形成，民间舆论的民意压力已经对社会政治生活产生了重要的影响。义务本位、服从本位的臣民或顺民已经被具有纳税人意识和权利意识的公民代替，公民维护自身权利的个体和集体行动日益自觉和频繁。公民社会的逐步发展，正在改变着集权政治之下国家与社会之间长久以来所形成的支配和从属关系，催生着一种新型的国家和社会关系。[2] 公民社会的孕育和发展，尤其是社会组织的逐渐发展壮大，使得政府在转变职能过程中剥离出来的部分社会管理职能能够找到较为合适的承接载体。

三、当前实现政府主导下官民共治转型存在的问题

虽然实现政府主导下官民共治的转型是大势所趋，但是，实现这种转型不会一帆风顺，实践中还存在不少理念、体制机制上的问题和障碍，需要我们想方设法克服。

（一）政府管理理念滞后，制约了政府在社会管理中正确履行职能

当前，政府对自身在社会管理中的角色不清，职能不明，常常出现越位、错位或缺位的现象。观念是行动的先导，导致上述现象的根本原因是政府管理理念滞后。有限政府的理念有待强化。不少地方政府及官员仍然对原来包揽一切的"全能政府"念念不忘，习惯于把社会管理的所有方面控制在手中。对公众参与社会管理总是持小心谨慎甚至排斥的态度，对公众参与管

---

[1] 民政部. 2011年社会服务发展统计公报 [EB/OL]. （2012-06-21）[2012-08-10]. http://www.mca.gov.cn/article/sj/tjg6/201210/201210153625989.shtml.

[2] 何增科. 试析我国社会管理面临的新挑战 [J]. 北京交通大学学报（社会科学版），2009，8(4)：15-22.

理的范围严加限制,对一些社会组织的活动严密监控,力图使整个社会在政府预先设定的轨道中运行。服务型政府的理念尚未建立。不少官员"官本位"思想严重,自我意识膨胀,习惯于使用传统高度集权时代的命令、指示、指标、管制等手段,对公众自主治理的诉求不予理会,对公众自我管理的能力不太相信。这使得政府与公众之间产生明显的心理距离,很多政府行为无法获得公众认同,政府合法性权威受损。

(二)公众参与社会管理的渠道不畅,利益表达和博弈机制尚未有效建立

公众若要有效参与社会管理,就必须与政府分享信息,提前介入政府决策过程。政府虽然通过听证等制度吸纳公众参与政府决策,但制度的刚性约束不够,偶然性较大。政府信息披露往往不及时、不全面,在信息不对称的情况下,公众很难有效参与政府决策过程。因此,目前,公众参与社会管理通常都是被动的、配合性的。公众的利益诉求很难通过正常合法渠道进入政府决策过程。于是,在利益受损,无法寻求到正常表达渠道和妥善利益调处机制的情况下,百姓宁可选择极端的方式,社会矛盾由此激化。

(三)公民社会还不成熟,难以发挥在社会管理中的主体性作用

虽然近年来我国公民社会逐渐孕育和发展,但是,总的说来,对于当今中国政府和学术界而言,还是一个新的事物。中国公民社会本身正在形成之中,还很不成熟,其典型特征和作用还未得到充分展露。[1] 公民社会赖以存在的组织基础——社会组织还不发达,发展面临困境。受中国传统文化影响,中国百姓结社意愿不强,社会组织在资金、人才等方面受到掣肘。政府在社会组织的注册登记、监督管理等方面实施较为严格的管控,加之部分社会组织过度"行政化",导致社会组织自主性不强,与政府在社会管理中的职责分工不明,极大限制了公民社会的自我组织、自我治理。公民参与社会管理的能力水平较低。由于深受中国传统文化及中华人民共和国成立后长期阶级斗争的影响,中国百姓普遍持有"莫谈政治"的思想,对参与政治、公共事务较为冷漠。由于没有强大的公民社会和公民社会组织的存在,所谓公

---

[1] 俞可平. 中国公民社会:概念、分类与制度环境 [J]. 中国社会科学,2006 (1):109 – 122,207 – 208.

民社会在社会管理中的协同和参与作用无法得到应有的体现与发挥，社会协同、公众参与的社会管理格局远没有形成。[1]

四、政府主导下官民共治的实现路径

通过上述对当前实现政府主导下官民共治转型存在的问题的分析，从目前实际出发，我们认为，要实现转型，可以考虑遵循以下路径。

（一）更新观念、转变职能，打造服务型政府

要树立有限政府、服务型政府的理念，依法明确政府在社会管理中的管理范围、职责界限。但凡社会组织、企事业单位、公民个人能够自主管理，市场机制能够有效调节，行业协会和社会中介组织能够有效自律的，政府要坚决退出。但凡政府"应该管、管得了、管得好"的事务要坚决管好，尤其是事关社会民生，政府更是责无旁贷。真正实现从大政府到小政府、从全能政府到有限政府、从管制型政府到服务型政府的转变。具体来说，一是制定社会管理方面的政策法规，依法管理社会组织和社会事务；二是调节收入分配，完善社会保障，防止社会两极分化；三是整合社会管理资源，形成政府各个部门齐抓共管，政府、社会、民众共同参与的社会管理格局；四是应对公共危机，维护社会公正与社会稳定；五是加大公共财政投入力度，运用更多的财力、物力等公共资源进行社会建设和社会管理。[2]

（二）积极培育和扶持社会组织，有效承接政府剥离的社会管理职能

转变政府职能，放权社会，必须有承接载体，这便是社会组织。社会组织承接政府剥离的部分职能，有助于降低行政成本，优化行政行为，提高行政效率，使政府更好地履行好社会管理决策者、协调者、监督者的职能。在当前我国社会自治能力较弱、社会组织发育不健全的情况下，政府应在依法规范、管理社会组织的同时，积极培育和扶持社会组织，为社会组织的健康发展创造良好的制度环境。一是完善相关法律法规，明确社会组织的法律地

---

[1] 周红云.中国社会管理体制改革：现状、原因与方向[J].甘肃行政学院学报，2008（5）：17-22.
[2] 叶庆丰.创新社会管理方式的基本思路[J].中共中央党校学报，2011，15（3）：54-57.

位、工作范围、经费来源、管理手段、管理程序等，维护和确保社会组织对社会管理的参与权；二是放宽政策，创造环境，降低门槛，放手发展城乡各类社会组织，促其自我组织、自我管理、自我服务、自我监督，引导更多的社会力量参与城乡的社会管理；三是引导社会组织进行公开、透明化的运作，促进各类社会组织加强自身建设，严格行业自律，规范从业行为，承担社会责任，提高自律性和诚信度，增强透明度和公信力。[1]

（三）拓宽公众参与渠道，构建公众利益表达与博弈机制

在利益日益多元的当下，如何在市场经济条件下，构建利益表达与博弈机制，实现各方利益的大体平衡，是检验社会管理成效、维护社会稳定、构建和谐社会的重要方面。一个拥有成熟体制的社会是能够容纳不同群体的利益表达的，通过畅通利益表达渠道，扩大公民参与，发挥社会力量，实现利益群体间的博弈，最终形成相互制约的均衡机制。[2] 尤其是在政府决策过程中，要进一步拓宽公众参与渠道，逐步构建官民平等协商的利益平衡机制。从实践来看，政府决策不当往往是引发社会问题的重要因素。中央讲要树立关口前移、源头治理的理念。这不仅仅是指要及时发现矛盾、解决矛盾，在矛盾爆发之前查找原因、提出对策，更关键的在于尽量避免矛盾。这就要求政府不断完善决策机制，健全民主决策程序。尤其是事关群众切身利益的重大决策，必须采取听证、公示等方式广泛听取群众意见，吸纳相关社会组织进行民主协商。有关立法、行政部门应当进一步细化相关法律法规，明确公众参与政府决策的事项、权利、程序及政府违反相关规定的问责制度，确保公众参与政府决策的合法性、有效性和可操作性。

（本文刊登于《马克思主义与现实》，2012年11月第6期）

---

[1] 郎友兴，汪锦军，徐东涛. 社会管理体制创新研究论纲 [J]. 浙江社会科学，2011 (4)：66 - 70，33，157.

[2] 宋宝安，贾玉娇. 社会管理策略的转型：从现代化到可持续生计 [J]. 社会科学战线，2009 (10)：204 - 209.

论社会管理的终极目标

社会管理，就是通过制定社会政策和法规，依法管理和规范社会组织、社会事务，协调社会矛盾，调节收入分配，保障公平，维护社会秩序与社会稳定。[1] 社会管理的目标是使社会有效稳定的运行，以实现社会发展的目的。党的十八大报告提出："加快形成科学有效的社会管理体制，建立确保社会既充满活力又和谐有序的体制机制。"这反映了我们党对加强和创新社会管理终极目标认识的深化和拓展，即加强和创新社会管理的终极目标是：确保社会既充满活力又和谐有序，努力形成全体人民各尽所能、各得其所又和谐相处的局面。

一、既充满活力又和谐有序是经济社会良性发展的必备条件

（一）社会的活力是推动经济社会发展的根本动力

在唯物史观看来，人类社会的发展既是一个自然历史过程，又是人的自觉活动的结果。人是社会发展的主体，人的愿望、需求、智慧和劳动，是一切创造力的源泉，构成了社会发展与进步的基本力量，社会发展的目的正是为了实现人的全面而自由的发展。中国共产党正是因为准确把握了人类社会发展的这一历史规律，坚持了人民群众创造历史的主体地位，才把充满活力作为加强和创新社会管理的重要目标，并把这一伟大的历史任务建立在调动人民群众主体性的基础之上，体现了遵循历史规律性和坚持人民主体性的统一。社会的发展活力集中表现在社会成员主动性、积极性、创造性的充分发挥和切实保证上。同时，社会的发展活力也必须以社会成员的主动性、积极性、创造性的充分发挥和切实保证为前提。社会活力源自各个社会主体及其

---

[1] 俞可平．推进社会管理体制的改革创新［N］．学习时报，2007-04-23．

之间的良性互动，社会的发展活力也表现在社会主体的主动性、积极性、创造性的充分发挥上，社会生产生活的构成要素的优化配置和合理流动上及社会生产生活的运行方式和机制所具有的活力上。因此，加强和创新社会管理就是要将各个行业和阶层人的创造活力激发出来，通过更加和谐的处理问题和矛盾的方式，来实现社会有机体的合理运转。

马克思主义认为，生产活动是人类最基本的活动，人们为满足物质生活的需要而从事生产活动。任何一个社会首先必须满足人们的物质生活需要，为此就必须促进和推动社会生产的发展。生产力是社会生产活动中最革命、最活跃的因素，是改造自然、改造世界并使之适应人类生活需要的客观物质力量，是社会发展的根本动力。社会财富要由劳动创造，社会的发展进步要靠人民群众推动。社会主义的本质就是解放生产力、发展生产力。"社会主义制度优越性的根本表现，就是能够允许社会生产力以旧社会所没有的速度迅速发展，使人民不断增长的物质文化生活需要能够逐步得到满足。"[1] 因此，充满活力就是要不断解放和发展生产力，最广泛、最充分地调动一切积极因素，使我们的国家和社会永葆发展的动力。"要形成与社会主义初级阶段基本经济制度相适应的思想观念和创业机制，放手让一切劳动、知识、技术、管理和资本的活力竞相迸发，让一切创造社会财富的源泉充分涌流，以造福于人民。"[2]

马克思早就精辟地指出，人们奋斗所争取的一切，都同他的利益有关。人们为了实现自身的利益而创造财富，创造的过程就是推动历史发展的过程，创造的欲望就是活力。如果缺乏这种活力，社会就死气沉沉。在计划经济时代，人们捧"铁饭碗"吃"大锅饭"，生产劳动都按指令进行，就像一部机器上的零部件，没有自由活动的空间，无需任何创造的欲望，积极性、主动性、创造性受到极大的压抑，生产的效率极其低下。改革开放以后，我们不断变革生产关系，确立了社会主义市场经济体制，以公有制为主体、多种所有制经济共同发展的基本经济制度和以按劳分配为主体、多种分配方式并存的分配制度，一个按照市场规律运行的经济体系得以形成。在这样的运行体系中，投资和经营主体多元化，社会资源按照市场规律流动，市场主体

---

[1] 邓小平. 邓小平文选：第 2 卷 [M]. 2 版. 北京：人民出版社，1994：128.
[2] 江泽民. 全面建设小康社会，开创中国特色社会主义事业新局面 [M] // 中共中央文献研究室. 十六大以来重要文献选编（上）. 北京：中央文献出版社，2005：12.

之间自由竞争、优胜劣汰,由此就极大地刺激了生产经营者和劳动者的积极性,刺激了技术进步、社会生产力提高和经济的发展。"问渠那得清如许?为有源头活水来。"这就是三十多年来我国经济持续快速发展、社会稳步前进、人民生活水平显著提高、综合国力显著增强的源头活水。

永葆生机和活力,也是未来经济社会发展的需要。我国的经济社会发展已经取得巨大的成就,但人民对美好生活的向往永无止境,发展也永无止境。党的十八大提出了全面建成小康社会的奋斗目标,明确了建设中国特色社会主义的总任务是实现社会主义现代化和中华民族伟大复兴,未来建设和发展的任务依然繁重。我们只有不断地调整生产关系,排除各种体制机制的障碍,放手让一切劳动、知识、技术、管理和资本的活力竞相迸发,让一切创造社会财富的源泉充分涌流,国家才能进一步繁荣富强,人民才能更加幸福安康。

(二) 和谐有序是经济社会发展的前提条件

社会秩序是指人们在社会交往中达到一种动态的一致性平衡状态,它是个体生存和社会活动的基础。"人类社会产生以来,社会稳定就一直是人类努力谋求的状态,它既是社会生活得以正常进行的必要条件,也是一个民族和国家走向兴盛的根本前提。"[1]而稳定的社会秩序是一种动态的平衡,是指社会生活的安定、协调、和谐和有序。从社会学视角来看,社会和谐有三个基本指向,那就是社会均衡、社会共享与社会公正。社会和谐是一个系统的概念,理论上说,是一个社会各阶层和睦相处,社会各成员各尽其能、各得其所的社会;是人们的聪明才智、创造力得到充分发挥和全面发展的社会;是经济、政治、文化、社会、生态协调发展的社会;是人与人、人与社会、人与自然整体和谐相处的社会。而"有序是社会的组织程度较高的有秩序状态,无序是社会的无政府、无组织的无秩序状态。一个社会稳定有序,本身就是不同利益群体各尽其职、各得其所又和谐相处的表现。反之,一个社会如果处在动荡、混乱的无序状态,就是社会冲突得不到化解的结果。"[2]从这一意义上说,社会和谐有序的基本内涵主要包括社会发展协调、社会民生改善、社会利益均衡、社会结构合理、社会管理有序和社会关系和睦六个

---

[1] 陶德麟. 社会稳定论 [M]. 济南:山东人民出版社,1999:3.
[2] 本书编写组. 构建社会主义和谐社会问答 [M]. 北京:红旗出版社,2005:36.

方面的基本内容。其中,社会发展协调是社会和谐有序的根本保证,社会民生改善是社会和谐有序的必然结果,社会利益均衡、社会结构合理、社会管理有序和社会关系和睦是社会和谐有序的特征或表现。[1] 可见,社会和谐有序是一个国家稳定运行的基础,是中国特色社会主义的本质属性,有效地社会管理是社会和谐有序的必要条件。

和谐有序是人民群众的强烈愿望。自古以来,老百姓都希望过上安居乐业的生活,但在中国以往的社会常常难以实现。从古代直至近代,中国社会常常走入一种怪圈:从乱到治、由治到乱、分久必合、合久必分,有时是天灾引发,有时是人祸所致,有时是内部纷争,有时是外族入侵。每当社会动荡不安之时,受苦受难最深重的是普通的百姓,他们不仅衣食无着、流离失所,甚至成千上万的生命都会被毁灭,人民群众对动乱具有最深刻的切肤之痛。社会主义制度的建立,开辟了人类历史的新纪元,为到达消灭剥削、消除两极分化、最终实现共同富裕的理想社会打开了历史的通途。当然,理想境界的实现不会一蹴而就,现实生活中还会有这样那样的矛盾和问题,群众的各种诉求也未必能在短时间内全部得到满足,但国家和社会不能乱,始终是全体人民的共识。

和谐有序是经济社会健康发展的前提条件。只有在和谐有序的社会条件下,才能集中精力搞建设、促发展。自从人类在生产活动中结成各种社会关系从而集合为共同体开始,无论是原始的部落还是现代的国家,秩序的追求就成为一种必要。自由的价值无可非议,社会必须最大限度地保障每个人的自由,按照马克思的设想,未来的美好社会就是"人的全面自由的发展"的社会,"代替那存在着阶级和阶级对立的资产阶级旧社会的,将是这样的一个联合体,在那里,每个人的自由发展是一切人的自由发展的条件。"但自由和有序必须是有机的统一,如果没有共同的规则和良好的秩序,社会就可能杂乱无章。就像一个交响乐团,优秀的音乐家可以尽情表现自己的才华,发挥其艺术水平,但也必须遵守共同的规则,服从统一调度和指挥一样。正如西方学者所认为的,我们之所以享有自由,实是因我们对自由的约束所致,社会秩序是作为为其他一切权利提供了基础的一项神圣权利。

邓小平早在20世纪80年代就反复强调稳定压倒一切,"中国的问题,压

---

[1] 杨建华,叶菊英. 精神富有的社会是一个和谐有序的社会 [J]. 观察与思考,2012 (11):16-19.

倒一切的是需要稳定。没有稳定的环境，什么都搞不成，已经取得的成果也会失掉。"[1] 改革开放以后，我们始终不渝走和平发展的道路，争取和平的国际环境发展自己，始终不渝坚持稳定压倒一切的方针，保持社会的和谐稳定，聚精会神搞建设，一心一意谋发展，推动了经济社会的快速发展。成绩来之不易，经验尤为可贵，其中重要的一条经验就是要倍加珍惜和谐稳定的局面，这也是未来经济社会持续健康发展的需要。

二、正确认识和处理充满活力与和谐有序的辩证统一关系

充满活力与和谐有序是辩证统一的关系，两者相辅相成、不可或缺、不可偏废、统一于经济社会发展的大局。一方面，社会活力是社会实现不断和谐的过程。加强和创新社会管理，并非要建设一个没有矛盾、只有统一的单纯"和谐"社会，而是要建设一个新矛盾不断产生又不断解决的动态发展的社会。另一方面，结构优化、管理有序的社会进一步促进了社会的流动，社会活力也就在社会流动中动态绽露，社会稳定也需要在动态中实现，社会呈现出异质多元、丰富多彩的面貌，因而更加富有生命力。历史经验说明，一个社会是否具有活力是保持社会稳定的前提，而社会活力的最重要表现就在于能否为社会各个阶层的利益发展提供充分的条件。只有在充满活力中才能促进社会和谐有序，只有在和谐有序的状态下才能使社会充满活力。没有活力，所谓的有序是虚假的有序、不可持续的有序；没有和谐有序，不可能有活力，社会一旦从有序陷入动荡，原有的活力也会丧失殆尽。对于发展而言，充满活力与和谐有序就像鸟之双翼，缺了哪一翼都飞不起来，只有在这两种条件都完备的条件下经济社会才能进入良性发展的轨道。

实现既充满活力又和谐有序两者的协调统一，我们既要有充分的自信，也要有忧患意识。一方面，在中国特色社会主义理论指导和制度条件下，我们一定能够实现这两者的协调统一，三十多年的中国特色社会主义道路的实践已经证明了这一点。另一方面，也必须充分意识到，如果处理不善，也有可能出现失衡。一种是社会矛盾不断积累，冲突加剧，社会动荡呈无序化状态，发展停滞不前甚至倒退，世界上一些国家曾经跌入过这样的"陷阱"；另一种是以封闭僵化的思路管理社会，不思改革而固守旧体制的弊端，忽视

---

[1] 邓小平. 邓小平文选：第3卷[M]. 北京：人民出版社，1993：284.

人民主体作用和积极性、创造性的发挥，忽视民生改善和民主法治建设，行政权力过于集中并过度干预社会各种微观活动，社会看似有序而内在活力不足，经济社会发展也会停滞不前，世界上有的国家就呈这样的状态，我们也曾有过这样的惨痛教训。在当前加强社会建设和社会管理的实践中，有大量的矛盾和问题需要认真妥善地处理和解决。其中，特别是社会人口流动加快、社会阶层分化和利益分化加剧所引发的矛盾和问题，诸如贫富差距持续拉大、刑事犯罪率居高不下、征地拆迁、企业改制、环境保护等问题引发的矛盾越来越突出，外来人口与本土居民之间的冲突加剧，群体性事件多发频发，等等。

对此，我们应始终坚持历史唯物主义和辩证唯物主义的思想方法，以确保社会既充满活力又和谐有序为指导思想，防止失之偏颇。一方面，对这些社会矛盾不能熟视无睹，要正视矛盾，切实加强社会管理，努力整合不同的利益主体，化解各种矛盾，减少不和谐因素，防止因矛盾积累而出现社会动荡，维护经济社会发展的大好局面。另一方面，加强社会管理方面的任何措施，要遵循正确的路径和方法，不能犯方向性错误。比如，不能因为当前贫富差距拉大、社会矛盾比较突出就质疑市场经济的改革取向，否定多种所有制经济共同发展的基本经济制度和多种分配方式并存的分配制度，不能破坏社会多样性的"生态"，不能损害社会主义市场经济条件下人们正当的自由和竞争的权利；要努力缩小贫富差距，体现社会公平正义，但不能回到平均主义、大锅饭的老路上去，否则就会严重挫伤生产者的积极性、创造性，影响经济发展的效率；要加强流动人口的管理，但不能强化户籍管理制度，限制人口合理的自由流动，固化城乡二元结构；要更好地发挥政府在社会管理中的主导作用，但不能借此强化政府管理职能，甚至把本来已经下放或转移的权力再收回来；等等。如果走偏改革的方向，就有可能回到封闭僵化的老路上去。

三、确保社会既充满活力又和谐有序的实现路径

（一）坚定不移推进改革，排除体制机制障碍，激发社会创造活力

改革是解放和发展生产力的必由之路。只有坚定不移推进改革，才能给经济社会发展注入强大的生机和活力，夯实经济基础和社会财富基础。发展

不能停滞，改革也不能停步。过去三十多年，改革开放取得了巨大的成效，但阻碍生产力发展的体制机制方面的痼疾还大量存在，新积累的问题也要通过改革来解决，特别是改革进入攻坚期和深水区，改革的复杂性和凝聚共识的难度都在加大，必须以更大的政治勇气和智慧推进改革。一是高举改革的旗帜，营造强大的舆论氛围，最大限度地凝聚改革的共识和改革的力量，激发人民群众的改革热情，打破既得利益集团的阻滞。二是要更加注重改革的系统性、整体性、协同性，注重改革的顶层设计和整体规划。同时，继续鼓励敢闯敢试，发挥地方与基层的智慧和力量，通过上下结合、点面兼顾更快地推进改革，取得改革的实践成效。三是坚持社会主义市场经济的改革方向，加快完善社会主义市场经济制度、社会主义基本经济制度和分配制度，更大程度、更广范围发挥市场在资源配置中的基础性作用，鼓励、支持非公有制经济发展，进一步激发经济的活力。四是加快推进社会主义民主政治建设，健全民主制度，丰富民主形式，扩大人民民主，发挥人民主体作用，保证人民享有广泛权利和自由，调动人民群众的积极性、创造性，激发劳动和创造的活力。五是协调好改革、发展、稳定三者的关系，将改革的力度、发展的速度和社会可承受的程度统一起来，以改革发展促和谐有序，以和谐有序促改革发展。

（二）在保障和改善民生中增强社会凝聚力，夯实充满活力与和谐有序的社会基础

胡锦涛同志指出："社会管理，说到底是对人的管理和服务，涉及广大人民群众切身利益，必须始终坚持以人为本、执政为民，切实贯彻党的全心全意为人民服务的根本宗旨，不断实现好、维护好、发展好最广大人民根本利益。"[1] 多谋民生之利，多解民生之忧，让人民群众实实在在享受发展成果、真正安居乐业，对增强社会的凝聚力、促进社会的和谐，具有重要的意义。人民是否真正得到了实惠，人民生活是否真正得到了改善，是检验我们一切工作成效的基本标准。改善和保障民生，政府责无旁贷。要加快政府职能转变，强化政府公共服务职能，集中力量组织和提供基本民生服务、公共事业服务、公共安全服务、公益基础服务，满足群众基本需要；加大对民生改善的财政投入比重，办好人民满意的教育，推动实现更高的就业，千方百

---

[1] 胡锦涛. 扎扎实实提高社会管理科学化水平 [N]. 人民日报，2011-02-20.

计增加居民收入，完善城乡社会保障体系，在学有所教、劳有所得、病有所医、老有所养、住有所居上持续取得新进展，让人民过上更美好的生活；着力维护社会公平正义，调节收入分配，缩小贫富差距，防止两极分化；加大对农村、老少边穷等困难地区的财政转移支付、公共财政投入、援助帮扶力度，加大对城乡困难群体、社会特殊人群的关怀和帮助，解决他们在就学、就业、就医和生活、家庭等方面的实际困难，保障他们基本生活和权利，让他们享受到党和政府的关怀与社会主义大家庭的温暖，让社会每个成员各得其所、和谐相处；各级领导干部要时刻把群众安危冷暖放在心上，及时准确了解群众所思、所盼、所忧、所急，把群众工作做实、做深、做细、做透。

（三）坚持民主和法治，实现国家治理和社会管理的法治化

毛泽东早在20世纪50年代就指出："凡属于思想性质的问题，凡属于人民内部的争论问题，只能用民主的方法去解决，只能用讨论的方法、批评的方法、说服教育的方法去解决，而不能用强制的、压服的方法去解决。"[1] 20世纪80年代以后，邓小平一再强调，民主与法制相辅相成，两者辩证统一，不可分割："民主和法制，这两个方面都应该加强，过去我们都不足。要加强民主就要加强法制。没有广泛的民主是不行的，没有健全的法制也是不行的。""民主要坚持下去，法制要坚持下去。这好像两只手，任何一只手削弱都不行。"[2] 民主是社会主义的本质，法治是治国理政的基本方式。坚持民主和法治，把国家各项事业和各项工作纳入法制轨道，实现国家治理和社会管理的法治化，才能真正地实现人民安居乐业、社会和谐有序、国家长治久安。

坚持人民主体地位，进一步扩大人民民主。要以保证人民当家作主为根本，以增强党和国家活力、调动人民积极性为目标，发展更加广泛、更加充分、更加健全的人民民主，发展社会主义政治文明；进一步健全民主制度，丰富民主形式，扩大民主参与，保证人民依法实行民主选举、民主决策、民主管理、民主监督，拓宽社情民意表达渠道，让人民群众有充分的权利和畅通的途径表达他们的利益诉求，维护自己的正当权益；建立党和政府为主导的利益协调、矛盾调处、权益保障等机制，推进决策科学化、民主化，增强

---

[1] 毛泽东. 毛泽东著作选读：下册 [M]. 北京：人民出版社，1986：762.
[2] 邓小平. 邓小平文选：第2卷 [M]. 2版. 北京：人民出版社，1994：189.

事关群众切身利益问题重大决策的透明度和公众参与度，在征地拆迁、企业改制、环境保护等容易引发矛盾冲突问题的处理中多做民主协商工作，建立良性的利益博弈机制，把可能影响群众利益和社会稳定的问题和矛盾解决在决策之前，从源头上避免和减少矛盾，或将矛盾消解于萌芽之中。

全面推进依法治国，加快建设社会主义法治国家。全面落实依法治国基本方略，进一步完善法律制度，弘扬法治精神，强化法律制度的执行力，更加注重发挥法治在国家治理和社会管理中的重要作用；依法规范政党、政府及其他国家机关的活动行为，党自身必须在宪法和法律范围内活动，真正做到党领导立法、保证执法、带头守法，各级国家行政机关、审判机关、检察机关要坚持依法行政、公正司法，不断提高司法公信力，加快推进法治政府建设，严格规范政府行为，切实做到严格、规范、公正、文明执法，防止公权对私权的任意侵犯；依法保障全体公民享有广泛的权利，保障公民的人身权、财产权、基本政治权利等各项权利不受侵犯，保证公民的经济、文化、社会等各方面权利得到落实；提高公民的法律素养，弘扬社会主义法治精神，努力培育社会主义法治文化，增强全社会尊法学法守法用法意识，强化依法办事、依法维权理念，在全社会牢固树立宪法和法律的权威，让广大人民群众充分相信法律、自觉运用法律，依法规范公民自身行为，防止社会主体之间的越权侵犯；提高各级领导干部和国家机关工作人员的宪法意识和法制观念，提高运用法治思维和法治方式管理社会的能力，带头厉行法治，提高运用法治思维和法治方式深化改革、推动发展、化解矛盾、维护稳定的能力，特别是在处置各种社会矛盾和突发性事件中，既要坚决维护群众的合理诉求和合法利益，也要防止对违法行为和不合理要求的随意让步，防止"头痛医头、脚痛医脚"，甚至"按了葫芦浮了瓢"的做法，摆脱"摆平就是水平"的人治化模式。

（四）推动社会管理模式的转型，实现政府主导下的官民共治

传统的社会管理，是以政府为一元主体、自上而下的单向性控制为主要特征、行政强制性干预为主要手段的模式。这种管理模式在历史上曾发挥过积极的作用，但存在着诸多的弊端。主要是政府过多的包办代替和过度的行政干预，人民群众的主体作用和民主、法治的社会治理作用发挥欠缺。这种模式既难以激发社会活力，也难以保障社会和谐有序，显然已不能适应社会主义市场经济条件下社会管理的需要。因此，必须进行改革创新，实现真正的转型。

根据对我国社会管理历史的路径和客观现实情况的分析，我们认为，我国社会管理模式的转型方向应为政府主导下的官民共治。这实际上是一种国家主导、社会协同和公民参与的多主体合作管理模式。这种管理模式的最大优点是改变了国家全面控制和包办代替的做法，调动社会和公民进行自我管理与自主管理，强化社会的自治功能，有利于社会既充满活力又安定有序。为了推动这种转型模式的实现，要进一步推进行政管理体制改革，切实转变政府职能，推动政府职能向创造良好发展环境、提供优质社会服务、维护社会公平正义转变，把政府过于集中的权力向社会组织转移，把那些"不该管、管不好、管不了"的事交给社会组织来管；建立人民群众参与社会管理的组织保障体系，积极培育和扶持社会组织，放宽准入门槛，简化登记手续，扩大社会组织的数量；确保社会组织对社会管理的参与权，拓宽社会自治组织的活动空间，完善社会自治组织的内部管理和外部活动的约束制度，提升社会自治组织的素质层次和参与能力，保证社会组织参与社会管理的实际成效；保障公民的各项合法权利，扩大公众有序的政治参与，健全基层群众自治机制，完善基层民主制度，在城乡社区管理、基层公共事务和公益事业中实行群众自我管理、自我服务、自我教育、自我监督，充分发挥群众参与社会管理的基础作用。

（本文刊登于《学术界》，2013年4月第4期）

政策网络视域下社会化养老服务体系建设研究

——以苏州市虚拟养老院为例

2010年第六次全国人口普查数据显示,我国60岁及以上人口为1.78亿,占13.3%,已经越过10%的老龄化国际标准,标志着我国进入了老龄化社会。在人口老龄化时代,如何科学构建社会化养老服务体系,有效增加养老服务供给,较好满足居家老人不断增长的、多样化的养老服务需求,是当前迫切需要解决的社会问题。政策网络理论的提出及其不断发展为社会化居家养老服务提供了理论支撑,而以政府购买居家养老服务为核心的苏州市虚拟养老院的生动实践又为社会化居家养老服务提供了典范案例。运用政策网络理论对社会化居家养老服务体系建设进行分析,有助于我们深化对社会化居家养老服务体系中多元行动主体及其互动关系的认识和理解,同时也有利于在反思和凝练的基础上为进一步创新社会化居家养老服务体系提供政策依据。

一、政策网络理论的演进及其核心观点

20世纪70年代以来,在英国、美国等西方国家,"政策网络"逐渐成为政治学和政策分析领域的主流话语和研究范式。[1]最早主张将"网络"概念引入政策分析的汉夫认为,政策网络解释了这样一个事实,即"政策制定包含数量巨大的公共与私人行动者,他们来自政府与社会的各个功能领域和不同层面"[2]。而政策网络理论的奠基者贝松则进行了更为精确的理论描述,

---

[1] MARSH D. Comparing policy networks [M]. Buckingham and Philadelphia: Open University Press, 1998: 2.

[2] HANF K, SCHARPF F W. Interorganizational policy making: limits to coordination and central control [M]. London and Beverly Hills: Sage, 1978: 12.

认为政策网络是"由于资源依赖而相互连接的组织集群,并在资源依赖结构的尽头与其他的组织集群区别开来"[1]。正如卡尔森所指出的那样,"政策网络的概念在于说明,在公共政策领域中,有大量公共和私人行动者,他们散布于政府和社会的各个层次和领域当中"[2]。

由于各国政治制度、文化、学术传统的差异,学者们对政策网络的理解不尽相同,形成了美国、英国和德荷三种主要的理论流派。[3] 美国学派不仅提出了政策网络的概念,而且研究了微观层面上政策主体相互影响的互动关系。美国学者发现,国会议员、政府官员与利益集团在政策制定过程中相互作用、紧密联系,形成了密切的、排他的合作关系,即政策"铁三角"。在政策制度过程之中,亚政府(即"专注在具体的问题领域中的小政治团体,有政府的行动者,也有非政府的行动者"[4])对决策与执行影响深刻。与此同时,他们还提醒人们需要谨慎关注政策领域中与该政策有利害关系者形成的稳定沟通网络,即议题网络,它具有与"铁三角"排他性不同的开放性。英国学派重视从中观层面来分析利益集团与政府机构之间的关系,认为社会团体与政府不断交换信息,当双方认可各自在政策领域的利益时,政策网络就产生了,其关键构成是政府机构之间的关系。德荷学派则从宏观层面将政策网络视为一种治理结构,认为政策网络是由一群具有自主性且彼此之间有共同利益的行动者所组成的关系,公共政策的制定在很大程度上依赖参与者之间非等级或非科层式的互动关系。由于后工业社会公私部门之间相互依赖,国家与社会的边界日益模糊,政府机构和非政府组织共同参与公共治理过程,政策网络成为与官僚等级制、市场机制鼎立的第三种公共治理模式,它通过将政府模式与市场模式联结起来,较好地解决了市场失灵和政府失败问题。

在对政策网络概念众说纷纭的界定之中,该研究集大成者罗茨的观点被普遍接受。他指出,政策网络即为"一群或复杂的组织因资源依赖而彼此结

---

[1] BENSON K. Networks and policy sector: a framework for extending interorganizational analysis [M] // ROGERS D L, WHETTEN D A. Interorganizational coordination: theory, research, and implementation. Iowa: Iowa State University Press, 1982: 137 - 175.

[2] CARLSSON L. Policy networks as collective action [J]. Policy Studies Journal, 2000, 28 (3): 502 - 520.

[3] 朱亚鹏. 政策网络分析:发展脉络与理论构建 [J]. 中山大学学报(社会科学版), 2008 (5): 192 - 199, 216.

[4] CARLSSON L. Policy networks as collective action [J]. Policy Studies Journal, 2000, 28 (3): 502 - 520.

盟，又因资源依赖结构的断裂而相互区别"[1]，它是政策过程中相互依赖的国家与社会行动者之间不同互动关系模式的总称。其中，关系概念化为网络结构是政策网络理论的研究假设并成为政策网络的基本分析单位，而关系模式则是这些行动者之间因某一政策议题而发生互动的基础上所形成的网络类型并成为政策网络的主要分析内容。这样的政策网络具有四个特征：（1）相互依赖：网络的存在，是因为各个行动者必须相互依赖才能达到其目的。相互依赖是指政策网络中的任何一个行动者（无论国家或社会的）都不可能独立地完成某项政策活动，而是必须依赖其他行动者方可有效解决政策问题。（2）持续的资源交换：为了实现目标，网络的各个组成部分之间有经常的资源与信息的交流。（3）博弈互动：在特定的博弈规则的约束范围内，网络的各个组成部分使用竞争性的策略以求达到自身的目的，并通过互动来达成政策利益的双赢或多赢。（4）网络自治：网络是自组织的，无论内部或外部都没有至上权威，虽然某一方可能相对强大。[2]

在罗茨的基础上，科林奇对政策网络理论进行了发展：（1）主体之间相互依赖。政策网络主体必须依赖其他主体获得实现自己目标的手段，但它们之间的相互依赖不是静态的，而是随着彼此间的互动而变化的。（2）政策网络是一个过程。政策网络由各种具有一定资源和不同利益与目标的主体构成，其中没有任何一种主体具备主导其他主体的战略性活动的驾驭能力。政策网络就是这些主体利用各自资源寻求实现各自利益和目标的相互影响、相互作用的动态过程。（3）政策网络的活动受制度制约。政策网络主体因为相互依赖、相互作用而形成各种不同类型的关系和规则，这些关系和规则反过来会影响与制约它们之间的互动及相互作用，使它们之间的互动方式得以持续，使它们之间的资源分配方式得以形成，并在彼此间的相互影响和互动中发生变化。[3]

从现有的文献资料来看，我国的政策网络研究也大致可以划分为两种取向：作为治理模式的政策网络研究和作为国家与社会关系模式的政策网络研

---

[1] MARSH D，RHODES R A W. Policy networks in British government [M]. Oxford：Clarendon Press，1992：13.
[2] RHODES R A W. Understanding governance：policy networks，governance，reflexivity and accountability [M]. Buckingham：Open University Press，1997.
[3] KLIJN E H. Analyzing and managing policy process in complex networks：a theoretical examination of the concept policy network and its problems [J]. Administration & Society，1996，28（1）：90 – 119.

究。前者认为，政策网络是公、私行动者在政策过程中的非科层互动模式，是一种特殊的公共治理模式；而后者则认为，政策网络是国家与社会间的关系模式，政策网络结构是政策后果的决定变量。[1]

可见，政策网络的基本元素是行动者、链条和边界。一般来说，政策网络的主要行动者是相对稳定的，可以是公共的，也可以是私人的。链条是指行动者联系的纽带和沟通的渠道，各种信息、专业知识和其他政策资源都可以通过链条进行交换。政策网络的规模和边界并不是由正式的制度所决定的，而是行动者对功能及结构认知的结果。[2] 政策网络重新界定了国家与社会的关系，认为国家与社会并不是均质的单位，而是各自存在许多不同的次系统，彼此之间有不同的关系链条。政策网络的思想表明，公共政策是公共和私人行动者互动的结果，公共政策的制定和执行是在互相依赖的行动者的网络中完成的。政府与非政府组织乃至私人部门一道，参与到整个社会公共事务和政策当中，形成了不同于市场和等级制度的网络结构。网络结构是治理制度的结构基础，当决策权力与行政结构相互依赖且政策资源高度分散时，行政部门通过与民间团体建立政策网络形式的互动关系，得到民间社会的协助与合作，以利于政策顺利推动，并降低政策监测与控制成本。因此，政策网络理论也可以被看作后现代的政策分析范式。

二、社会化居家养老服务的苏州实践

全国老龄办等十部委于2008年1月联合颁发的《关于全面推进居家养老服务工作的意见》指出，居家养老服务是指政府和社会力量依托社区，为居家的老年人提供生活照料、家政服务、康复护理和精神慰藉等方面服务的一种服务形式。居家养老服务将家庭养老和机构养老的合理要素结合起来，通过有效整合社会、市场、政府、社区和家庭的养老功能，建立起新型的社会服务体系。苏州市姑苏区（原沧浪区）从2003年开始进行社会化居家养老服务的探索，于2007年10月在全国率先将信息化引入居家养老服务，在国内首先提出了"虚拟养老"的概念。所谓虚拟养老，就是将政府援助的养老

---

[1] 定明捷. 我国政策网络研究回顾 [J]. 广东行政学院学报，2011，23（3）：28-33.
[2] 胡伟，石凯. 理解公共政策："政策网络"的途径 [J]. 上海交通大学学报（哲学社会科学版），2006（4）：17-24.

对象根据一定的标准进行分类，并将养老补助按标准转化为服务，通过详细的上门调查，签订协议，落实服务内容、服务时间、服务人员、服务频次，进而形成强大的、有效的数据库；凭借自主研发的信息化服务系统，进行专业化、标准化、规范化、流程化的养老服务与管理；在养老对象充分体验并依赖系统养老服务的情况下，拓展养老对象的自费服务和其他老年人的生活服务，实现居家养老的机构化管理和人性化关怀，推进居家养老服务的规范化发展。基于这一理念建设的苏州市姑苏区"邻里情"虚拟养老院的具体做法有：

一是政府引领、扶持和监督管理，发挥主导作用。政府将养老服务纳入经济社会发展总体规划，先后制定了全面推广虚拟养老的实施方案、社会养老服务组织资金补贴实施办法等，将虚拟养老纳入养老服务组织，享受政府开办经费补贴和运营经费补贴。政府从场地提供、系统开发等方面支持信息技术平台建设，对虚拟养老院的建设实行优惠扶持政策：一方面对虚拟养老院提供开办经费补贴，另一方面对养老援助对象提供政府团购服务。

二是依托市场化、民营化公司，推行服务社会化。由苏州市十佳物业公司之一的鼎盛物业管理有限公司负责虚拟养老院的运营，它是一个为老年人日常生活提供照料服务的民办非企业单位，而居家乐养老服务中心是其操作和管理的平台。居家乐养老服务中心设立了窗口接待中心、服务呼叫中心和职业培训中心，内设综合管理部、家政服务部、医疗保健部、职业培训部、物业维修部、法律维权部、项目开发部等服务管理职能部门，为老人提供24小时主动、快捷的服务。该中心还吸收了27家具有一定服务实力、管理水平和良好信誉的社区服务小企业加盟，其中家政便民类21家、医疗保健类2家、物业维修类4家，组建了一个紧密型的社会化养老服务体系，共同为居家老人提供全面的生活服务，促进了社区养老服务的产业化发展。

三是依托"居家乐221养老服务系统"，推行服务信息化。即通过语音程控交换系统、数字化信息传输系统和数据库终端处理系统对居家养老服务对象实行会员制客户准入管理，把服务对象的各类信息资料，如基本信息、健康信息、配偶信息、社会关系、服务需求等都录入系统数据库，实现服务管理的信息化。居家乐221养老服务系统话务员根据系统生成的客户所需服务项目向自己所负责的街道的老人确认当天的服务项目和服务时间，在确认服务工单后进行工单分配，即把服务的项目、时间、对象进一步具体分配到每位服务员，服务员根据工单提供上门服务。在服务员服务过程中，居家乐

221 养老服务系统均记录每位服务员的服务状态，即正在服务中、服务已完成等状态。待服务结束，话务员通过系统检查服务任务是否完成，并进行质量回访，即打电话询问老人对服务员所提供的服务是否满意。系统从客户确认服务开始便对服务过程进行全程跟踪，并以客户满意度来考核服务质量。居家乐 221 养老服务系统凭借预测计划、全程记录、监控管理、收费查询、统计分析、深度开发等功能，有效整合和合理调度居家养老服务的需求者和提供者的信息，较好地解决了公共服务供给中政府与公民、政府与公共服务提供者、公民与公共服务提供者之间的信息不对称问题。它通过主动获取老人需求，快速编制计划，及时组织服务，有效进行监督，规范实施管理，使虚拟养老院既拥有机构养老所缺乏的个性化管理与服务，又提供了机构养老所具有的专业化服务。

四是实施质量管理，实现服务的专业化、规范化。"虚拟养老院"的服务对象重点为 75 周岁以上居家空巢、生活自理能力逐步下降的老人群体，从服务收费层面分为政府援助对象和自费服务对象，从服务需求层面分为政府重点援助对象、低偿普惠服务对象和普通自费服务对象。"虚拟养老院"提供家政便民、生活配送、物业维修、医疗保健、人文关怀、娱乐学习六大类共 53 项菜单式个性化自选服务项目，基本涵盖了居家养老的日常需求。"虚拟养老院"造就了一支 98% 拥有家政技能证书和养老护理员证书的专业队伍，为老人提供职业化、专业化的居家养老服务。"虚拟养老院"还率先在社会化养老服务中引入国际质量管理体系认证标准，其机构的专业化、服务的标准化、管理的规范化于 2010 年通过 ISO 9001：2008 质量标准认证，从而统一了服务标准，提升了服务品质。下一步，"虚拟养老院"还将通过稳固生活基础服务、发展商务增值服务、探索健康物联服务，推动虚拟养老服务的产业化发展。

三、苏州社会化居家养老服务的理论分析

（一）社会化居家养老服务政策网络的政策问题及边界

政策网络是参与某一政策问题的相关行为者的集合，包括管理者与目标群体两个方面。它是一个社会系统，在其中行为者形成了针对政策问题或政策项目的相对持久的互动和沟通模式。可见，要确定某一具体的政策网络，

必须先界定一项政策问题或政策项目，而这一界定同时也就决定了政策网络的边界。[1] 按此逻辑，首要的是区分政策与政策工具。在苏州案例中，构建社会化养老服务体系是一项政策，而公私伙伴关系、社区管理等是执行这一政策并取得预期成果的政策工具。社会化养老的实质是养老功能从家庭向社会部分转移，由原先主要靠家庭提供养老资源和服务转变成主要由社区或养老机构提供服务。在这一转变中社会逐渐承担起养老职能，而家庭购买必要的养老资源的过程就是"养老社会化的过程"[2]。既然养老资源是通过购买或者免费提供的方式获得，那么问题的关键转换为由谁来提供及以什么方式提供必要的养老资源，这实际上反映了政策网络中各行为主体之间的分工与联系，即互动与沟通关系。

（二）社会化居家养老服务政策网络的行为主体及互动

依据政策网络框架，在社会化居家养老服务理论模型中，与居家养老服务议题相牵连的各种利益相关者围绕完善养老服务这一目标，形成一个行动网络。在该行动网络中，网络成员各自承担相应任务和责任，并且通过平等合作和协调，共同促进网络目标的实现。为简化模型和阐述方便，本研究仅仅选取居家养老服务中最主要的行动者和利益相关者来加以分析：政府、社会组织、社区、助老服务员和老人。在苏州案例中，作为管理者的区政府、街道、居委会，作为养老服务资源提供者的鼎盛物业，作为目标群体的姑苏区需要居家养老服务的老人，是构建社会化养老服务体系这一政策项目的主要行为主体。由这些行为者集合成的政策网络有两大显著特征：一个是行为者互动关系的强度，可以用"相互关联性"来衡量；另一个是行为者之间的目标分配，不同主体或不同部门具有不同的目标，目标之间既有冲突也有相容，因而需要选择一个更为一般意义的变量来界定政策网络，这个变量即为"连贯性"，它表示主体间共有的价值信念。这些行为者的网络特征直接影响政策工具的选择。

在原先的机构养老制度下，行为主体基本只涉及政府的养老机构和老人

---

[1] 彼得斯，冯尼斯潘. 公共政策工具：对公共管理工具的评价 [M]. 顾建光，译. 北京：中国人民大学出版社，2007：89.
[2] 张良礼. 应对人口老龄化：社会化养老服务体系构建及规划 [M]. 北京：社会科学文献出版社，2006：49.

两个方面。原先政府主办的养老机构,如老年公寓床位供应毕竟有限,在人口老龄化加剧的背景下无法跟上需要养老服务的人口的增长,并且每增加一个床位的综合投资成本也很高。由于养老服务明显供不应求,原先政府、目标受众两层关系的互动就出现了障碍。社区虽然是居民的自治组织,但中国的社区仍普遍带有较浓重的行政色彩,承担了街道和政府的很多事务。正因如此,承担家庭养老功能就成为中国社区的天然使命。在苏州案例中,鼎盛物业作为代表社区的中介组织,有效增进了政策网络中的互动关联。鼎盛物业目前的性质是民办非企业,其前身葑门物业是国企,并且当时由街道管辖。随着物业公司在社区的发展,这一中介组织逐渐与社区居民紧密联系,这种联系甚至超越了街道与居委会。可见,现在的物业管理公司在社区中是一支不可忽视的社会力量,其特殊的服务性产业性质使其能够承担政府分离出的一些社会职能。正是由于上述原因,促使姑苏区政府采用社区治理这一社会化手段,将从政府分离出来的社会职能依托社区来承担,形成了政府依托社区、社区依托物业的新型养老服务提供模式,其运作机理如图1所示。

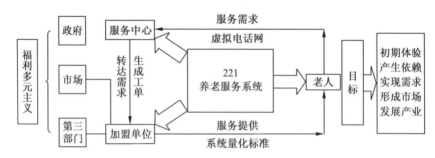

图1 虚拟养老院社区服务平台运作机理[1]

在实践中,"虚拟养老院"的运作机制是"政府推动、社会化运作、信息化管理、专业化服务"。政府在"虚拟养老院"的创建和发展过程中,始终发挥着推动者、扶持者、协调者和管理者的重要作用。但是,政府的有效推动并不意味着政府的"大包大揽",而是发挥政府在政策网络中的关键作用,实现政府对其他主体的有效整合及对政策网络的有效管理,形成各方各司其职、相互协同的服务体系:作为养老服务的规划者及购买者,政府主要在居家养老服务政策的制定、养老服务体系的发展规划、养老服务的优待办

---

[1] 陆怡婷.人口老龄化背景下居家养老的社区服务平台建设:苏州市沧浪区虚拟养老院的运作机理及其可复制性研究[J].常州工学院学报(社科版),2009,27(5):98-101,105.

法和扶持政策的落实、居家养老服务舆论氛围的积极营造等方面扮演着极其重要的角色；作为养老服务的生产者及提供者，社会养老组织在居家养老服务的提供、服务人才的培养等方面起到举足轻重的作用；社区则在居家养老服务资格的遴选、服务组织的协调等方面担负着不可或缺的重任；居家老人则是养老服务的消费者及使用者。"居家乐 221 养老服务系统"不仅是一个信息化载体，它还涵盖了养老服务体系中的服务商及服务标准，在老人所需要的相关产品之间建立产业链。鼎盛物业在这一服务平台中发挥着纽带作用，在信息传递、服务资金结算、服务人员管理等方面提供支持并将这些服务过程数字化，进而通过各种渠道传播出去。

（三）社会化居家养老服务政策网络的政策工具及其创新

一种政策工具越是有利于维持现有政策网络特征，这种政策工具被选中的概率就越高。[1]在社会政策领域，政策网络天然就具有强大的连贯性，因为政策制定者，如区民政局倾向于站在自己的目标群体，即社区内需要养老服务的老人一边，以促进社区整体的长远利益；物业管理公司天然就是社区内部的群体，在社会化养老这个政策上的信念，即养老资源的提供上与政策制定者是一致的。虽然自 2007 年鼎盛物业在社区与政府的支持下开办居家养老服务以来，基本上处于保本无盈利状态，但是鼎盛物业本身就是民办非企业的性质，其对老人提供居家养老服务除了用者付费项目以外还有政府的补贴，毫无疑问它与政府和居民之间的连贯性也是很强的。因此，社会政策领域是一个互动关联性和连贯性都很强的政策网络，在这样一个网络中，根据连贯相关性来选择社区治理工具和进行工具创新的过程也是相关并连贯的，并不是相互独立的行为。

构建社会化养老服务体系这一社会政策的本质是谋求养老资源的社会化供给，因此社会化手段的政策工具是必然的选择。只有社会化手段的政策工具才具有社会化的行动模式，这种结构化行动不只是政府的行动，更多是社会的集体行动，这是社会化手段的本质特征。社区内养老服务资源除了政府已经饱和的供给之外，寻找新的有效、可行且有效率的供给是关键。社区是一个资源丰富的政治域和社会生活域，社区治理正是这样一种建设、培育和

---

[1] 彼得斯，冯尼斯潘. 公共政策工具：对公共管理工具的评价 [M]. 顾建光，译. 北京：中国人民大学出版社，2007：89.

利用社区丰富的组织、人力、文化等资源的社会化政策工具。在苏州案例中，政府找到了鼎盛物业。物业公司作为现代社区建设与社区管理的重要力量，在服务主体、服务内容、服务宗旨上与社区居家养老服务具有很高的契合度，其市场化的运作机制加上对社区资源和业主家庭信息的有效掌握决定了它能够在社区居家养老模式中发挥重要作用。物业公司服务社区居民，较为熟悉社区内老年人的信息，与老年人日常交往较为密切，通过开展全员助老服务或组建专职养老服务队伍，利用企业24小时提供服务的工作特点，能够使老年人获得全天候的守护。[1] 因此，以物业公司为社区养老服务资源的新的提供者是一个行之有效的方法，为发展基于物业公司的社区居家养老模式奠定了基础，也为发展我国社区居家养老模式找到了一条新的思路。在苏州案例中，特殊的是鼎盛物业的性质及其与社区、政府的关系，使得这样的工具在政府管理及政策可行性上都具有良好的连贯性。鼎盛物业以其企业化的运作模式汇集了更多的社区内服务资源，通过加盟的方式召集到更多的维修安装服务企业、医疗机构、服务中心等为居家养老人提供全面的生活服务，真正建立了社会化养老服务体系。

苏州案例在政策工具选择及使用上的创新性、独特性主要体现在以下两个方面：一是运用社区治理这一工具，探索机构养老之外的"居家养老"，让老人足不出户就可以享受到各种养老服务，使得家庭养老这一传统模式在现代社会有了新的运用策略；二是社区和政府挖掘出物业公司这样的中介性服务组织来负责这一新策略的运用与实施，物业公司起到了构建社区服务网络并综合管理的作用。正是这一中介组织的出现，使得社区治理这一工具找到了实现路径，找到了新的运用策略，促进了社区治理的发展和创新。

四、结论

基于政策网络理论的苏州社会化居家养老服务体系——"虚拟养老院"，把信息化手段和技术运用于居家养老的服务与管理，对服务对象实行会员制组织，对服务队伍实行员工制管理，为老人提供规范化、标准化、人性化、个性化、专业化的爱心亲情主动式服务。"虚拟养老院"是一种"政府承担、定向委托、合同管理、评估兑现"的新型的公共服务提供方式，其运作机制

---

[1] 王荷. 物业管理经营之道 [M]. 北京：机械工业出版社，2006：2.

和服务模式符合"小政府、大社会"的社会转型趋势,是政府机构转变职能的重要探索,也是建立新型政社关系、培育民间组织发展的重要途径。它是地方政府管理社会事务模式的一种创新,成功探索了一种适合中国国情、能满足老年人多元化养老需求的养老新模式。其重要意义在于,将政府发现公共偏好和获取资源的优势同市场与社会组织生产及递送服务的优势结合起来,创造性地在居家养老中建立了财政资金购买服务、服务组织提供服务、居家老人享受服务的养老服务政策,构建了政府牵头、社区和社会组织承接并吸纳商业组织参与、集合多种服务的老年服务体系,既克服了非公共组织在资源配置上的无效性,又克服了政府在微观管理和激励机制上的无效性[1],有效缓解了政府供给不足、市场介入意愿偏低的问题,实现了居家养老服务工作的便捷性、实效性、针对性。同时,作为一种区域性社会发展政策,苏州的探索为更广区域和更高层级行政主体完善养老服务政策提供了经验和启示。"虚拟养老院"因其服务标准明确化、服务管理规范化、服务理念人本化、可操作性强、可控性强而具有普适性,故而极具实践推广价值,具有重要的范式意义。2009年,"虚拟养老院"被民政部评为"民政科研创新成果三等奖",2011年又被国家发改委、民政部列为全国养老服务体系建设试点项目,开始向全国推广。

尽管社区居家养老服务模式的探索与实践已在全国各地逐步开展,但由于政府投入资金有限、养老事业社会化程度较低、社区工作者队伍素质参差不齐、老年人消费能力和消费意识不足、服务项目范围不全面、评估机制不够完善等客观原因,社区居家养老服务事业还存在诸多的瓶颈或不足,即使是作为"样本"的苏州市姑苏区社区居家养老服务模式也同样如此。对此,笔者认为可从以下三个方面加以优化和完善:一是发挥政府的主导作用,充分保障资金、政策的投入;二是打造一支专业人员与志愿者相结合的居家养老服务队伍;三是正确处理好居家养老、机构养老和家庭养老的关系。唯有如此,才能不断完善"以需求为导向,以项目为载体,政府主导、民间组织运作、社会广泛参与"的服务体系,真正从老年人的实际需求出发,为他们提供多样化、多层次、高质量的养老服务。

(本文刊登于《江海学刊》,2013年5月第3期)

---

[1] 敬义嘉.中国公共服务外部购买的实证分析:一个治理转型的角度[J].管理世界,2007(2):37-43,171.